글로벌 자본 그리고 다양한 플랫폼들과의 협업은 한국 [   ]
키는 데 필수 요소가 될 것이다. 조만간 한국 작가가 드라마 〈왕좌의 게임〉을 넘
어서는 작품을 내놓을지도 모를 일이다. 그런 의미에서 《플랫폼 전쟁》은 미디어
플랫폼 산업의 인사이트를 담고 있는 최고의 가이드북이다.

서우식 _ 〈옥자〉, 〈태양의 후예〉 제작자

'미디어가이' 김조한이 한국 미디어 산업을 다시 일으킬 인사이트를 대방출했다.
실타래처럼 얽히고설킨 업계의 동향을 담은 《플랫폼 전쟁》이 드디어 출간된다는
소식이 무척 기쁘다. 큰 그림과 작은 그림을 자유롭게 그려가며 최고 전문가의
통찰력을 담아낸 이 책은 플랫폼·미디어·콘텐츠 기업인의 필독서. 또한 일반
독자들도 재미있게 읽을 수 있는 경제경영서다.

서주영 _ 구글 유튜브 _ 아시아 파트너 테크놀로지 매니저

변화와 혁신의 원동력이 무엇인지 파악하는 일은 모든 미디어 산업 종사자의 열
망이지만, 책과 신문 그리고 해외 웹사이트에서 정보를 모으는 일은 결코 쉽지
않다. 이때 정확히 큐레이팅된 정보를 제공하며 글로벌 미디어 시장의 정확한 현
황과 미래를 통찰력 있게 풀어낸 《플랫폼 전쟁》이 출간된 것은 무척 반가운 일
이다. 실로 원스탑(one-stop) 서비스와 같은 책이다.

양재현 _ FOX 네트웍스그룹코리아 대표

요동치고 있는 전 세계 미디어와 플랫폼 시장의 현재 그리고 미래를 뛰어난 통
찰력으로 분석한 책이다. 넷플릭스, 아마존, 애플 등 기존 강자를 비롯해 중국의
완다. 소후TV, 아이치이 같은 신흥 미디어 강자의 전략에 대한 자세한 소개와 분
석이 돋보인다. 특히 미국과 중국의 플랫폼 대전에서 한국 기업이 생존하고 번성
할 전략을 소개하는 부분은 이 책이 가지는 최고의 가치. 필독서로 추천한다.

임정욱 _ 스타트업 얼라이언스 센터장

이 책은 미국과 중국의 대표적인 미디어 플랫폼 사업자에 대한 매우 꼼꼼한 분
석 보고서이자 뛰어난 전략서다. 다루는 범위와 깊이에도 불구하고 가독성이 매

우 높다는 점에서 미디어 영역의 종사자뿐 아니라 미디어 영역에 관심이 있는 입문자에게도 흥미롭게 읽힐 것이다.

성욱제 _ 정보통신정책연구원 방송미디어연구실 연구위원

국내 미디어 기술 기업과 서비스 기업의 경영자, 기획자, 마케터 들은 어제도 오늘도 각종 뉴스레터를 들여다보며 놀라움과 두려움을 동시에 느끼곤 한다. 이때 중요한 것은 분량과 범위가 방대한 뉴스와 정보 속에서 미디어 시장의 흐름을 꿰뚫는 통찰력을 갖는 것이다. 김조한 작가의 《플랫폼 전쟁》은 이러한 통찰력을 갖는 데 가장 훌륭한 레퍼런스를 제공하고 있다.

신경일 _ Vewd 한국 지사장

저자는 현재 생태계에서 치열하게 벌어지고 있는 미디어 플랫폼들의 전략과 역학 관계, 그리고 미래 전망에 대해 깊은 통찰력을 보이고 있다. 이에 더해 미디어 플랫폼의 변하지 않는 본질적 가치는 콘텐츠에 있다는 시각을 통해 미디어 업계 종사자들뿐만 아니라 일반 독자들에게도 의미 있는 화두를 던지고 있다.

정화목 _ 한국투자파트너스 투자본부 팀장

《플랫폼 전쟁》은 플랫폼 시장에 우리가 아직 탐색하지 못한 수많은 기회가 존재한다는 것을 풍부한 자료와 통찰로 증명하고 있다. 콘텐츠 제작자로서 창의성과 새로운 기회를 발견하고 싶다면 반드시 이 책을 읽어보기를 강력히 권한다.

이필성 _ MCN 샌드박스 대표

플랫폼들의 추천 콘텐츠는 높은 확률로 고객의 취향을 저격하고, 고객은 추천 콘텐츠를 차례대로 소비하면서 '여기는 나를 참 잘 알아'라고 생각한다. 이때 '여기'가 바로 이 책에서 이야기하는 '플랫폼'이다. 저자는 플랫폼 비즈니스 전쟁에서 자본의 이동을 명확히 짚어냈다. 나아가 주요 기업들을 중심으로 풀어낸 산업 지형 분석은 한국 기업이 해외 시장을 파악하는 데 최적의 지도가 될 것이다.

이은영 _ 아샤그룹 대표

김조한 작가는 이미 북미, 중국을 포함한 전 세계 OTT 미디어 동향을 여러 언론과 블로그를 통해 연재함으로써 수많은 미디어 현업 종사자들에게 혜안을 제공한 바 있다. 이 책이 한국의 미디어·플랫폼·콘텐츠 산업에서 든든한 안전벨트이자 방향타 역할을 해낼 것으로 믿어 의심치 않는다.

김용영 _《매일경제》 엠테크 기자

전 세계 모든 메이저 플레이어들과 변화하는 산업 구조를 이토록 자세하게 분석하고 쉽게 설명한 책은 《플랫폼 전쟁》이 처음이다. 격변하는 글로벌 시장에서 앞서가고 싶은 한국의 모든 플랫폼·미디어·콘텐츠 산업 종사자들 그리고 미디어 산업에 꿈을 품고 있는 청년들이 반드시 읽어야 할 책이다.

이준희 _ 전 FOX 네트웍스 아시아 수석 부사장, 현 LYD 네트웍스 대표

'미디어가이' 김조한 작가가 극상의 요리 같은 책을 선보였다. 저자 본인이 비즈니스 세계에서 직접 경험하고, 느끼고, 학습한 인생 그 자체가 담겨 있는 책이다. 특히 중국의 플랫폼 비즈니스만큼은 반드시 김조한 작가의 글을 보라고 조언한다. 넓고 깊은 전문성과 양질의 콘텐츠가 담겨 있기 때문이다. 이 책을 통해 2017년을 넘어 미래 5년의 산업 추세를 그려보기를 바란다.

유재석 _ 중국 IT 칼럼니스트, 원아시아 시니어 에디터

《플랫폼 전쟁》은 플랫폼의 가장 중요한 기둥인 미디어 산업의 지층을 단층 촬영하듯이 세세하게 분석하고 있다. 김조한 작가는 풍부한 자료와 다년간의 프로젝트 경험을 통해 혁신적인 플랫폼을 만들기 위한 요소를 명쾌하게 알려준다. 글로벌 시장의 공룡들에 대한 자료와 분석 그리고 미래 전망은 지금도 진행 중인 내용이다. 미디어와 플랫폼 산업 종사자들이 반드시 읽어야 할 책이다.

강배근 _ 전 LG전자 TV S/W 개발담당 상무, 현 고려대학교 산학협력교수

이 책은 미디어 플랫폼 산업의 변화라는 거대한 흐름을 주요 인사 인터뷰와 통계 분석을 통해 세세히 알려준다. 단언컨대 이 분야에서 이 정도로 전 세계적인 흐름을 분석하고 정리한 글은 보지 못했다. 이제 더 많은 이들에게 김조한이라는 전문가를 소개할 수 있게 되어 한없이 기쁘고 자랑스럽다.

도안구 _ 《테크수다》, 《도라이브》 편집장

24년 동안 방송작가로 일하면서 컴퓨터란 것으로 원고를 쓰는 변화를 겪었고, 4개뿐인 채널에서 시작해 수십 개의 케이블 채널이 생기는 변화를 겪었다. 하지만 지금까지 겪어온 일들보다 훨씬 더 크고 급격한 변화가 '플랫폼 전쟁'이라는 이름으로 현실화되고 있음을 느낀다. 이 책은 그 격랑을 헤치고 나아가게 도와줄 든든한 배다.

박혜련 _ 〈드림하이〉, 〈너의 목소리가 들려〉, 〈피노키오〉의 작가

《플랫폼 전쟁》은 전 세계가 미디어 플랫폼 전쟁에 돌입한 상황에서 미디어 플랫폼의 과거와 현재 그리고 미래를 조망하고 풍부한 사례를 제시하는 책이다. 플랫폼과 미디어 그리고 콘텐츠 산업이라는 실크로드를 지배하고 싶은 모든 이에게 권하고 싶다.

정정주 _ 전 삼성전자 영상디스플레이 사업부 개발실 상무

《플랫폼 전쟁》은 중국의 미디어·플랫폼이 거시 시장과 거대 자본을 활용해 글로벌 시장에서 빠르게 부상하고 있는 현 상황을 정확히 분석하고 있다. 글로벌 시장의 흐름을 정확히 읽고 콘텐츠를 만들어야 하는 창업자를 비롯해 미디어 연구자와 구성원들에게 훌륭한 길라잡이가 될 것이다.

스지에史洁 _ '메이지앙' 창업주, '논리사유' 공동창업주

플랫폼과 콘텐츠라는 양대 구도에서 완전히 새로운 시대가 시작됐다. 새로운 토양에서 가장 적합한 생존 방식을 찾아야 하는 수백만의 콘텐츠 제작자에게 이책은 중국, 미국, 한국의 거시적인 시각부터 플랫폼, 콘텐츠, 기술의 독창적인 특징과 같은 미시적인 통찰을 훌륭하게 전달한다. 미디어 영역에서 가장 탁월한 나침반의 역할을 할 것이라는 데 의심할 여지가 없다.

쑨칭레이孙庆磊 _ 전 완다 시장 총괄

플랫폼 전쟁

플랫폼 전쟁

초판 1쇄 | 2017년 11월 5일 발행
초판 4쇄 | 2018년 12월 26일 발행

지은이 | 김조한

펴낸이 | 김현종
펴낸곳 | (주)메디치미디어
등록일 | 2008년 8월 20일 제300-2008-76호
주소 | 서울시 종로구 사직로 9길 22-2층(필운동 32-1)
전화 | 02-735-3315(편집) 02-735-3308(마케팅)
팩스 | 02-735-3309
전자우편·원고투고 | medici@medicimedia.co.kr
페이스북 | medicibooks   홈페이지 | www.medicimedia.co.kr

출판사업본부장 | 김장환
책임편집 | 한진우
편집장 | 류혜정
디자인 | 이은주 임연선
마케팅 홍보 | 성기준 고광일 김신정
경영지원 | 김다나

인쇄 | 천광인쇄사

ISBN 979-11-5706-097-9 03300

플랫폼 전쟁

김조한 지음

메디치

❄ 차례

2장   아마존: 서비스 강점을 아마존 프라임 비디오로 알리다

3장   애플: 콘텐츠를 마음껏 유통하다

한류를 위한
전장은 없다

전 세계는 지금 전쟁 중이다. 한국에 잘 알려지지 않은 이 전쟁에서 세계적 기업들은 각국 정부의 지원을 등에 업고 탱크 대신 플랫폼을 들이밀고, 총알 대신 콘텐츠를 쏴대는 공방전을 계속하고 있다. 이 전쟁은 독점이 가능하다는 점에서 다른 산업 전쟁과 가장 큰 차이를 보인다. 옆 동네 제조업의 전쟁은 동종업계와의 경쟁이며, 하드웨어는 대체 제품이 존재한다는 점에서 세대교체의 성격이 짙다. 하지만 미디어 플랫폼 업계는 모든 것을 얻거나 혹은 아무것도 얻지 못하거나 둘 중 하나다. 나아가 미디어 플랫폼 전쟁의 승패는 지금 당장이 아니라 미래 10년, 20년까지 영향을 미칠 것이다.

전 세계에서 벌어지고 있는 미디어 플랫폼 전쟁의 양상을 그려보면, 일단 미국이 절대강자의 지위를 차지해왔으나 중국이 거대 시장과 거대 자본을 바탕으로 하루가 다르게 성장했다. 그 단적인 예로 미국이 일본의 미디어와 플랫폼 그리고 콘텐츠를 사들이고 있다는 것을 들 수 있다. 미국은 일본 문화가 좋아서 구입하는 게 아니다.

중국이 사들이기 전에 선점해두려는 전략이다. 이미 중국은 할리우드를 비롯한 미국 미디어 기업을 인수하거나 거대 규모로 투자를 하는 등 미국의 문화를 구입할 정도로 몸집을 불렸다. 미국 월가는 '파라마운트가 어쩌다 중국의 완다그룹에 팔릴 위기까지 몰렸는가?' 하고 아연실색했지만 사실은 '완다그룹은 왜 파라마운트를 인수하려 하는가?'라고 묻는 게 먼저다. 답은 정해져 있다. 중국은 향후 더욱 격해질 미디어 플랫폼 전쟁에서 유리한 고지를 점령하려는 것이다. 또한 중국 정부가 용인하는 선에서 해외 플랫폼, 미디어, 콘텐츠를 더욱 적극적으로 구매하려 들 것이다.

그럼 한국은 전 세계에서 벌어지는 플랫폼 전쟁에서 어떤 고지를 차지하고 있을까? 안타깝게도 한국이 활약하고 있는 전선은 없다. 한때 한류가 전성기였을 때는 배우가 용병의 신분으로 전쟁에 참전했다. 하지만 시간이 흐르고 아이돌을 비롯한 가수들과 프로그램 제작진이 차례로 타국의 전선에서 소진된 이후에는 전쟁 자체에 들어가지 못하고 있다. 한국 미디어 플랫폼의 미래는 어떻게 될까? 강대국 인근의 국가들이 어떻게 되었는지 살펴보면 알 수 있는데, 캐나다는 이미 대부분의 미디어가 미국에 팔렸다. 대만은 미디어 제작 기반 자체가 중국의 자본 공세에 붕괴된 상황이다.

미국과 중국의 대결이 심화되고 있지만 근본적으로 미디어 플랫폼 전쟁은 국가끼리의 전쟁이 아니라 기업과 기업의 전쟁이라고 할 수 있다. 그런 의미에서 세계 양대 전선은 미국과 중국에 펼쳐져 있다고 해도 과언이 아니며 각 전선에서는 각국의 여러 미디어 플랫폼 플레이어들이 공방전을 벌이고 있다. 이러한 전투들을 더욱 격하게 만든 이가 있으니, 바로 넷플릭스다. 현재 기업과 기업의 전선은 넷플릭스가 상대적으로 강자의 입장이며 미국을 제패한 후 전 세계에 깃발을 꽂고 있다. 그 뒤를 아마존이 쫓고 있으며 디즈니-ABC그룹, 폭스, NBC가 합작투자한 홀루가 반격을 가하고 있다. 일견 치열한 듯 보이지만 결국 모두 미국 기업들이다.

그렇다면 결국 이 거대한 산업 전쟁은 넷플릭스를 위시한 미국 기업들의 승리로 끝날까? 절대 그렇지는 않을 것이다. 넷플릭스가 본격적으로 세계 시장을 잠식하기 전인 2011년에 '글로벌 미디어 플랫폼' 시장의 강자는 아마존과 홀루, 단 두 곳밖에 없었다. 하지만 세계의 공장에서 세계의 시장으로 거듭난 중국이 가세하며 산업 지형에 일대 격변이 찾아왔다. 중국 미디어 기업은 정리되어가는 듯 보였던 전 세계 미디어 플랫폼의 패권을 혼돈으로 몰아넣었다.

다른 한쪽에서는 페이스북과 트위터를 위시한 SNS 기업들이 미디어 시장으로 진출을 꾀하고 있다. 넷플릭스가 지난 20년간 미디어 시장을 이끌어왔지만 그다음 세대로서 라이브TV 서비스를 시작한 유튜브와, 거대 자본을 등에 지고 언제든 미디어 시장에 큰손으로 움직일 애플도 시장의 승리자가 될 수 있다.

기존 미디어 플랫폼 시장에서는 상상할 수 없었던 일들이 전 세계에서 동시다발적으로 벌어지고 있다. 중국은 드라마, 예능, 다큐멘터리 같은 콘텐츠가 본방송보다 OTTOver The Top에서 먼저 공개되는 OTT 퍼스트 시대로 접어들었다. 중국 미디어 플랫폼 기업들은 한때 한류가 사랑받던 시장에서 한류를 뛰어넘는 콘텐츠 경쟁자로 부상하고 있다.

아마존은 엑스레이X-Ray라는 서비스를 출시했는데, 콘텐츠를 보는 도중에 고객이 원할 경우 그 콘텐츠에 관한 거의 모든 정보를 제공한다. 콘텐츠 기초 정보, 배우 정보, 배경 음악을 확인하는 것은 기본이고 OST와 원작 단행본 검색과 결제도 실시간으로 간단하게 할 수 있다. 이에 더해 천문학적인 출연료를 지불하고 전 세계에서 가장 유명한 자동차 리뷰 방송인 〈탑기어Top Gear〉 출연진을 영입해 전 세계로 방송을 하고 있으며 NFL(미국 프로미식축구)를 내세워 전 세계 실시간 방송 서비스도 시작했다.

유튜브와 페이스북은 이미 실시간 방송 서비스를 출시하여 기존 스포츠와 뉴스의 방송 영역을 위협하고 있고 자체제작 프로그램도 이미 선보이고 있다.

애플은 뮤직 서비스를 넘어 또 하나의 미디어 서비스를 완성 중이다. 동남아시아에서는 제2의 넷플릭스를 꿈꾸는 서비스 사업자들의 경쟁이 치열하다.

여기에서 우리는 한 가지 의아한 사실을 발견할 수 있다. 그 어디에도 기존 방송 사업자들의 이야기가 없다는 것이다. 이는 이제 미디어 플랫폼 시장의 중심이 방송에서 온라인 디지털 영역으로 옮겨가고 있다는 방증이다.

한때 한류로 중국 시장을 호령했던 한국 기업들은 이제 중국을 넘어 전 세계의 미디어 플랫폼 흐름을 알아야 생존할 수 있다. 문제는 전 세계 곳곳에서 벌어지고 있는 미디어 플랫폼 전쟁에 한국은 참여하지 못하고 있다는 것이다. 한국 배우와 콘텐츠 제작진이 용병으로서 참전한 적은 있었다. 하지만 이미 중국은 플랫폼과 콘텐츠 기획에서 더 이상 한국에 배움이나 조력을 요청하지 않아도 될 정도로 성장했다. 한국은 용병조차 되지 못하는 상황에 처한 것이다. 이렇게 절박한 시기에 몇몇 언론은 "사드 갈등이 해결되면 한류가 부활할 것이다"라는 시대착오적인 이야기를 한다. 책의 본론에서 더 깊게 이야기하겠지만, 사드 문제가 해결된다고 해서 한국이 중국 시장을 주도할 수 있을까?

애석하게도 한류는 더 이상 존재하지 않는다. 중국 시장은 한국에게 기회가 아니라 경쟁 기업들의 화수분이 되었다. 한국은 한류 이후 새롭게 재편된 전 세계 미디어 플랫폼을 이해하고 생존의 길을 모색해야 한다. 그 실마리는 플랫폼의 세계대전을 방불케 하는 미국과 중국의 대결 속에 있다. 그들의 전략과 전망을 알면 다시금 용병으로나마 참전할 기회를 잡을 수 있을 것이다. 그것이 바로 이 책을 쓰기 시작한 이유다.

승자가 누가 될지는 섣불리 말할 수 없지만 필자는 각국의 전략과 기업들의 전술을 수년 동안 철저하게 분석해왔다. 그 결과 2020년을 향해가는 지금으로서는 각 플랫폼 진영의 약진에 일정한 경향성은 없지만 세세한 특징과 장점에 따라 최적의 전략을 짜고 전술을 디자인하고 있다는 점을 알 수 있었다. 따라서 결국에는 가장 폭넓은 생태계를 구축하는 진영이 승자가 될 확률이 높다. 미디어의 특징에 따른 전략 구사 방식을 살펴보고, 국내 미디어 산업계가 취해야 할 전략이 무엇인지 조망해보는 일은 분명 유의미한 전략을 낳을 것이다. 나아가 미래 먹거리에서 한국 미디어 기업과 정부가 활로를 찾고, 플랫폼 전쟁에서 승리하거나 혹은 대등한 전투를 벌일 방법을 찾을 수도 있다.

여기까지 읽은 독자는 '왜 책 제목에 미디어나 콘텐츠가 들어가지 않고 플랫폼이라는 개념을 얹었는가?' 하고 의문을 제기할 수도 있을 것이다. 일리가 없는 지적은 아니다. 왜냐하면 플랫폼이란 본래 특정 장치나 시스템 등을 구성하는 기초 혹은 골격을 의미했으며 콘텐츠와 미디어를 아우르는 이 책의 소재들과는 동떨어져 보일 수 있기 때문이다.

하지만 인터넷 기술이 급격히 발달하면서 플랫폼의 의미도 급격히 변하고 확장되었다는 것을 지적하지 않을 수 없다. 초당 1메가 이상의 데이터를 주고받을 수 있게 되면서 미디어와 콘텐츠가 가장 먼저 맞닥뜨린 것은 실시간 콘텐츠 이용이 가능해졌다는 것이다. 수많은 기업들이 무수한 장치를 출시하고 어마어마한 콘텐츠를 대중에게 공급할 수 있게 되면서 플랫폼은 무척 넓은 의미를 가지게 되었다. 그럼 플랫폼의 경계와 범위가 단순히 모호해지는 데 그쳤을까? 그렇지 않다. 플랫폼은 점점 미디어와 콘텐츠 시장의 경쟁이 격해지면서 오히려 '자신이 보유하고 있는 콘텐츠 혹은 타사가 보유한 콘텐츠까지 독자적인 서비스 통로(플랫폼)를 이용해 고객에게 전달한다'는 근본적인 의미에는 더욱 충실해졌다고 볼 수 있다. 여기서 서비스 통로란 넷플릭스처럼 물리 기기의 형태가 필요없는 서비스부터 애플TV라는 물리적 콘솔이 존재하는 서비스까지 아우르는 개념이 되었다.

한때 비디오 서비스는 셋탑박스를 이용해 콘텐츠를 이용할 수 있게 하는 서비스를 뜻했다. 반드시 필요한 것은 TV 같은 디스플레이와 셋탑박스였다. 하지만 이제 OTT는 셋탑박스라는 물리 장치를 뛰어넘어 주문형 비디오의 여러 형태, 즉 구독 주문형 비디오·건당 주문형 비디오·광고 기반 주문형 비디오를 모두 포함하는 개념이 되었다. 앞으로 또 어떤 개념이 등장해서 넷플릭스처럼 시장을 뒤엎을지 알 수 없지만 결국 수단은 이용자와 콘텐츠 그리고 제작사를 연결해주는 통로로서 플랫폼이 될 것이다.

　넷플릭스는 콘텐츠만을 팔지 않았다. 이 책의 1장에서 더 자세하게 다루겠지만 넷플릭스는 자사의 플래폼을 진출시킨 국가에서 지역 정서를 살피고 그에 맞는 콘텐츠를 제공하는 형태로 현지화에 성공했다. 전 세계 동시 공개된 미국 드라마를 한국에 공급하고 한국 드라마를 독점계약해서 넷플릭스 오리지널이라는 타이틀로 전 세계에 공급한다. 하나의 거대한 플랫폼에서 '한국행'을 탈 수도 있지만 동시에 '미국행'이나 '멕시코행'을 탈 수도 있다. 넷플릭스라는 플랫폼에서 전 세계 이용자들은 글로벌과 로컬을 모두 즐길 수 있다는 의미다. 이보다 더 이상적인 플랫폼이 어디 있겠는가?

　이 책은 미국, 중국, 한국이라는 세 개의 기둥으로 쓰였다. 1부 '미국의 플랫폼 파워'에서는 지난 30년 동안 전 세계 미디어 패권을 손에 쥐었던 미국에서 어떤 콘텐츠와 플랫폼이 생겨나고, 발전하고, 미래를 준비하는지 살펴볼 것이다. 2부 '중국의 플랫폼 굴기'에서는 전 세계 미디어 플랫폼을 빨아들이고 미국의 패권을 위협하는 중국과 중국 기업들의 전략을 분석해볼 것이다. 3부는 한국에게 아픈 이야기가 많다. 플랫폼 전쟁에서 소외된 한국의 현실을 냉정하게 뜯어볼 것이기 때문이다. 3부를 쓴 이유는 한국이 당장 플랫폼 전쟁에서 승리할 수는 없지만 최소한 생존만큼은 가능케 할 전략을 제시하기 위함이다. 앞서 말했듯이 플랫폼 전쟁은 동종업계에서 점유율 싸움을 벌이는 제조업과 달리 승자가 열매를 독식하는 구도가 될 것이다. 이는 몇 번을 강조해도 지나치지 않다. 한국은 더 늦기 전에 미디어 플랫폼 전쟁에 참전해야 한다. 이 전쟁에서 패배하면 우리는 종속변수로 전락하고 용병으로 남고 말 것이다. 전 세계에 통용될 미디어 플랫폼이라는 무기를 만들고, 고객의 눈을 공략할 플랫폼을 탄생시키는 데 이 책이 조금이라도 기여할 수 있다면 저자로서 그보다 기쁜 일은 없을 것이다.

끝으로 이 책이 나오게끔 물심양면으로 도와주신 메디치미디어와 페이스북을 통해 알게 된 많은 친구 여러분에게 감사를 표한다. 거의 1년에 걸친 집필 기간 동안 주말마다 현동이를 돌보느라 정말 고생한 부인 미리에게 이 책을 바친다.

2017년 10월 김조한

VOD 주문형 비디오 서비스(Video on Demand). 사용자가 PC, 모바일, TV 등을 이용해, 보고 싶은 영상을 원하는 시간에 제공받을 수 있는 서비스다. 예를 들어 지상파 방송 시청자와 VOD 사용자가 똑같은 프로그램을 보려고 할 경우, 전자는 일방적으로 방송을 수신하기 때문에 방송 시간에 맞춰서 채널을 돌려야 하지만 후자는 인터넷 환경이 구축된 곳에서 VOD 서비스에 가입만 되어 있다면 바로 원하는 영상을 볼 수 있으며 시청 도중에 일시정지나 반복재생을 할 수 있다. VOD는 이 책에서 소개할 거대한 경제전쟁을 촉발한 서비스이자 시장이다.

TVOD 건당 주문형 비디오(Transactional Video on Demand). 한국에서 VOD라고 하면 대부분 TVOD를 말하는 경우가 많다. SVOD 대비 가격이 높고, 최신 콘텐츠를 개별로 구매·대여할 수 있다는 장점이 있다. IPTV의 TVOD, 구글 플레이 비디오, 아이튠즈 비디오가 대표적인 TVOD다. 구매형 비디오 서비스는 EST(Electronic Sell Through)라고 말하기도 하지만 TVOD로 같이 봐도 무방하다.

SVOD 구독 주문형 비디오(Subscription Video on Demand). 가입자가 VOD 서비스 기업과 주·월·연간 계약을 맺고 기업이 제공하는 콘텐츠를 무제한으로 즐길 수 있는 서비스를 말한다. 넷플릭스, 훌루, 아마존 비디오 등이 SVOD에 해당한다.

AVOD 광고 기반 주문형 비디오(Advertising Video on Demand). 말 그대로 광고 기반 수익 모델을 이용한 주문형 비디오다. 사용자는 한 개 혹은 여러 개의 광고를 끝까지 혹은 일정 시간 동안 시청해야 구독료를 지불하지 않고 콘텐츠를 시청할 수 있다. 대표적인 예가 유튜브(YouTube)가 있다.

OTT Over The (set)Top의 줄임말이다. 기존 미국 가정에서 셋탑박스로 보던 영상 콘텐츠를 인터넷을 통해 언제 어디서든 볼 수 있게 하는 서비스를 말한다. 푹(Pooq), 옥수수(Oksusu), 티빙(TVing), 유튜브(YouTube), 넷플릭스(Netflix) 모두 OTT 서비스이며 동시에 미디어 서비스다. 즉, 이 책에 언급되는 모든 미디어 서비스는 곧 OTT 서비스라고 할 수 있다.

1부

미국의 플랫폼 파워

전 세계 가입자	2018년 3분기 기준 1억3,700만 명
2017년 매출	110억 달러(약 12조3,000억 원)
서비스 국가	중국, 북한, 시리아, 크림(Creme)을 제외한 모든 국가(200여 개국)
플랫폼 형태	SVOD
특징	독보적인 추천 서비스 알고리즘, 질 높은 오리지널 콘텐츠
일일 시청 시간	총 1억2,500만 시간
한국과의 제휴 가능성	딜라이브와 CJ헬로비전. LG 유플러스와 제휴 중
중국과의 제휴 가능성	아이치이(바이두)
경쟁 기업	전 세계 모든 미디어 플랫폼

1장

넷플릭스

오리지널과 추천 서비스로 세계를 장악하다

Netflix

전 세계 미디어 시장을
두 번이나 뒤엎은 스타트업

이 책을 기획하기 시작했을 때 필자는 특정 기업 하나만으로 미디어와 플랫폼 산업 전체를 충분히 설명할 수 있다고 생각했다. 왜냐하면 그 기업은 영화관, 비디오 대여 사업, 비디오 판매 사업, 유료방송(케이블, 위성, IPTV) 시장에 거대한 영향을 끼쳤기 때문이다. 미국에서는 이 기업 때문에 영화관 산업이 더 이상 성장하지 못하게 되었고 비디오 판매 시장은 2007년 이후 시장 규모의 80%가 날아가면서 비디오 대여 기업들은 단 한 개 기업만 남고 모조리 문을 닫았다. 유료방송 시장 가입자 역시 꾸준히 감소하고 있다. 한때 거대 자본을 창출했던 비디오 대여와 유료방송 시장이 문자 그대로 소멸할 위기에 처하게 된 것이다.

전 세계 미디어·콘텐츠 시장이 거대한 변화를 겪으리라 예견하고 미국에 도전한 기업이 있었다. 1980년대 후반, 음악과 영화 시장에 출사표를 던졌던 소니다. 당시 미국은 일본의 기술력을 두려워했고

소니의 엔터테인먼트 시장 진출이 시장에 큰 파장을 일으킬 것으로
예상했다. 하지만 예상 외로 소니의 영향력은 시장 전체에 미치지는
못했고 지금은 게임 부문에 한정되어 있다. 한편 소니가 참전한 이
후 매우 흥미로운 일이 벌어졌다. 소니의 콘솔 게임기인 플레이스테
이션에 가장 크게 의존하게 된 서비스는 위에서 언급한 거대 미디어
기업의 것이기 때문이다.

단 하나의 서비스로 미국을 넘어 전 세계 미디어 시장을 제패한
기업, 그 이름은 바로 넷플릭스다.

연체료 40달러에 분노한 그 남자, 블록버스터를 무너뜨리다

한국과 미국의 미디어 시장이 비슷하게 흘러가던 때가 언제일까?
대략 1990년대 후반이라는 점에 미디어 전문가들은 이견이 없다.
당시 한국과 미국에서는 비디오테이프 시장이 매우 활황이었다. 비
디오테이프 판매 시장도 컸지만 상대적으로 비싼 가격 때문에 대여
Rental라는 사업 모델이 형성되었다.

비디오테이프 대여는 고객이 콘텐츠를 저렴하게 볼 수 있다는 큰
장점이 있었지만 제때 반납되지 않아 다른 고객을 놓치는 경우가 많
다는 단점도 있었다. 반납 연체에 따른 수익 감소를 방지하고 또 손
해를 메꾸기 위해 대여 사업자들은 연체료Late Fee를 만들었다. 1990
년대에 비디오테이프로 영화를 즐겨 보던 독자라면 연체료로 골머

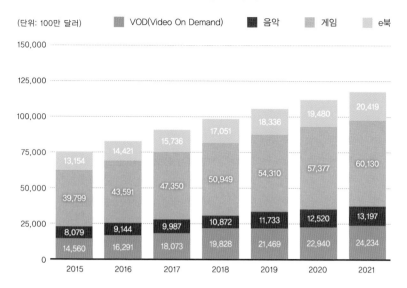

참고: 2016년부터 2021년은 예상치임.
2017년 넷플릭스는 전 세계 VOD시장 매출의 67%를 차지
하고 있다. 2020년에는 전체의 80% 정도까지 성장할 것
으로 전망된다. 2017년 예상 매출은 120억 달러, 전 세계
VOD 시장 규모는 180억 달러다.

리를 썩어본 경험이 있을 것이다. 이런 연체료를 비즈니스 모델로
바꾼 사람이 있으니 그가 바로 넷플릭스의 창업자 리드 헤이스팅스
Reed Hastings다.

이미 널리 알려진 사실이지만 헤이스팅스는 블록버스터에서 빌린
비디오테이프를 한 달 보름 동안 반납하지 않아 연체료로 40달러를
내야 했다. 반납이 늦었으니 연체료를 부담하는 게 당연할지 모르
지만 문제는 연체료가 비디오테이프의 소매가를 넘어섰다는 것이
었다.

헤이스팅스는 연체료로 40달러를 지불한 사실을 아내에게 비밀로 했다. 그리고 무거운 마음으로 피트니스 센터로 가던 중에 '연체료를 아내에게 숨기는 이 상황이 정상인가? 차라리 피트니스 센터의 멤버십 서비스가 더 합리적인 것 아닌가?' 하고 생각했다고 한다. 피트니스 센터는 짧게는 1개월, 길게는 1년의 이용 계약을 맺는다. 고객이 가든 안 가든 일정 비용을 지불하면 추가 비용을 감당해야 하는 스트레스를 받을 필요가 없다. 헤이스팅스는 멤버십 기반의 DVD 대여 서비스로 구독형 서비스로 만들었고 이 전략이 넷플릭스의 핵심 비즈니스 모델이 되었다.

헤이스팅스가 넷플릭스를 설립하게 된 계기가 블록버스터에 있듯이 블록버스터를 빼놓고 넷플릭스 이야기를 시작할 수 없다. 1985년에 설립된 블록버스터는 미국 비디오 산업의 중심으로 성장했다. 한국의 비디오 대여점은 블록버스터의 사업 모델을 벤치마킹한 것이었다. 〈이글아이〉라는 SF영화에서 주인공이 친구에게 "블록버스터에서 영화를 빌려 여자친구와 집에서 함께 보는 것을 그만두지 않으면 매너리즘에 빠져서 헤어질 것"이라고 충고하는 장면이 나온다. 이는 블록버스터가 미국 대중의 홈비디오 환경을 장악한 상황을 상징적으로 보여준다. 그만큼 블록버스터는 미국 비디오 비즈니스의 상징과 같았다. 이런 블록버스터를 무너뜨린 장본인이 바로 넷플릭스라고 할 수 있다. 다만 세간에 알려진 바와 달리 넷플릭스가 추진한 차별화 전략은 최초의 인터넷 스트리밍 서비스가 아니라 DVD 우편배달이라는 새로운 렌탈 서비스였다.

DVD 연합군으로 VHS 점령군을 몰아내다

넷플릭스는 미국에서 DVD 플레이어를 적극적으로 유통한 장본인이다. 블록버스터는 DVD와 월 구독 시장 Monthly Subscription이 활성화되는 것은 시기상조라고 여겼지만 넷플릭스는 적극적으로 뛰어들었다. 블록버스터처럼 미국 내에 수많은 체인점을 구축할 능력이 없었던 넷플릭스는 차라리 연체료라는 문제점을 해결하는 것이 고객 유치를 위한 지름길이라고 판단했다. 헤이스팅스는 1998년을 전후해 미디어 시장에 소개되기 시작한 DVD라는 디스크의 효용성에 주목했고 곧 적극적으로 판매·대여하기 시작했다.

넷플릭스와 DVD는 상당한 시너지 효과를 냈다. 당시 미국 가정에는 대부분 VHS 플레이어가 보급되어 있었고, 시장이 성숙해지면서 하드웨어 매출이 지지부진했던 제조사들은 시장의 기준을 비디오 CD VCD, Video Compact Disc로 전환하고자 했다. 즉, DVD를 꺼내든 넷플릭스의 등장은 하드웨어 제조사들에게 커다란 기회다.

DVD 시장이 처음부터 순탄했던 것은 아니었다. DVD 플레이어는 출시 초기에 가격이 700달러(약 80만 원)에 달했고 소비자들은 가격이 떨어지기를 기다렸다. 이때 넷플릭스는 DVD 플레이어에 자사 쿠폰을 넣어서 하드웨어와 소프트웨어의 시너지 효과를 내는 전략을 폈고 결과적으로 성공했다.

DVD 플레이어 시장이 본궤도에 오르자 넷플릭스의 인지도도 덩달아 높아지기 시작했다. 2004년에 비디오테이프 업계가 완전히 저물고 시장 중심이 DVD 진영으로 기울자 블록버스터도 뒤늦게

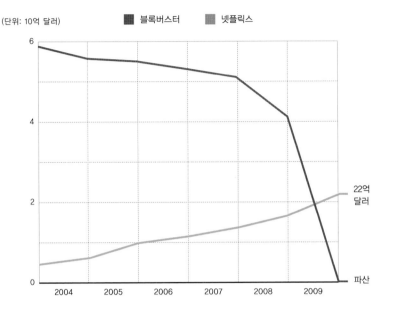

(단위: 10억 달러)　　■ 블록버스터　　■ 넷플릭스

참고: 2004년~2010년 연매출 기준

**2009년 넷플릭스는 경쟁자 블록버스터를 이기면서 가파르
게 성장했고 경쟁에서 뒤처진 블록버스터는 설상가상 레드
박스라는 경쟁자에게까지 패배하며 결국 파산하고 말았다.**

DVD 시장을 따라갔다. 이에 따라 비디오테이프 시장은 자연스럽게
자취를 감추었다.

　2005년 블록버스터는 비디오테이프 대여 사업을 포기한다는 계
획을 밝히게 된다. 넷플릭스의 비디오 스트리밍 서비스가 소개된
2007년 이후 트렌드를 따라가지 못하던 블록버스터는 결국 2010
년에 파산을 선언했다. 흥미롭게도 블록버스터 인수를 검토했던 기
업 가운데 한국의 SKT도 있었다고 한다. 물론 성사되지는 않았다.

블록버스터는 미국의 위성방송사인 디쉬Dish에 합병되어 사업을 이어갔지만 이미 영화 시장은 넷플릭스로 완전히 기운 상황이었고 극적인 회생은 없었다.

지금까지 블록버스터의 몰락을 살펴봤지만 블록버스터는 2004년까지도 연매출 7조 원을 기록하며 업계의 공룡으로 군림하고 있었다. 여기서 우리가 주목해야 할 것은 1998년에 넷플릭스가 등장해 산업의 모멘텀을 꺾는 데 6년밖에 걸리지 않았다는 사실이다. 미디어 산업은 성장세가 한번 꺾이면 다시는 돌이킬 수 없다는 특징이 있다. 전통적인 미디어 산업으로 대표되는 할리우드 영화사와 미국 방송사도 같은 길을 걷는 경우가 보인다. 그런데 만약 넷플릭스가 나타나지 않았다면 블록버스터가 아직도 생존해 있을까? 넷플릭스가 없는 미디어 산업은 발전 속도가 조금 더 느리지 않았을까?

미디어 시장의 오랜 고민과
무제한 스트리밍 서비스

넷플릭스는 블록버스터와 벌이는 경쟁도 쉽지 않았지만 또 다른 비디오 대여 서비스 기업인 레드박스의 성장도 신경 써야 했다. 레드박스는 모바일로 대여 신청을 받고 미국 내 3만6,000여 개의 레드박스 키오스크Kiosk에서 DVD 혹은 블루레이를 대여하는 서비스다. 대여 비용은 2017년 1월 기준으로 DVD가 1.5달러이며 블루레이는 2달러이고 게임 타이틀은 3달러다. 레드박스는 월마트를 포함한 대형 유통업체, 패스트푸드 체인점, 약국, 마을 식료품 가게 앞에 빨간색 우체통처럼 보이는 키오스크를 놓고 대여 서비스를 제공한다.

레드박스는 2007년에 체인점 규모와 평균 대여 횟수에서 블록버스터를 넘어서는 성장세를 보였다. 넷플릭스는 레드박스와의 차별화를 마련해야 하는 시기를 맞이했던 것이다.

넷플릭스를 위협했던 레드박스는 미국의 대표적인 비디오 대여 키오스크다. 넷플릭스와 레드박스의 결정적인 차이는 멤버십과 대여 방법에 있었다. 넷플릭스는 우편을 통한 멤버십 기반의 대여 서비스였지만 레드박스는 멤버십 없이 편당 1~2달러에 무인 기기에서 디스크를 빌리는 방식이었다. 월마트 같은 미국의 대표적인 스토어 중심에서는 '빨간 박스'를 쉽게 찾아볼 수 있었다.

2007년에 넷플릭스가 승부수를 던졌다. 스트리밍 방식으로 콘텐츠를 볼 수 있는 VOD Video On Demand 서비스를 시작한 것이다. 물론 VOD 방식이 완전히 새롭거나 혁신적인 것은 아니었다. 이미 2006년에 아마존 비디오의 전신인 아마존 언박스 Amazon Unbox가 등장했고 유튜브가 스트리밍 방식의 동영상 서비스를 선보인 적이 있었기 때문이다. 넷플릭스가 VOD 시대를 열 수 있었던 것은 스트리밍과 월 구독 기반의 서비스를 최초로 시작했기 때문이다. 대여점을 방문하거나 우편으로 디스크를 주고받을 필요 없이 PC나 셋탑 그리고 네트워크 환경만 갖추면 월정액으로 수많은 콘텐츠를 즐길 수 있다는 점은 혁신 그 자체였다.

넷플릭스의 VOD 서비스는 미국과 중국이 미디어 산업의 큰 그림

	이전 요금제	새로운 요금제
언리미티드 플랜		(단위: 달러)
DVD 제공 없음	–	7.99
언리미티드 플랜(DVD 대여 포함)		
DVD 1개	8.99	9.99
DVD 2개	13.99	14.99
DVD 3개	16.99	19.99
DVD 4개	23.99	27.99
DVD 5개	29.99	34.99
DVD 6개	35.99	41.99
DVD 7개	41.99	48.99
DVD 8개	47.99	55.99
리미티드 플랜		
DVD 1개 (한 달에 DVD 2개로 제한)	4.99	4.99

자료: 넷플릭스

을 그리게 만드는 시발점이 되었다. 서비스 초기에는 매우 적은 콘텐츠로 승부를 걸었다. 혁신적인 방식을 도입했지만 기존 DVD 대여 서비스가 아직 주된 사업 모델이었고 VOD 서비스는 부가 서비스였기 때문이다. 2007년 당시 미국의 인터넷 속도는 형편없었고 추천Recommendation 기반 스트리밍 콘텐츠는 불과 3,000개에 불과했지만 대중은 곧 비디오를 빌리는 것보다 스트리밍 서비스를 통해 편하게 보는 일에 익숙해졌다. 2010년 말 넷플릭스의 미국 가입자는 2,000만 명을 돌파했다. 그리고 2010년 11월에 넷플릭스는 〈표 1-1〉과 같은 완전히 새로운 요금제로 스트리밍 전용 SVODSubscription Video On Demand 서비스를 시장에 선보였다. 2016년 1월, 대한민국에 선보였던 넷플릭스 서비스의 진정한 시초라고 할 수 있다.

넷플릭스의 성공에는 미디어 시장의 오랜 고민을 해결할 단서가 숨겨져 있다. 미디어 산업은 늘 닭이 먼저냐 달걀이 먼저인가라는 문제에 직면하곤 했다. 서비스 가입자가 없는 상황에서 어떻게 투자를 해야 할지 고민이었기 때문이다. 예를 들어 디즈니는 2019년부터 자체 스트리밍 서비스를 출시한다고 발표했는데, 가입자를 보유하지 못한 상황에서 시작하는 것이기 때문에 위험요소를 안고 있다고 볼 수 있다.

마침내 넷플릭스는 자기만의 해답을 찾았다. 초기에 DVD 대여 사업으로 서비스 가입자를 유치하고, 레드오션이 된 대여 시장에 집중하는 대신 기존 고객을 대상으로 새로운 서비스인 스트리밍을 선보인 것이다. 서비스를 구축하기 위한 예산은 기존 고객을 담보로 받아낸 투자금으로 메꿀 수 있었다. 만약 DVD 대여 사업과 그때 축적한 고객이 없었다면 지금의 넷플릭스는 존재하지 않았을 것이다. 넷플릭스의 추천 서비스도 DVD 대여 사업을 진행할 때 이미 밑바탕이 만들어졌다. 대여 사업 중에 고객에게 요청한 설문지의 답을 데이터베이스로 만들어 알고리즘을 끌어낸 결과가 추천 서비스에 적용되었다.

아마존·기존 방송 연합군의 공격과
넷플릭스의 선전

넷플릭스는 미디어 사업자들에게서 극도로 견제받기 시작했다. 그 시기는 2011년 정도인데, 넷플릭스의 SVOD 서비스가 자리를 잡고 콘텐츠를 본격적으로 사들이기 시작한 때였다. 2010년에 미국 방송사와 할리우드 영화사에 지불한 콘텐츠 계약금은 1억8,000만 달러(약 2,000억 원)였지만 불과 2년 후 2012년에는 19억8,000만 달러(약 2조1,000억 원)로 증가했다. 경쟁자들이 큰 위기감을 갖지 않을 수 없었다. 넷플릭스의 콘텐츠 투자는 해마다 규모를 더해가고 있으며 2017년에는 70억 달러(약 7조8,000억 원)를 지출할 예정이다. 지난 7년 동안 투자금은 무려 40배 증가했고 가입자는 5배 늘었다.

넷플릭스가 급격히 몸집을 불려갈 때 경쟁업체들은 무엇을 했을까? 놀랍게도 콘텐츠 저작권자들은 스트리밍 서비스가 흥행할 리 없다고 판단하고 콘텐츠를 헐값에 제공했다. 하지만 넷플릭스가 급격히 발전하는 모습을 보며 부랴부랴 대응 방안을 고민하기 시작했다고 한다. 업체별 대응을 살펴보면, 아마존은 2006년에 언박스 서비스를 출시한 이후 아마존 인스턴트 비디오Amazon Instant Video에 집중했다. 이 플랫폼의 경쟁자는 전통의 애플 아이튠즈, 그리고 업계의 샛별 레드박스가 있었다.

넷플릭스와 아마존의 경쟁은 2017년에도 계속되고 있다. 넷플릭스가 DVD 대여 고객을 스트리밍 고객으로 전환한 반면에 아마존은 2011년에 연간 79달러에 아마존 프라임을 이용하던 고객에게 아마존 프라임 비디오Amazon Prime Video를 공급하기 시작했다. 아마존 프라임 비디오는 넷플릭스와 같은 무제한 스트리밍 서비스이며 연간 이용료도 99달러로 인상했다. 넷플릭스와 아마존의 대결은 지속되고 있으며 곧 소개할 훌루까지 포함한 세 개 기업 외에 가입자가 500만 명 이상인 SVOD 서비스 기업은 미국에 존재하지 않는다. 만약 2013년에 넷플릭스가 자체 오리지널이라는 콘텐츠를 제작하지 않았다면 미디어 판도는 어떻게 되었을까? 아마도 시장은 아마존을 중심으로 흘러가고 있을 것이다.

본래 미국은 유료방송MVPD-Multichannel Video Programming Distributor의 힘이 대단한 나라다. 2010년에는 가입자가 1,000만 명 이상인 유료방송 사업자가 네 곳이나 있었는데, 케이블TV인 컴캐스트Comcast Cable, 타임워너케이블Time Warner 그리고 위성방송인 디렉TVDirecTV, 디쉬Dish였다. 하지만 〈그림 1-3〉에서 보듯이 넷플릭스의 등장과 리먼브라더스 사태로 미국 경제가 침체되면서 2008년을 기점으로 가입자 증가폭이 줄기 시작했다. 유료방송의 시장 축소는 비싼 이용료도 원인이었다. 2010년 당시 미국 유료방송의 한 달 평균 이용료는 71달러(약 8만 원)였다. 넷플릭스 이용료가 7.99달러(약 9천 원)였으니 당시 유료방송으로 TV를 보기 위해서는 넷플릭스보다 9배나 많은 돈을 내야 했던 것이다.

미국 방송사들은 유료방송에 크게 의지해왔고 넷플릭스를 견제하는 동시에 가입자 확대를 위해 연합을 꾀했다. 디즈니, ABC텔레비전 그룹, 폭스방송, NBC유니버설 텔레비전 그룹이 2007년에 합작투자를 하여 광고 기반의 지상파 방송을 볼 수 있는 광고 기반 주문

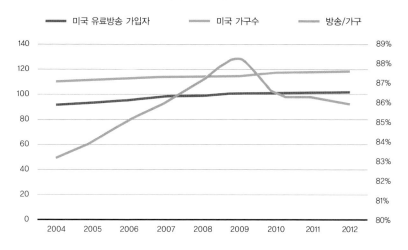

✿ 그림 1-3　2004~2012년 유료방송 가입자 증감률

2010년 이후 미국에서는 가입자 증가폭도 꺼지고 실제 방
송 가입자 비율이 낮아지기 시작했다. 이 시기는 넷플릭스의
SVOD 서비스가 본궤도에 오른 때와 일치한다. 넷플릭스가
산업 지형을 바꾸기 시작한 것이다.

자료: SNL Kagan

형 비디오AVOD, Advertisement Video On Demand 서비스인 '훌루'를 출시했
다. 광고 기반 주문형 비디오 서비스란 광고를 보면 VOD를 무료로
볼 수 있는 서비스를 말한다. 훌루는 유튜브와 비슷한 주문형 비디
오지만 훨씬 더 많은 광고를 봐야 했다. 방송사들은 훌루로 더 큰 매
출을 얻고 넷플릭스에게 지지 않기 위해 훌루 플러스Hulu Plus라는 서
비스를 출시하고 이용료도 2010년 말 기준으로 월 7.99달러에 선
보이게 된다. 물론 2017년 현재 훌루는 '플러스'라는 이름을 떼고
완전히 유료 서비스로 전환했다. 무료 서비스가 폐지되었지만 그 대

신 4K 화질과 오리지널 등 방대한 양의 드라마를 고객에게 제공하고 있다.

리드 헤이스팅스는 언론과 인터뷰를 할 때마다 대중이 곧 기존 TV 방송 대신 인터넷을 이용해 방송을 시청하게 될 것이라는 뜻으로 "코드 커터, 코드 네버Cord Cutter, Cord Never"라는 말을 하곤 했다. 그 이유는 기존 유료방송을 보는 고객들은 향후 비싼 이용료를 내고 싶지 않아 할 것이고 TV프로그램을 능동적으로 선택할 것이기 때문이라는 것이었다. 결과적으로 그의 예측은 옳았다. '코드 커터'는 해마다 증가했고 미국에 때 아닌 디지털 실내 안테나 사업이 활성화되었다. 미국 내 넷플릭스 가입자는 2014년에 2,000만 명을 돌파했으며 불과 3년 만인 2017년 5월에 5,000만 명을 유치하는 데 성공했다.

반면에 유료방송 사업자들은 VOD 진영으로 기울어가는 시장 변화에 적절한 대응을 하지 못했다. 2012년에 1억 명이 넘었던 유료방송 가입자는 2017년에 9,000만 명 수준으로 내려앉았다. 또한 향후 지속적으로 줄어들 것이고 이탈한 고객은 넷플릭스와 아마존이 흡수할 것이다.

DVD 시장의 시작을 열었고 문도 손수 닫아버렸던 넷플릭스는 바야흐로 미국 방송 시장의 지위까지 확보했다. 넷플릭스의 카피캣이라고 불렸던 아마존도 전 세계 서비스를 시작했고 훌루 또한 일본과 미국에서 2,000만 명 가까운 가입자를 유치해 오리지널 시대를 열어가고 있다.

지금까지 살펴봤듯이 넷플릭스는 스트리밍 서비스 하나로 미국 내 미디어 플랫폼의 판도를 완전히 바꿨다. 물론 여기서 끝이 아니

	넷플릭스 스트리밍	일반 유료방송사
가입자 1인당	11달러	100달러
전체 가입자	6,500만명	1,000만 명
추천 서비스 예산	1억5,000만 달러	1,000만달러
전체 가입자 1인당 연간 추천 서비스 지출 비용	2.3달러	1달러
전체 가입자 1인당 월간 추천 서비스 지출 비용	0.19달러	0.08달러
가입자 1인당 월평균 수익 비율	2.0%	0.09%

가입자별 매출에 비해 추천에 투자하는 비용은 두 기업 사
이에 20배 정도의 차이가 있다.
출처: DigitalSmith

었다. 얼마 지나지 않아 다시 한 번 시장을 뒤흔들었다. 넷플릭스의
두 번째 무기는 바로 '넷플릭스 오리지널'이었다. 케빈 스페이시가
주연을 맡고 데이빗 핀처가 감독한 드라마 〈하우스 오브 카드〉, 봉
준호 감독의 복귀작으로 주목을 받은 〈옥자〉는 자체제작이라는 의
의를 넘어, 넷플릭스라는 미디어 플랫폼을 프리미엄 서비스로 전 세
계에 각인시키는 효과를 불러왔다.

넷플릭스 1.0
: 추천 서비스Recommendation Service

넷플릭스는 계속해서 성장하고 있다. 2016년 1월에는 유료 서비스 국가를 190개국으로 확장하고 하드웨어 확장성에도 심혈을 기울이고 있다. "넷플릭스는 토스트기를 제외한 모든 전자기기를 지원한다"는 말처럼 인터넷 네트워크에 접속 가능한 거의 모든 전자기기에 넷플릭스 서비스를 내장했다.

추천 서비스Recommendation service는 넷플릭스가 다른 미디어 플랫폼과 차별화할 수 있는 전략이었다. 넷플릭스는 이 서비스로 고객이 더 많은 콘텐츠를 소비하게 하여 서비스에 오래 머물게 할 수 있었다. 실제로 넷플릭스 가입자들은 전체 콘텐츠의 70% 이상을 '추천받아' 이용하고 있다고 한다. 이는 넷플릭스의 주장에 불과하지만 추천 서비스가 고객 편의를 위한 획기적인 전략인 것은 분명하며 경쟁 업체들이 뒤늦게나마 추천 서비스에 투자하도록 만들기도 했다.

2007년에 넷플릭스가 인터넷을 활용한 비디오 스트리밍 서비스를 시작한 이후 다른 많은 기업들도 넷플릭스와 유사한 서비스를 출시했다. 하지만 선호하는 콘텐츠는 넷플릭스가 더 많이 보유하고 공급할 수 있었다. 그 원동력은 앞서 이야기했듯이 DVD 우편 대여 서비스를 도입하며 600만 명 고객의 콘텐츠 선호 패턴을 지속적으로 분석한 자료에 있었다. 본래 고객 취향 분석은 효과적인 고객 대응보다 DVD 구매를 효율화 하기 위한 목적이 더 컸지만 결과적으로 고객의 취향 분석은 어떤 콘텐츠가 선호되는가에 대한 답으로 자연스럽게 이어졌다. 또한 고객이 선호하는 콘텐츠를 알게 된 덕분에 저작권료를 절약할 수 있었다.

이에 더해 넷플릭스는 고객이 선호할 것이라 추측하는 콘텐츠를 첫 화면에 제공했다. 이는 고객이 방대한 콘텐츠들 사이에서 원하는 것을 찾아 헤매지 않도록 도왔다.

고객의 취향을 이해하고 빠른 시간 내에 원하는 콘텐츠를 제공한다는 전략을 편 것은 경쟁사에 비해 많지 않은 예산과 콘텐츠 때문이기도 했다. 스트리밍 서비스 초기에는 보유하고 있는 모든 DVD 콘텐츠보다 더 적은 콘텐츠를 고객에게 제공할 수밖에 없었다. 이때 최선의 방법은 정교하고 정확한 추천 서비스를 제공하여 '당신이 원하는 것을 우리는 알고 있다'는 메시지를 직관적으로 전달하는 것이었다.

넷플릭스 추천 서비스의
알고리즘 간단 정리

1 개인화된 비디오 순위 Personalized Video Ranker, PVR

장르를 기반으로 한 넷플릭스 추천의 핵심 알고리즘이다. 수많은 장르를 중심으로 하되 같은 장르를 추천하더라도 고객마다 정렬 방식이 다르다. 이 장르별 추천 콘텐츠는 넷플릭스의 개인화 추천의 핵심이다.

2 Top 비디오 순위 Top-N Video Ranker

개인화된 비디오 순위PVR 중에 사용자와 관련성이 가장 큰 콘텐츠만 묶어서 최상단에 배치하여 추천하는 방식이다. 대표적으로 '당신을 위한 추천 Top Picks'이 있다.

✿ **그림 1-5 '당신을 위한 추천' 화면**

3 　인기 콘텐츠 Trending Now

특정 환경에서 발견할 수 있는 시청 습관과 최신 트렌드를 분석하여 고객이 선호하리라 추측하는 콘텐츠를 추천하는 방식이다. 특정 기간 혹은 특정 이벤트 기간 중에 고객 습관을 예측하여 콘텐츠를 보여준다. 밸런타인데이에는 로맨스 장르, 자연재해가 발생한 경우 재난 장르를 추천해준다.

4 　시청 중인 콘텐츠 Continue Watching

시청 중에 중단한 콘텐츠들을 모아서 보여준다. 예를 들어 〈반지의 제왕〉, 〈하우스 오브 카드〉, 〈이터널 선샤인〉을 보다가 중단했을 경우 이들 콘텐츠가 '시청 중인 동영상'에 자동으로 등록된다. 이 항목은 고객이 콘텐츠 시청을 완료하도록 독려하는 동시에, 재미가 없어서 중간에 그만 봤는지 아니면 다른 이유가 있는지 알아내기에 좋은 방법이다. 만약 재미가 없어서라면 그 콘텐츠를 다시 시청하지 않아 항목에서 점점 뒤로 밀릴 것이고, 그게 아니라면 다시 선택해서 끝까지 볼 것이기 때문이다.

5 　○○○와 비슷한 콘텐츠 Video-Video Similarity

'○○○을 시청했기 때문에BYW, Because You Watched'는 넷플릭스 시청 이력 기반의 대표적인 추천 기법이다. BYW에는 두 가지가 있다. 하나는 '○○○와 비슷한 동영상 추천 방법Video-Video Similarity'이고 다른 하나는 가장 흔한 방식으로 치부되는 '협업 필터링 방식Collaborative Filtering-CF' 이다.

6 　페이지 생성 로직 Page Generation: Row Selection and Ranking

Row(줄)와 Ranking(순서-맨 왼쪽 데이터가 사용자에게 가장 맞는 콘텐츠)으로 수백만 가지의 경우의 수를 만들 수 있으며, 사용한 시간·트렌드·가족

⚙ 그림 1-6 비슷한 콘텐츠, 인기 콘텐츠, 다시 보기 추천 콘텐츠상의 모든
예제를 볼 수 있는 화면

구성원 수 등 다양한 사실 관계를 고려해 생성한다. 개인화, 관련, 다양화에 최적화된 페이지 생성 알고리즘으로 결정된다. 또한 계정이 여러 개로 분리되어 있다면 세분화를 더 고려해 표시된다. 많은 미디어 플랫폼 기업들이 벤치마킹을 하고 있다.

7 증거 제시 Evidence

증거 제시 알고리즘은 넷플릭스 추천 시스템의 완성이다. 넷플릭스는 추천 알고리즘으로 유저에게 적합한 추천 콘텐츠과 그 이유를 결정하기 위해 각각 사용자의 경험을 분석하며, 그 콘텐츠에 대한 전체 사용자 경험을 기준으로 추천 로직을 구성한다.

사용자에게 더 정확한 추천 서비스를 제공하기 위해 사용자의 거주 국가

2017년 최고의 화제작 중 하나인 넷플릭스 오리지널 〈루머
의 루머의 루머〉가 필자의 취향과 98% 일치한다고 이야기
하고 있다. 이 투표를 진행하면 사용자와 선호도가 얼마나
맞는지 %로 알려주는 유저 인터페이스도 도입하여 사용자
와의 신뢰도를 쌓는 데 더욱 노력을 기하고 있다.

나 지역, 선호 포스터의 결정 여부, 장르, 줄거리 등의 자료를 분석하는 건
기본이다. 넷플릭스는 유저 인터페이스에 제작진과 배우, 수상 내역, 흥행
이력, 전문 블로거 평가를 에이비 테스팅A/B Testing을 하고 지역 문화별,
고객별 최적화된 포인트를 찾아 콘텐츠 설명 페이지 레벨까지 시청할 수
있게 한다.

증거 제시 추천 알고리즘의 목적은 비단 콘텐츠를 선택하는 데 그치지 않고 콘텐츠 시청을 할 수 있게 도와주는 추천 알고리즘이다. 이 알고리즘의 기반은 신경망 학습이다. 넷플릭스가 고객에게 정확한 추천 서비스를 제공하기 위해 얼마나 노력하는지 알 수 있는 대목이다.

2017년 4월 5일, 넷플릭스는 추천 알고리즘에 큰 변화를 줬다. 가장 돋보이는 것은 썸즈Thumbs를 도입한 것이다. 썸즈란 엄지라는 뜻으로 선호하는 콘텐츠는 엄지를 위로, 싫어하는 콘텐츠는 엄지를 아래로 내리게 하는 단순한 형태의 투표 방식이다. 이는 콘텐츠에 대한 고객의 선호 여부를 분명하게 투표할 수 있도록 돕는다. 이전에는 별 다섯 개를 만점으로 하는 별점 투표 방식이었다.

넷플릭스가 콘텐츠 평가 방식을 별점에서 썸즈로 바꾼 이유가 있다. 가장 명확한 사례로 넷플릭스 오리지널 영화인 〈리디큘러스6〉의 평점이 무척 낮게 집계된 것이다. 미국에서는 짐 캐리와 동등한 인지도를 자랑하는 애덤 샌들러가 주연을 맡았고 넷플릭스에서도 '가장 많이 본 콘텐츠'에 등록되었음에도 별점은 비참할 정도로 낮았다. 넷플릭스는 고객의 평가가 객관적이지 않다고 확신했던 것이다.

넷플릭스 2.0
: 오리지널의 시대Netflix Original

오리지널 콘텐츠를 강화하면서 넷플릭스의 인지도가 급격히 상승한 것은 누구도 부정할 수 없는 사실이다. 여기서 흥미로운 점은 넷플릭스가 자기만의 콘텐츠가 없으면 미래에 살아남지 못할 것이라고 확신한 것이 최대 경쟁자인 아마존이 있었기 때문이라는 것이다.

넷플릭스는 파라마운트Paramount, 라이온스게이트Lionsgate, MGM의 스트리밍 콘텐츠 판매 권리를 가지고 있던 에픽스 채널과 2010년에 연간 1억8,000만 달러를 지불하는 조건으로 콘텐츠 공급 계약을 맺기 전까지 구작舊作 콘텐츠만으로 고객에 콘텐츠 서비스를 해야 했다. 에픽스는 미국의 프리미엄 영화 채널로 한국의 캐치온과 비슷한 서비스를 제공한다. 하지만 에픽스는 스트리밍 권리까지 가지고 있어서 OTT 기업에게 스트리밍 권리를 판매할 수 있었으며 넷플릭스는 에픽스 채널과 계약하기 전까지 구작 콘텐츠만을 서비스했기 때문에 'TV와 경쟁한다'는 것을 인정받지 못했다. 그리고 2012년에 독점이 끝나는 시점에 아마존도 에픽스와 계약을 체결했다. 시간이 흘러 에픽스와의 콘텐츠 공급 계약이 끝나가자 넷플릭스는 고민에 빠졌다. 결국 독자적인 콘텐츠가 없으면 자신들의 장래가 밝지 않다는 사실을 깨닫게 된 것이다.

넷플릭스는 자체제작에 힘쓰기 시작했고 첫 번째 넷플릭스 오리지널 콘텐츠인 〈하우스 오브 카드〉가 성공을 거뒀다. 이제는 경쟁자인 아마존, 훌루, 크랙클도 자체제작 콘텐츠를 만들고 있다. 미국 내

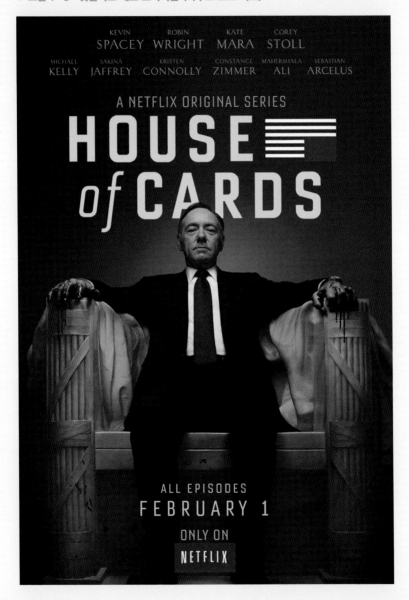

자료: 넷플릭스

비슷한 방식으로 콘텐츠를 제공하는 서비스 기업들이 콘텐츠를 확보하기 위해 열을 올리고, 기존의 유명 TV 콘텐츠에 경쟁이 붙기 시작하면서 오리지널 제작이 활기를 띤 것이다.

미국의 스트리밍 서비스 시장이 포화 상태에 이르면서 오리지널 콘텐츠의 중요성이 더욱 부각되었다. 자국 시장이 빡빡한 레드오션으로 변하면서 좋든 싫든 세계 시장으로 진출해야 하는 시점이 왔는데, 오리지널 콘텐츠는 타사의 콘텐츠를 서비스할 때 늘 걸림돌이었던 해외 판권 계약 문제에서 자유로웠기 때문이다.

〈하우스 오브 카드〉에 뒤이어 2013년 4월에 〈헴록 그로브Hemlock Grove〉, 2013년 7월에 〈오렌지 이즈 더 뉴 블랙Orange is the New Black〉이 공개되었다. 위의 세 콘텐츠는 여느 오리지널 콘텐츠와 달리 마니아들이 많은 대표 시리즈다. 넷플릭스는 2016년 1월에 한국 서비스를 시작하면서 콘텐츠를 수급하는 데 어려움을 겪었다. 당시 국내 언론은 '소문난 잔치에 먹을 것 없다'고 평했다. 콘텐츠가 부족한 문제는 중남미와 유럽 국가에서 서비스를 개시할 때도 다시금 대두되었다. 해외 판권을 계약하느라 더 많은 콘텐츠를 제공하지 못할 때 고객을 확보하는 데 도움이 된 것은 역시 오리지널 콘텐츠였다.

넷플릭스는 오리지널 콘텐츠의 영역을 넓히고 있다. 다큐멘터리와 코미디 쇼로 영역을 확대한 이후 2015년에는 아프리카 소년병의 이야기를 다룬 〈국적 없는 짐승들Beasts of No Nation〉로 최초의 오리지널 영화를 선보였다. 이후 애덤 샌들러와 다섯 편의 오리지널 콘텐츠 제작 계약을 맺었고, 2015년부터 오리지널 영화 〈리디큘러스6〉, 〈두 오버DO OVER〉, 〈샌디 웩슬러Sandy Wexler〉를 공개했다. 2017년에는 봉준호 감독의 〈옥자〉를 극장에 개봉하면서 동시에 넷플릭스 전 세계 공개를 진행했다. 넷플릭스가 오리지널 영화를 연이어 제작하는 이유는 고객이 극장에서 쓸 돈으로 넷플릭스에 가입하도록 유도하기 위함이다.

넷플릭스의 오리지널 콘텐츠는 실로 압도적이다. 작품성과 상업성을 모두 추구했고 큰 성공을 거뒀다. 오리지널 영화 〈옥자〉와 〈마이어로위츠 스토리즈〉는 2017년 칸 국제영화제의 경쟁 부문에 진출하여 평론가들에게서 호평을 받았다. 또한 미국의 권위 있는 TV 방송 상인 에미상Emmy Awards에서도 선전하고 있다. 2016년 에미상에서 넷플릭스보다 많은 상을 받은 곳은 HBO와 FX밖에 없다. HBO는 〈왕좌의 게임〉만으로 12개의 트로피를 거머쥐면서 모두 22개를 받았고, FX는 〈아메리칸 크라임 스토리〉의 선전으로 18개 부문에서 수상했다. 넷플릭스는 〈블러드 라인〉과 〈마스터 오브 논〉으로 모두 9개 부문에서 수상했다. 여기서 눈여겨볼 점은 넷플릭스가 HBO나 FX와 달리 TV네트워크가 아닌데도 전체 3위를 기록했다는 점이다. 이는 넷플릭스가 콘텐츠의 힘으로 세간의 인정을 받았다는 의미다. 넷플릭스가 2013년에 〈하우스 오브 카드〉로 작품상을 수상한 이후 에미상에서 꾸준히 수상하고 있다는 사실은 TV 네트워크가 아닌 OTT 기업이면서 순수하게 콘텐츠만으로도 업계와 평단으로부터 인정받고 있다는 것을 뜻한다. 추가로, 넷플릭스는 2018년 에미상에서 HBO와 함께 가장 많은 상을 수상한 방송국이 되었다.

넷플릭스는 오스카 영화제도 노리고 있다. 2016년 10월, 프리미엄 영화 극장 체인인 아이픽과 콘텐츠 계약을 하면서 오스카 영화제

노미네이트의 의무 사항인 로스앤젤레스와 뉴욕에서 개봉되어야 한다는 최소 조건을 만족하게 되었다. 이에 따라 넷플릭스는 오리지널 무비 등을 개봉할 수 있게 되었다.

넷플릭스의 전략 ①
: 콘텐츠 규모 조절과 '몰아보기'

넷플릭스의 또 하나의 변화는 2014년을 기점으로 보유 콘텐츠의 규모를 줄이면서 영화 콘텐츠를 늘리지 않고 있다는 점이다. 미국 현지 기준으로 8,000개가 넘던 콘텐츠 규모는 이제 5,000개 중반으로 유지되고 있다. 넷플릭스의 콘텐츠가 줄어드는 이유는 계약이 종료되는 콘텐츠보다 새로 추가되는 콘텐츠가 적고 영화보다는 TV드라마를 위주로 수급하고 있기 때문이다.

넷플릭스가 전체 콘텐츠 규모가 줄어드는 상황을 감수하면서 영화 대신 TV드라마를 계약하는 데 몰두하는 이유는 넷플릭스 시청자들의 '몰아보기Binge Watching'라는 시청 습관 때문이다. 넷플릭스는 시청자들의 시청 습관을 집요하게 분석했다. 그 결과 30% 이상이 '몰아보기'를 하고 있다는 사실을 알아냈다. 넷플릭스는 몰아보기가 새로운 콘텐츠 소비문화로 자리 잡았으며 고객을 계속 붙잡아두기 위해서는 각각 개별 콘텐츠인 영화보다 몰아보기가 가능한 TV드라마에 투자하는 편이 이익이라고 확신했다. '몰아보기'에 대한 연구조사는 다음과 같은 방식으로 진행되었다. 넷플리스는 2015년 10월

✪ 그림 1-9   넷플릭스 콘텐츠 수 변화(미국 기준)

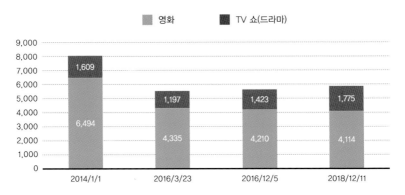

자료: Allflicks 및 개인 확인 데이터

✪ 그림 1-10   넷플릭스 가입자의 연간 평균 시청 시간

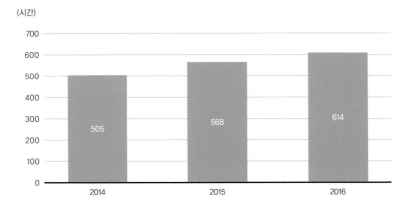

자료: 넷플릭스

부터 2016년 5월까지 전 세계 190개국에 방영된 100개 이상의 TV 시리즈를 분석했다. 고객이 모든 시리즈의 첫 번째 시즌을 시청했는지 여부를 확인했고 전체 시즌을 시청한 계정의 데이터를 포함시켰다. 시청 완료율은 날짜와 시간 단위로 구성했으며 시청 완료에 소요된 날짜의 평균 범위는 닷새였다. 시청 완료에 소요된 시간의 평균 범위는 1~5시간으로 전체 평균 시간은 2시간 10분이었다. 하루 2시간 미만으로 시청한 프로그램은 '천천히' 프로그램으로, 하루 2시간 이상 시청한 프로그램은 '몰아본' 프로그램으로 각각 분류했다. 공개일, 런타임, 회차수에 따른 제약은 없었으며, 넷플릭스 몰아보기 등급표상의 위치는 프로그램의 시청률과 무관하다. 넷플릭스의 고객 분석은 집요할 정도다.

그렇다면 넷플릭스는 향후 영화 콘텐츠를 지속적으로 줄이게 될까? 일부 줄어들 수는 있어도 결코 영화를 포기할 수는 없을 것이다. 넷플릭스의 조사에 따르면 TV드라마 시리즈 하나를 모두 몰아보기를 한 시청자는 곧바로 다른 TV드라마를 보지는 않는다고 한다. 몰아보기를 한 사람들의 약 60%는 영화 같은 짧은 콘텐츠를 즐기며 휴식을 취하고 다시 몰아보기에 도전한다는 것이다. 따라서 영화는 TV드라마 몰아보기 사이에 즐길 수 있는 최적의 콘텐츠이며 앞으로도 전체 콘텐츠 대비 영화의 비중은 유지될 것이다.

여기서 의문을 하나 제기할 수 있다. 전체 콘텐츠 규모가 감소했으니 고객의 시청 시간도 함께 줄어들었을까? 결론부터 말하자면 시청 시간은 오히려 증가하는 추세다. 넷플릭스가 공개한 자료에 따르면 2014년보다 2015년에 고객의 시청 시간은 더 늘었고, 2016

년 기준으로는 하루 1인당 평균 시청 시간이 1시간 41분이라고 한다. 콘텐츠는 30%가 빠졌는데 시청 시간은 오히려 20%가 늘었다. 이는 넷플릭스 오리지널의 힘이다. 오리지널 콘텐츠의 확대로 오직 넷플릭스에서만 볼 수 있는 콘텐츠가 늘었기 때문에 고객 유치와 평균 시청 시간이 지속적으로 증가하고 있는 것이다.

넷플릭스의 전략 ②
: 독점계약과 더욱 길어진 러닝타임

미국의 드라마·영화에 따르면, 2015년에 넷플릭스는 총 러닝타임이 450시간에 달하는 오리지널 콘텐츠를 제작했다. 2016년에는 600시간을 넘어섰고 2017년에는 1,000시간을 목표로 제작하고 있다. TV드라마를 기준으로 한 화가 길어야 1시간 내외인 것을 감안하면 엄청난 제작 능력이 아닐 수 없다.

넷플릭스가 오리지널 콘텐츠의 총 러닝타임 규모를 확대하고 있다는 것은 어떤 의미일까? 콘텐츠 수를 늘리는 것일까, 아니면 콘텐츠의 러닝타임 자체를 늘리는 것일까? 답은 후자다. 넷플릭스는 디지털 시대가 도래하면서 TV드라마를 얼마나 많이 제작하느냐는 중요하지 않게 되었다는 사실을 간파했다. 콘텐츠를 제공하는 플랫폼 사업자들은 고객이 여러 콘텐츠를 즐기는 것보다 하나의 콘텐츠를 오래 즐기는 것을 매우 중요하게 여긴다는 사실도 알고 있다. 고객이 계약을 연장하도록 하려면 2시간짜리 영화 한 편을 본 후 다음에 무엇을 봐야 할지 고민하게 만들기보다, 1시간짜리 에피소드 열두 개를 한 시즌으로 묶고, 시청자로 하여금 다섯 시즌이든 여섯 시즌이든 꾸준히 시청하게 유도하는 편이 유리하다. 당연한 말이지만 콘텐츠는 많아도 볼 게 없다고 생각하는 고객은 서비스를 해지할 가능성이 매우 높다. 또한 넷플릭스는 볼만한 오리지널을 많이 제작할수록 고객의 시청 시간이 길어진다는 사실을 잘 알고 있다. 넷플릭스는 〈옥자〉 이후 블록버스터 규모의 오리지널 영화를 고객 유치용으로 활용할 계획이다. 고객 유치 관점에서 오리지널 영화가 오리지널 드라마보다 더 유용하다고 판단한 것이다.

미국에는 유통되지 않는 콘텐츠도 있기 때문에 넷플릭스가 미국 외 고객을 위해 오리지널을 몇 편 제작했는지 알기는 무척 어려운 실정이다. 넷플릭스가 오리지널의 규모를 알 수 없다는 게 의문일 수도 있지만 넷플릭스 오리지널이 꼭 넷플릭스가 직접 제작한 작품을 말하는 것은 아니며 해외 공개를 독점계약한 콘텐츠에도 오리지널이라는 타이틀을 붙이고 있다는 점을 생각해보면 이해가 갈 것이다. 예를 들어 〈지정 생존자Designated Survivor〉, 〈섀도우 헌터스Shadowhunters〉, 〈블랙 세일즈Black Sails〉는 미국에서 방영 중인 콘텐츠의 해외 서비스를 독점으로 계약하고 넷플릭스 오리지널이라는 이름을 붙여서 배포하는 콘텐츠다. 이러한 콘텐츠는 계속해서 증가하고 있다.

넷플릭스는 독점계약으로 오리지널이라는 타이틀을 붙인 콘텐츠들을 해외에 먼저 공개한다. 그 이유는 미국 내에서는 시즌이 방송되고 나서 일정 기간 이후(일반적으로 6개월)에야 넷플릭스에서 서비

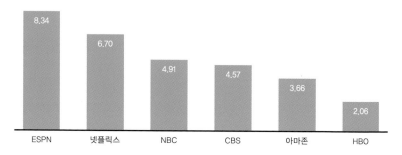

✿ 그림 1-11   2016년 미국 주요 미디어 업체 콘텐츠 수급 비용

(단위: 조 원)

넷플릭스가 콘텐츠 수급에 지출하는 비용은 기존 미국 지상
파 방송국들을 넘어선 지 오래다.

자료: SNL Kagan, 2017

스를 할 수 있기 때문이다. 넷플릭스의 오리지널 정책은 한국도 예외가 아니다. 2017년에 넷플릭스와 독점계약 한 〈맨투맨〉은 〈태양의 후예〉의 제작진이 만든 JTBC 드라마로서 넷플릭스가 해외에 넷플릭스 오리지널로 소개하고 있다. 참고로 한국에서는 JTBC가 먼저 방영한 후에 넷플릭스가 공개하는 형태다. 그래서 오리지널 숫자는 상상 할 수 없을 만큼 늘어날 전망이다.

넷플릭스의 전략 ③
: 지역독점 콘텐츠에 '오리지널' 타이틀 붙이기

넷플릭스는 오리지널 콘텐츠의 러닝타임뿐 아니라 규모도 지속적으로 확장할 전망이다. 콘텐츠를 제작·수급하는 데 2016년에 약 50억 달러를 투자했고 2017년에는 70억 달러를 투자할 예정인데, 그 가운데 20% 정도가 오리지널에 투입될 것으로 보고 있다.

다시 말해 자체제작뿐 아니라 지역독점권만 가지고 있어도 오리지널이라는 뜻이다. 오리지널 콘텐츠를 제작·라이선싱 한 후에 추가로 투입되는 자막 제작비, 더빙 녹음비, 로컬 포스터 제작비 등도 오리지널 콘텐츠 제작비에 포함된다. 190개국을 운영하려면 더 큰 자본이 투입될 수밖에 없다. 오리지널 제작은 미디어 산업계가 크게 주목해야 할 부분이다.

넷플릭스에 콘텐츠를 공급하는 것을 검토하고 있는 제작사라면 반드시 고민해야 하는 것이 있다. 자사 콘텐츠가 세계 시장에 어떤 형태로 공급될 것인가 하는 점이다. 넷플릭스 오리지널을 직접 제작하지 않더라도 수급을 하는 데 많은 비용이 들어간다. 사실 넷플릭스의 마블 시리즈보다 ABC의 마블 콘텐츠인 〈에이전트 오브 쉴드〉가 에피소드 길이도 더 길고 제작 비용도 많은 편이다. 참고로 넷플릭스의 오리지널은 장편 시리즈의 경우 보통 10~12개의 에피소드로 구성되어 있고, 미국 방송사의 1시즌은 20개 이상의 에피소드로 이루어져 있다. HBO와 같은 케이블 채널의 경우 넷플릭스와 유사하게 1개 시즌을 12개 에피소드로 구성한다.

미국 방송사를 포함한 콘텐츠 제작사들은 홈 비디오 엔터테인먼트 시장이 사라진 이후 넷플릭스 같은 월 구독형 서비스 기업에게서 콘텐츠 제작비를 회수하려 한다. 이는 비단 미국만의 이야기가 아니다. 한국에 상륙한 넷플릭스를 위시해 한국판 넷플릭스라 불리는

'왓챠플레이Watcha Play'와 같은 월 구독형 서비스 기업이 늘어나면 국내 콘텐츠 제작사도 이들 업체에게서 수익 구조를 개발하기 위해 열을 올릴 것이다.

방송사가 넷플릭스를 위시한 미디어 플랫폼 기업에게서 콘텐츠 제작비를 회수하려 한다는 것이 방송사가 넷플릭스보다 우위에 있다는 뜻은 아니다. 오히려 넷플릭스에 콘텐츠 공급을 하느냐 혹은 못 하느냐에 따라 방송사들은 매출에 큰 영향을 받기 때문에 굳이 우위를 가리자면 넷플릭스가 방송사 위에 있다.

본래 해외 콘텐츠 제작사들이 TV드라마를 유통시킬 때 매출의 출처는 TV광고 매출, 지역 케이블에 재방송 이관 매출, 시즌 세트 디스크(DVD, 블루레이 등) 판매, 해외 판권 판매였다. 여기서 지역 케이블에 재방송 이관 매출은 한국의 경우 iHQ의 드라맥스를 예로 들 수 있다. 그런 방송사마저 이제는 오리지널 드라마에 투자하기 시작한 것이다. 방송사들이 오리지널을 제작하는 이유는 디지털 판매와 대여 외에 월정액 서비스에서 고액의 콘텐츠 계약금을 받을 수 있다는 사실을 알게 되었기 때문이다. 예컨대 제임스 스페이더가 출연하여 화제를 일으켰던 NBC 드라마 〈블랙리스트Blacklist〉는 넷플릭스와 편당 22억에 계약했다. 이 드라마는 한 시즌에 평균 20편이니 최소 440억 원에 계약을 한 것이다. 이 금액은 지역 케이블 재방송 이관 매출의 1.5배에 달한다.

미국 콘텐츠 계약의 무게중심이 바야흐로 케이블 방송에서 스트리밍 서비스로 옮겨가고 있다. 단적인 예로 미국의 대표적인 미디어 기업 바이아콤Viacom의 전략이 있다. 바이아콤은 닉켈로디온

Nickelodeon, 코미디 센트럴Comedy Central, MTV, BET 채널을 제작하고 있으며 넷플릭스와 같은 스트리밍 서비스에 더 많은 콘텐츠를 유통하기 위해 케이블 재방송 채널에 대한 콘텐츠 판매를 줄인다고 2016년 11월에 발표했다. 시장의 흐름은 넷플릭스와 같은 월 구독형 서비스가 주도하고 있다.

넷플릭스의 전략 ④
: 평범한 콘텐츠로 황금시간대를 점령하라

OTT의 오리지널 콘텐츠가 인기를 얻고 다수 제작되면서 시장은 다시금 요동쳤다. 평론가들의 호평과 시청자의 선호를 모두 잡는 일은 이제 OTT에서도 흔히 일어나고 있다. 그만큼 콘텐츠 소비와 트렌드 변화가 가속화하고 있다는 뜻이다. 시청자들의 가장 큰 변화는 제작 중인 오리지널 콘텐츠에 점점 흥미를 잃고 있다는 점이다.

그럼 넷플릭스는 오리지널 콘텐츠 제작을 줄일까? 그렇지는 않다. "오리지널 콘텐츠에 계속 투자할 것인가?"라는 질문에 테드 사란도스Ted Sarandos는 "쇼의 퀄리티를 잘 유지할 수 있고, 대중이 그 쇼를 사랑한다면, 제작을 줄일 이유가 무엇인가?"라고 되물었다. 사란도스의 말처럼 미국의 네 개 지상파 방송사와 수십 개의 케이블 방송사는 저녁 3시간의 황금시간대를 점령하기 위해 여전히 수많은 오리지널 콘텐츠를 만들고 있다. 오리지널 콘텐츠가 모두 훌륭한 것도 아니다. 시청자 입장에서는 볼 수 있는 콘텐츠는 많지만 볼만한 것

❖ 그림 1-12 넷플릭스의 총 책임자인 테드 사란도스

테드 사란도스는 넷플릭스 콘텐츠 총 책임자로서 현재 넷플
릭스 오리지널 체계를 구축한 인물이다.

❖ 그림 1-13 오리지널 콘텐츠 제작 규모

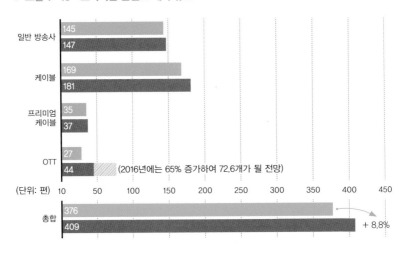

자료: Parrot Analytics, 2015

은 찾기 힘든 시대가 도래한 것이다. 결국 소비자가 선택권을 잃어 가는 작금의 상황은 오리지널 콘텐츠가 쏟아져 나와 오히려 제대로 선택할 수 없는 시대, 즉 '투 머치 TV 시대Too Much TV Era'라고 할 수 있다. 그럼에도 불구하고 OTT 기업들은 점점 더 많은 오리지널 콘텐츠를 만들고 있다. 그 이유는 외부에서 콘텐츠를 확보하기보다 자사만의 독점적인 전략을 마련하기 위해서다.

오리지널 콘텐츠가 미디어 업계 전반에 미치는 영향력은 어느 정도일까? 넷플릭스의 사란도스의 말에 주목해보자. "몇몇 사람들은 TV의 전성기가 왔다고 말하면서 그 근거로 겨우 세 시간밖에 안 되는 황금시간대를 점령하기 위해 케이블 방송사와 지상파 방송사가 치열하게 경쟁하는 현 상황을 꼽습니다. 하지만 이것은 올드 미디어의 시각입니다. 또한 더 이상 사실이 아닙니다. 오늘날 시청자들은 콘텐츠를 보고 싶은 시간과 장소를 결정할 수 있기 때문입니다." 이 말은 넷플릭스 1.0의 핵심인 추천 엔진을 활용해 시청자가 원하는 콘텐츠를 전달한다면 평범한 콘텐츠도 황금시간대에 방영되는 콘텐츠처럼 높은 가치를 가질 수 있다는 뜻이다. 그리고 그 원동력은 오리지널 시대 이전에 고객이 관심을 보이지 않은 콘텐츠라도 철저한 고객 분석을 통해 누군가에게는 제공될 수 있도록 부단히 노력한 덕분이다. 그때 쌓은 고객 분석 자료가 지금은 오리지널의 힘이 되고 있다.

넷플릭스는 '고객이 원하는 때에 원하는 장소에서 콘텐츠를 즐긴다'는 목표를 달성하기 위해 부단히 노력했다. "넷플릭스는 고객이 평균 두 시간을 소비하는 채널로 성장했습니다. 어떤 방송사도 사람들을 하루 두 시간 동안 잡아두지 못합니다"라는 사란도스의 말에

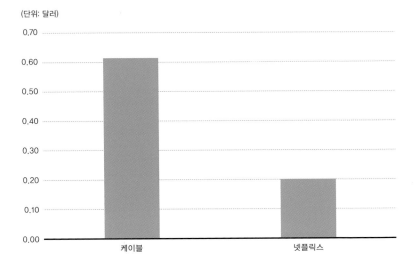

✿ 그림 1-14 시청 시간당 고객이 미디어 기업에 지불하는 비용

(단위: 달러)

자료: 비즈니스 인사이더

서 알 수 있듯이 추천 서비스를 제공해 고객이 원하는 콘텐츠를 찾
도록 돕고, 러닝타임이 긴 오리지널 콘텐츠를 공급해 고객이 이탈하
지 않도록 붙잡았다.

넷플릭스의 자신감은 시간당 콘텐츠 이용료가 케이블 방송사의
30% 수준으로 저렴하다는 데 있다. 이는 고객 입장에서는 케이블 방
송사보다 넷플릭스가 가격 대비 콘텐츠 효율이 세 배라는 것과 같다.

넷플릭스의 콘텐츠 효율성을 논할 때마다 빠지지 않고 등장하
는 작품이 있으니 바로 넷플릭스 오리지널인 〈기묘한 이야기Stranger
Things〉다. 2016년 여름에 공개된 이 드라마는 1980년대 미국을 배
경으로 과거에 인기를 끌었던 ET, 초능력, MK 울트라(미국의 세뇌 생

이 넷플릭스 오리지널 콘텐츠는 1980년대 SF 영화들의 향
수를 느낄 수 있는 SF 호러 드라마다.

체실험)를 떠올리게 하며 미국 대중의 향수를 자극했다. SNS에서도
엄청난 인기를 끌었고 예정에 없었으나 시즌2의 제작이 확정되어
2017년 10월에 공개할 예정이다.

그렇다면 넷플릭스는 대체 누구와 경쟁하고 있는 것일까? 사란도
스는 "우리는 TV와 경쟁하지 않습니다"라고 단언했다. 이어서 경쟁
대상을 '메가트렌드'라고 지목한 후 다음과 같이 말했다. "우리는 현
상황을 계속 유지하기를 원합니다. 그러기 위해서는 많은 타석에 들
어서야겠죠. 엄청난 스윙을 해야 합니다. 이러한 투자를 하는 이유는
케이블채널과 경쟁하는 게 아니라 트렌드와 승부하기 위해서입니다.
우리는 포켓몬GO, 올림픽, 대통령 선거 같은 '메가트렌드'와 경쟁해
야 합니다." 넷플릭스도 포켓몬GO와 같은 메가트렌드 때문에 시청
자의 시청 시간이 줄어드는 것을 원치 않는다. 그는 외부에서 노이
즈를 일으키는 미디어 이슈와 승부해야 하며 이를 위해 진짜 투자를

해야 한다고 강조한다. 현재 넷플릭스는 메가트렌드와 싸우고, 190개국의 로컬마켓에서 기존 미디어 플랫폼과 싸워야 하는 것이다.

넷플릭스의 전략 ⑤
: 고전 중인 로컬마켓은 최고의 현지화로 돌파하라

지금까지 넷플릭스의 전략과 성공 사례를 살펴봤다. 물론 실패나 정체가 없었던 것은 아니다. 현재 넷플릭스를 가장 애먹이는 것은 해외 로컬마켓에 진입할 때마다 맞닥뜨리는 콘텐츠 제재다.

넷플릭스가 전 세계 방송 분야에 미친 가장 큰 영향은 단연 국가라는 경계를 의미 없게 만들어버렸다는 것이다. 넷플릭스는 2017년에 가입자 1억 명을 돌파하고 방송사들이 목을 매는 황금시간대 시청률을 갉아먹고 있다. 미국이라도 방송사 하나가 하루에 2시간, 매번 5,000만 시청자가 꾸준히 콘텐츠를 시청하도록 만드는 게 쉬운 일이 아님에도 넷플릭스는 매일 실현하고 있다.

문제는 넷플릭스의 성공이 서비스 진출 국가들의 경계심을 샀다는 것이다. 유럽 각국은 넷플릭스와 같은 온라인 스트리밍 서비스 업체에 이른바 콘텐츠 쿼터제를 요구한다. 구체적으로는 콘텐츠 편성의 20% 이상을 유럽 영화와 TV 시리즈로 채워야 한다는 것이다.

2016년 1월, 넷플릭스는 동유럽 인구의 절반을 차지하는 러시아에 진출했지만 아직 뚜렷한 성과를 얻지 못하고 있다. 동유럽에서 인구가 세 번째로 많은 폴란드에서도 플랫폼을 현지화하기 위해 상당한 노력을 기울였지만 성과는 미미하다. 이런 상황에서 설상가상으로 러시아 정부는 2017년 7월부터 기업 지분의 20% 이상이 해외에 있는 OTT 기업은 러시아 국내에서 사업을 할 수 없게 하는 법안을 추진·발효했다. 자세히 살펴보면 첫째, 가입자가 10만 명을 초과하면 서비스 목록을 정부에 제출해야 한다. 둘째, 전체 콘텐츠의 30% 이상을 러시아에서 제작하고 80%는 러시아어 자막을 넣어야 한다.

러시아가 보수적인 조건을 제시했다고 생각할지 모르지만 유럽의 다른 국가들도 국내 진출을 조건으로 넷플릭스에게 여러 제한 사항을 요구하고 있다. 유럽 최고의 문화 콘텐츠를 자랑하는 프랑스도 이미 2015년에 전체 콘텐츠의 30%를 프랑스 국적의 콘텐츠로 채워야 한다는 가이드라인을 제시한 바 있다. 마찬가지로 유럽연합도 콘텐츠 쿼터제를 추진하면서 OTT 기업이 제공하는 콘텐츠의 20%는 무조건 현지 콘텐츠여야 한다는 법안을 추진하기로 했다. 해외 서비스가 유럽에 들어오는 것을 막지는 않지만 자국 콘텐츠 사업을 보호하고 발전시키려는 노력은 계속될 것으로 보인다. 그래서 넷플릭스는 이미 전 세계 시장에 진출할 때 콘텐츠 비중을 할리우드 80%, 현지 콘텐츠 20%로 맞추겠다는 전략을 내부적으로 채택했다.

넷플릭스는 콘텐츠 강국인 일본에 진출했다. 초기에는 고전을 면치 못했다. 일본의 통신 산업에서 기업 규모가 세 번째로 큰 소프트뱅크와 전략적인 제휴를 맺고, 일본 TV 제조사들과도 연합해 리모컨에 넷플릭스 버튼을 내장했음에도 불구하고 큰 방향을 일으키지 못한 것이다. 이에 따라 일본 현지 콘텐츠 비중을 50%까지 늘리겠다는 의지를 보이기도 했다, 넷플릭스는 2017년 현재 한국에서도 고전하고 있으며 시장 확장을 위해 일본과 같은 거대 투자를 단행할 것이다.

일본 시장을 얻기 위해 넷플릭스는 일본 넷플릭스 오리지널을 기획했다. 실제로 넷플릭스가 투자하여 서비스하고 있는 넷플릭스 오리지널 콘텐츠가 10개 이상이다. 또한 대부분의 국가에서 넷플릭스 일본 오리지널로 홍보하고 있다. 애니메이션 강국인 일본은 세계적으로도 통하는 콘텐츠 강국으로 알려져 있으며 2017년 4월까지 모두 12개의 넷플릭스 오리지널이 현지에서 제작되었다. 일본 서비스 초기에는 소프트뱅크 외에도 후지TV와 일본 요시모토 흥업, 광고 에이전시인 덴쓰와 협력하다가 〈표 1-2〉과 같이 후지TV, NHK, MBS, TBS, TV아사히 등 대부분의 방송사와 긴밀히 협력하고 있다.

오리지널 전략은 한국에서도 유효하다. 국내 유명 콘텐츠 제작사이며 넷플릭스와 최초로 파트너십을 체결한 케이블TV 기업이자 딜라이브의 자회사인 IHQ는 2016년 11월에 넷플릭스와 콘텐츠 공급 계약을 체결했다. 공급하는 콘텐츠는 IHQ가 2016년에 제작한 웹 드라마 네 편이다. 2016년 12월에 〈악몽선생〉과 〈스파크〉를 시작으로 2017년 1월과 2월에 각각 〈통 메모리즈〉와 〈더 미라클〉이 순차적으로 전 세계에 서비스되고 있다. 2017년에는 두 편 이상, 2018년에는 여덟 편 이상 한국 드라마 오리지널을 제작할 예정이라고 한다. 이는 향후 요구될지 모르는 현지 제작 콘텐츠 쿼터제에 대비하는 전략이라고 볼 수 있다. JTBC도 예능과 드라마를 넷플릭스

No.	라이선스 형태 (제작/파트너십/획득)	타이틀 이름	제작사
1	제작	불꽃 (Hibana)	넷플릭스
2	제작	심야식당: 도쿄스토리 (Midnight Diner: Tokyo Stories)	넷플릭스
3	제작	방랑의 미식가 (Samurai Gourmet)	넷플릭스
4	파트너십	아틀리에 (Atelier)	후지TV
5	파트너십	테라스 하우스: 도시남녀 (Terrace House: Boys & Girls in the City)	후지TV
6	파트너십	동경 재판 (Tokyo Trials)	NHK
7	라이선스드 오리지널	아인 (Ajin) *애니메이션	MBS (마이니치 방송)
8	라이선스드 오리지널	스마일 프리큐어 (Glitter Force) *애니메이션	TV아사히
9	라이선스드 오리지널	굿모닝 콜 (Good Morning Call)	후지TV 온 디맨드
10	라이선스드 오리지널	시도니아의 기사 (Knights of Sidonia) *애니메이션	MBS
11	라이선스드 오리지널	마기 신드바드의 모험 (Magi: The Adventure of Sinbad) *애니메이션	TBS (동경 방송)
12	라이선스드 오리지널	일곱 개의 대죄 (The Seven Deadly Sins) *애니메이션	MBS

에 공급하는 전략을 세우고 있다. 예능은 일본과 함께 한국에서 인기가 높기 때문에 넷플릭스와 JTBC의 예능 제작은 시너지를 낼 것으로 기대된다.

아시아에서 일본은 중국 다음으로 단일 비디오 스트리밍 시장이 큰 시장이다. 그다음은 인도와 한국이다. 중국은 넷플릭스가 호시탐탐 노리고 있는 시장이지만 아직 해외 플랫폼 서비스 사업자가 진입할 수 있는 곳이 아니다. 넷플릭스가 중국과 합작해 영화를 제작해도 중국에서는 해외 미디어 플랫폼 사업자가 서비스를 할 수 없다. 결국 넷플릭스는 2부에서 더 상세하게 다룰 아이치이와 콘텐츠 공급 계약을 맺었다. 넷플릭스의 로컬마켓 도전은 결코 쉽지 않다.

넷플릭스의 전략 ⑥
: 원수였던 케이블TV · 유료방송 기업들을 파트너로 끌어들여라

앞으로는 현지 콘텐츠를 수급하거나 현지 오리지널을 제작해야 비로소 콘텐츠를 공급할 수 있는 상황이 계속될 것이다. 현지에서 수급한 콘텐츠와 글로벌 계약을 맺을 경우 추가로 계약금이 들지만 오리지널로 제작하면 효율적으로 운영할 수 있다. 이는 제작과 파트너십에 국한된 이야기지만 한국과 일본 콘텐츠의 수급에 들어가는 비용이 미국에서 콘텐츠를 새로 만드는 것보다는 더 저렴할 것이다.

오리지널 콘텐츠 제작의 비중이 늘어난다는 것은 고객에게도 로열티 측면에서 분명 메리트가 있다. 마찬가지로 콘텐츠를 수급해서

왜 컴캐스트는 '원수' 넷플릭스와
손을 잡았는가

1 넷플릭스 오리지널 콘텐츠인 〈하우스 오브 카드〉, 〈기묘한 이야기〉, 〈베리〉
   등을 서비스할 수 있다.
2 디즈니(2016~2018년 개봉작 한정) 영화를 서비스할 수 있다.
3 CW(미국의 영 제너레이션을 위한 채널)의 〈애로우〉, 〈플래시〉, 〈슈퍼내추럴〉
   등을 서비스할 수 있다.

운영해야 하는 경쟁자인 유료방송 사업자(IPTV, 케이블 방송, 위성방송)
등에게도 매력적일 수밖에 없다. 근거로 제시할 수 있는 것이 바로
컴캐스트와 리버티 글로벌과 넷플릭스의 협력이다. 컴캐스트는 미
국에서 2,300만 명의 가입자를 보유한 케이블TV 기업이다. 인터넷,
전화, 케이블TV 서비스까지 제공하고 있으며 한국의 CJ헬로비전과
유사하지만 전 세계 유료방송 사업의 트렌드를 이끌고 있기에 훨씬
규모가 큰 기업이다. 그런 거대한 기업이 넷플릭스 오리지널의 경쟁
력 때문에 넷플릭스에 손을 내밀기 시작한 것이다. 넷플릭스에 콘텐
츠를 공급한다는 말은 전 세계 유료방송 사업자의 고객도 볼 가능성
이 있다는 것을 뜻한다.

  넷플릭스와 컴캐스트는 2016년 7월에 윈윈 전략이라며 파트너십
을 맺었다. 불과 2년 전인 2014년에 두 기업은 서로 물어 죽일 기세

로 소송을 불사하던 사이였다는 점을 보면 미디어 플랫폼 시장의 경쟁이 얼마나 물고 물리는 관계로 치열하게 벌어지고 있는지 알 수 있다. 결과적으로 넷플릭스와의 제휴는 컴캐스트에게 매우 매력적인 콘텐츠 수급 전략이었다. 컴캐스트는 아무리 많은 계약금을 들이밀어도 넷플릭스 오리지널, 디즈니(2016~2018년 개봉작 한정), CW채널을 수급할 수 없었다. 넷플릭스가 독점 공급을 해왔기 때문이다. 하지만 이제 시청자들은 컴캐스트라는 미국의 케이블TV에서 넷플릭스 콘텐츠를 시청할 수 있는 시대를 맞이했다. 넷플릭스 오리지널의 위상은 앞서 소개한 2016 에미상 결과를 봐도 알 수 있다. 인터넷에서 회자되는 지표인 버즈도 〈기묘한 이야기〉 공개 이후 상당히 상승했다.

넷플릭스에 매달리는 케이블TV 사업자들은 컴캐스트 외에도 얼마든지 있다. 넷플릭스가 미디어 기업들의 합작 기업으로 유명한 리버티 글로벌Liberty Global과 다년 계약을 맺고 향후 30개국 이상의 리버티 글로벌 고객에게 자사 콘텐츠를 공급한다고 발표한 것이다. 리버티 글로벌의 자회사인 영국의 버진 미디어는 넷플릭스와 2013년부터 계약을 체결해 한국의 IPTV 셋탑박스 서비스와 유사한 버진 미디어 셋탑박스에서 넷플릭스를 서비스해왔다.

여기서 더욱 명확해지는 사실이 하나 있다. 미디어 플랫폼 시장은 승자가 콘텐츠와 서비스를 독점한다는 것이다. 넷플릭스는 오리지널 콘텐츠를 발판으로 자신만의 콘텐츠를 만들고 확장했으며 기존 미디어 강자들의 콘텐츠를 사들여 막대한 콘텐츠 수량을 확보했다. 한때 미국 시청자의 안방을 점령했던 케이블TV, 유료방송, 위성

방송 기업들은 자사 고객이 넷플릭스의 독점 콘텐츠를 보고 싶어하는 상황에 맞닥뜨렸다. 결국 이들은 넷플릭스에 막대한 계약금을 지불하고 콘텐츠를 사 오고 있다.

한편 2017년은 넷플릭스와 전 세계 유료방송 사업자들에게 특별한 해로 남을 것이다. 전 세계 30개국의 유료방송 사업자가 넷플릭스와 콘텐츠 공급 계약을 맺고 넷플릭스를 서비스하기 시작한 것이다. 첫 제휴는 네덜란드의 업계 1위 케이블TV 기업인 호라이즌이었다. 넷플릭스는 여기서 한 발 더 나아가 중대한 결정을 내렸다. 2018년 4분기 기준 유럽, 중앙아시아, 아프리카 25개국에서 50개가 넘는 회사와 파트너십을 했다.

넷플릭스 3.0
: 다운로드와 현지 시장 공략

2016년 3월, 미국에서 열렸던 〈테어데블〉 시즌2 전 세계 공개 행사 현장 상황을 때마침 '테크수다' 도안구 기자의 페이스북 라이브로 볼 수 있었다. 당시 어느 인도 기자가 다음과 같은 질문을 했다.

"왜 넷플릭스는 오프라인 뷰잉Offline Viewing을 지원하지 않는가? 인도의 데이터 트래픽, 무선 속도는 TV 쇼를 실시간으로 볼 수 있는 환경이 아니다."

이에 헤이스팅스는 "전 세계에 많은 와이파이가 있다. 우리는 와이파이가 확산되도록 노력할 것이다"라고 본질에서 비켜난 대답을 했다. 비록 CEO가 대답을 얼버무리기는 했지만 넷플릭스는 얼마 후 모바일 인터넷이 발달하지 않은 국가를 위해 데이터 세이버 기능을 꺼내들었다. 넷플릭스의 데이터 세이버 기능이란 1GB의 용량으로 4시간까지 시청 가능한 트래픽만 사용하는 기능이다. 화질은 낮되 고객은 데이터를 아낄 수 있는 장점이 있다. 한때 AT&T가 고객을 대상으로 데이터 세이버 기능을 두고 A/B 테스트를 하다가 발각되어 곤욕을 치르기도 했지만 통신 시설이 3G에 머무르는 동남아시아와 TV보다 모바일·OTT를 선호하는 국가의 사람들은 오히려 데이터 세이브 기능을 하루빨리 도입하라고 강력하게 요구하고 있었다. 모바일로 넷플릭스를 본다는 게 낯설지 모르지만 미국과 유럽을 제외하면 대부분의 국가에서 모바일이 주된 영상 디바이스로 변모하고 있다. 따라서 해상도에 한계가 있는 모바일 디바이스는 오히려 데이터 세이버를 통한 저화질의 넷플릭스 콘텐츠를 즐기기에 적당하다.

다시 본론으로 돌아와서, 동남아시아처럼 모바일은 3G이고 인터넷 네트워크 속도가 1Mbps 미만인 국가에서는 실시간 스트리밍 서비스를 안정적으로 제공받을 수 없고 데이터 사용료도 비싸다. 이 때문에 넷플릭스가 2016년 여름부터 오프라인 시청 기능, 즉 다운로드 기능을 테스트하며 곧 정식으로 발표할 예정이라는 루머가 확산되었다. 심지어 2016년 3분기 투자자관계·기업설명회에서도 서비스 준비 중이라는 이야기가 나와 오프라인 시청 기능이 등장하는 것은 시간문제로 보였다. 결국 이 서비스 방식은 안드로이드와 iOS 업데이트와 함께 진행되었다. 이는 오프라인에서 넷플릭스 시청을

넷플릭스의
오프라인 시청 기능이란?

1 모든 영상을 다운로드할 수는 없다. 오리지널과 과거 콘텐츠 위주로 다운로드를 받을 수 있다.
2 기기 환경에 따라 SD급 저화질과 HD급 고화질 콘텐츠를 다운로드할 수 있다.
3 내·외장 메모리를 모두 지원한다.
4 저작권을 계승한다. 즉, 이용자가 A국가의 넷플릭스 서비스에 가입했을 경우 B국가에서는 서비스는 받을 수 없다. 단, 비행기 모드에서는 시청이 가능하다.
5 다운로드 횟수가 제한된 콘텐츠가 있다.

가능케 해달라는 사용자들의 의견을 반영한 것이다.

이제는 비행기나 여객선처럼 인터넷을 이용할 수 없는 곳에서도 넷플릭스를 시청하는 사람을 쉽게 찾을 수 있다. 필자도 해외 출장이 잦은 편인데 넷플릭스 오프라인 시청 기능이 비행기 엔터테인먼트 시장까지 위협하는 모습을 두 눈으로 확인했다. SVOD를 준비하는 업체들은 이제 콘텐츠 저작권자와 오프라인 시청 기능을 넣는 협상까지 해야 한다. 이 기능은 강력한 디지털 권리 관리DRM, Digital Rights Management와 관련 노하우가 없으면 제공할 수 없다.

넷플릭스는 전무후무한 다국적 기업이기 때문에 데이터 세이버 서비스를 강력하게 추진할 수 있었다. 넷플릭스 1.0이 추천 시스템이었고 2.0이 오리지널 콘텐츠였다면, 3.0은 다운로드와 로컬마켓 대응 강화다. 오프라인 시청 기능을 최초로 소개한 것은 아니지만, 전 세계 190개국에 동시에 오프라인 시청 기능을 제공한 것은 최초라는 게 중요하다. 오프라인 뷰잉이 가능해지면서 비싼 무선 데이터 요금 때문에 모바일에서 동영상 스트리밍 서비스를 제대로 이용할 수 없었던 인터넷 취약 지역 사용자들을 자사 서비스로 끌어들일 수 있게 된 것이다. 오프라인 뷰잉에 또 하나의 의미가 있다면 본국인 미국의 넷플릭스 시청 방식까지 바꿔놓을 것이라는 점이다. 미국은 영상을 감상할 디바이스로 TV를 선호한다. 이를 'TV 퍼스트'라고 하는데 이제 모바일로 언제 어디서든 넷플릭스를 즐길 수 있게 되었으니 미국 대중도 '모바일 퍼스트'를 진지하게 고민하기 시작한 것이다.

2017년에는 이동통신사들이 특정 서비스에 한해 데이터 사용 요금을 받지 않는 '제로 레이팅'을 무기로 들고 나왔다. 데이터에 대한 선택권이 없는 넷플릭스가 고객이 와이파이처럼 무료 데이터 환경에 접속해서 보고 싶은 콘텐츠를 미리 다운로드하여 오프라인에서 시청할 수 있게 하는 전략을 전격적으로 시행한 이유도 이동통신사의 제로 레이팅 정책에 대항하기 위한 것이라고 볼 수 있다. 미국에서는 이동통신사 AT&T가 모바일로 가입이 가능한 TV 서비스인 자사의 디렉TV 나우에 제로 레이팅을 도입했다. 향후 한국의 이동통신사들도 자사가 보유하고 있거나 제휴를 맺은 미디어 플랫폼에 제로 레이팅을 도입할 가능성이 있다.

한국 기업이여, 넷플릭스와
플랫폼 제휴를 맺어라

넷플릭스가 전 세계에 진출하면서 각국의 미디어 기업들은 이 거인에게 대항할지 아니면 제휴를 맺을지 깊은 고민에 빠졌다. 넷플릭스는 차세대 미디어 플랫폼으로 계속해서 거듭나고 있고 특히 뉴미디어 영역에서 큰 의미를 가지고 있기 때문이다.

가까운 미래에는 지금까지 적대시하던 통신·유료방송 사업자들이 더 적극적으로 제휴의 손을 내밀 것으로 전망된다. 넷플릭스는 실시간 방송을 하지 않는다. 그리고 방송사들이 가지고 있지 않은 오리지널 콘텐츠를 확대하고 있다. 제휴의 가능성이 큰 이유다.

봉준호 감독이 〈옥자〉의 개봉을 앞두고 진행한 인터뷰는 미디어의 본질을 돌아보는 계기가 된다. "영화의 수명을 생각해보라. 영화관에서 내려가면 IPTV, 비행기, 호텔에서도 볼 수 있다. 영화의 긴 수명을 놓고 보면 크게 다를 바 없다. 큰 스크린에서 아름답게 보이는 영화가 작은 화면에서도 아름답다는 것이 나의 원칙이다. 내가 만든 영화가 비행기 좌석 모니터에서 화면이 잘려나가거나 중간에 케이블 광고로 앞뒤가 끊어지는 것을 볼 때 종종 가슴이 아프다. 넷플릭스는 오히려 영화를 존경하는 디지털 아카이빙에 가깝다고 생각했다. 편안한 마음으로 영화적인 접근으로 작업했다."

여기서 확실히 해두고 싶은 것은 넷플릭스를 한국 미디어 플랫폼 기업들의 경쟁자로만 봐서는 안 된다는 것이다. 실시간 방송의 시청률이 유난히 높은 한국에서는 경쟁자가 되기도 어렵다. 넷플릭스를 적으로 생각하는 것은 한국의 로컬 기업들이다. 만약 로컬 기업들이 시장에서 승리해도 넷플릭스는 철수하지 않을 것이다. 따라서 서로 장단점을 확인하고 포지셔닝하여 제휴하는 편이 낫다.

　세계적으로 유명한 콘텐츠 제작사들은 가장 먼저 협력을 고려해야 할 곳으로 넷플릭스를 꼽는다. 세계 최대 방송영상물 견본 시장인 프랑스 '밉티비(MIP TV; 국제 텔레비전 프로그램 박람회)'의 콘텐츠 제작사 관계자는 넷플릭스의 영향력을 두고 "넷플릭스가 참가하지 않는 TV 박람회가 무슨 의미가 있는가?"라고 평했다. 넷플릭스는 미디어를 무기로 든 침공자가 아니라 불과 7년 만에 가입자를 5배로 늘리고 전 세계 1억 명의 가입자에게 자사 콘텐츠를 유통해줄 수 있는 꿈의 기업이다. 그렇기 때문에 한편으로 넷플릭스는 여러 견제를 당하고 있다. 가장 대표적인 것이 디즈니의 콘텐츠 계약 중단이다. 그간 디즈니는 북미에서 넷플릭스의 강력한 무기이자 파트너였다. 하지만 넷플릭스의 급격한 성장을 디즈니는 더는 두고 볼 수 없었고 결국 2019년부터 넷플릭스에 자사 콘텐츠를 공급하지 않겠다고 선언했다. 또한 다른 한쪽에서는 훌루가 몸집을 키우며 넷플릭스의 아성을 넘보고 있다. 방송 연합인 훌루는 미국 시장만으로 보자면 이미 넷플릭스보다 더 많은 미국 TV 시리즈를 보유하고 있으며, 넷플릭스와 경쟁하기 위해 25억 달러(2조8,000억)를 사용할 것이라고 밝혔다.

　이렇듯 넷플릭스의 주변 상황은 좋지 않다. 하지만 이들은 분명히 여러 견제를 뚫고 더욱 성장할 것이다. 그렇다면 넷플릭스가 꿈꾸는 '넷플릭스 4.0'은 무엇일까? 추측하건대 자사의 오리지널 IP를 활용한 사업 확장일 것이다. 2017년 8월, 넷플릭스는 20년 만에 처음으로 기업을 인수했는데, 〈킹스맨〉, 〈킥애스〉로 유명한 코믹북 제작사인 밀라월드다. 디즈니가 마블을 인수한 후 영화와 TV뿐 아니라 캐릭터 사업 같은 다양한 2차 사업에서 큰 재미를 본 것처럼, 넷플릭스도 제2의 디즈니가 되려는 야망을 품고 있다. 넷플릭스가 아시아에 디즈니월드 같은 오락 시설을 만들지 말라는 법이 어디 있겠는가?

그렇다고 이 책이 넷플릭스만을 다루지는 않는다. 다른 경쟁자들도 많다. 독자가 꼭 알고 있어야 하는 경쟁자도 있다. 넷플릭스가 성장한다고 해서 미디어의 미래가 밝아지는 것은 아니다. 오히려 넷플릭스를 견제하는 기업들도 성장해야 한다. 플랫폼 전쟁은 독점 전쟁이지만 끊임없는 전투 속에서 미디어와 플랫폼과 콘텐츠가 발전할 것이기 때문이다.

전 세계 가입자	8,000만 명 이상(아마존 프라임 비디오, 2017년 4월 기준)
2016년 매출	1,350억 달러(약 155조 원) 단, 프라임 비디오 매출은 공개되지 않았음
서비스 국가	넷플릭스와 동일한 국가에 진출(서비스 예정 지역 포함)
플랫폼 형태	SVOD + TVOD
특징	풍부한 메터데이타를 통한 엑스레이, 아마존 스튜디오를 이용한 오리지널 콘텐츠, 향후 미디어 커머스와 연계 가능한 비즈니스 모델
한국과의 관계	현재 한국과의 제휴는 진행되지 않고 있음
중국과의 제휴 가능성	현재 공개되지 않았음
경쟁 기업	넷플릭스

2장

아마존

서비스 강점을 아마존 프라임 비디오로 알리다

Amazon

아마존 제국이 VOD 시장을 침공하다

영원한 2인자는 미디어 플랫폼 시장에도 존재한다. 넷플릭스만큼 오랫동안 VOD 시장의 문을 두드려왔던 아마존이 그 주인공이다. 고객을 위한 추가 서비스로 치부되던 아마존 프라임 비디오 서비스는 이제 전 세계에서 독립을 꿈꾸고 있다. 인공지능 비서 '알렉사'의 시대에 왜 갑자기 아마존 프라임을 들고 나왔는지 궁금할 수도 있겠지만, 아마존 프라임만큼 강력한 미디어 플랫폼은 없으며 아마존 프라임을 알아야 미디어 플랫폼 전쟁의 구도를 명확하게 알 수 있을 것이다.

사실 이 책을 처음 기획할 당시는 아마존이나 유튜브 레드 같은 미국의 SVOD 서비스가 한국에 소개되기 전이었다. 하지만 책을 장식할 미디어 플랫폼 플레이어들을 조사할 때쯤 한국도 드디어 글로벌 SVOD 시장의 전쟁터가 되었다. 그만큼 미디어 플랫폼 전쟁은 급격한 변화의 양상을 띤다.

SVOD를 포함해 세상의 미디어 플랫폼에서 넷플릭스가 전부는 아니다. 넷플릭스의 차선책 혹은 그 이상까지 노리는 아마존은 어떤 행보를 보이고 있는지 알아야 한다. 아마존은 왜 비디오 시장에 진출했을까? 아마존의 전략을 파악하기 위해 먼저 아마존이 탄생하게 된 계기를 살펴보자.

세상의 모든 콘텐츠가 곧 무기다

"가장 큰 오프라인 서점보다 열 배 이상 큰 초대형 인터넷 서점을 만든다." 이는 현재 아마존 CEO이자 창업자인 제프 베조스Jeff Bezos가 사업을 시작할 때 품었던 꿈이다. 그는 프린스턴대학에서 컴퓨터공학과를 수석으로 졸업하고 월가의 잘나가는 펀드매니저로 일하고 있었다. 그랬던 그가 1994년에 돌연 인터넷 북스토어Internet Bookstore라는 아이디어 하나만으로 창업을 결심했다. 200만 달러를 친구와 친척들에게서 투자 받아 시애틀의 임대 차고에서 카다브라를 창업했다. 하지만 당시 야후는 웹사이트를 알파벳 순서대로 보여줬기 때문에 상호를 'A'로 시작할 필요가 있었고, 세계에서 가장 큰 강인 아마존강을 모티브로 아마존이라고 이름을 고쳤다고 한다. 아마존은 오프라인 서점 중 가장 큰 서점보다 열 배 이상 큰 규모의 초대형 인터넷 서점을 만든다는 자신의 주장의 근거가 되기 때문에 무척 만족스러워했다는 후문이다. 여담이지만 아마존강은 베조스가 창업할 당시에 세계에서 가장 긴 강이 아니었다. 그러다가 2000년대 들어서 재측정하여 마침내 나일강을 밀어내고 1위에 올라섰지만, 베조

(단위: 10억 달러)

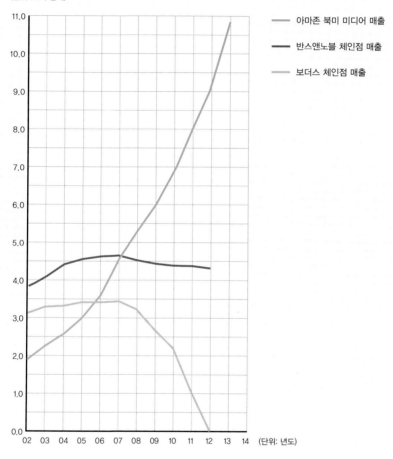

아마존 북미 미디어 매출

반스앤노블 체인점 매출

보더스 체인점 매출

참고: 아마존은 미국과 캐나다 매출을 합친 수치이며 보더스는 2011년
파산 후 집계에서 제외됨.

자료: www.jonerbooks.com

스에게는 그리 중요한 일은 아니었을 것이다.

창업하고 불과 1년 후인 1995년 여름에 베조스는 아마존닷컴 Amazon.com이라는 자사 브랜드를 알리게 된다. 시작은 인터넷을 통해 책을 파는 것이었다. 그다음 목표는 마켓 플레이스, 즉 인터넷을 통한 쇼핑몰 중계 서비스였다. 책 판매 사업이 안정되자 자연스럽게 다양한 물건을 파는 작금의 아마존닷컴으로 변모했다. 아마존 이전에 미국에서 가장 유명한 서점 체인은 1886년에 문을 연 반스앤노블Barnes & Noble이었다.

출시 초기에 아마존과 반스앤노블은 비교 대상이 아니었으나 2007년에 드디어 아마존이 반스앤노블을 책 판매 매출만으로 앞질렀으며 킨들이라는 이름으로 아마존 최초의 전자책 디바이스를 출시했다. 이것이 아마존의 소비자 대상 프로덕트의 시작이었다. 2007년은 아마존이 서점 부문에서 독보적인 위상을 차지한 해였으며 한편으로 넷플릭스가 DVD 대여에서 경쟁자들을 물리치고 시장 점령자의 지위를 확보하게 된 때이기도 하다.

아마존은 2005년에 중대한 발표를 하게 된다. 바로 아마존 프라임Amazon Prime이라는 멤버십 서비스를 출시하겠다는 것이었다. 전 세계에서 흔하지 않은 온라인 유료 멤버십 서비스인데, 연간 79달러를 지불하면 당시 다른 온라인 쇼핑 업체에서는 상상할 수 없었던 익일 무료배송 서비스에 당일 배송 서비스의 할인을 받을 수 있었다. 미국은 한국과 달리 지형적으로 당일·익일 배송 자체가 어려운 구조이다. 물류 혁신을 이루지 않는다면 어려운 상황이었으니 고객의 입장에서도 아마존 프라임은 혁신 그 자체였다.

아마존은 무료 배송에 그치지 않고, 프라임 고객에게 많은 혜택을 추가로 제공했다. 그중 하나가 2011년에 최초로 출시하고 2016년 12월에 전 세계로 뻗어가게 한 서비스, '아마존 프라임 비디오'다.

넷플릭스보다 더욱 많은 콘텐츠로 승부하다

2016년 12월 14일, 아마존이 전 세계적으로 아마존 프라임 비디오를 출시했다. 이때 가장 많이 들었던 말은 아마존이 별걸 다 한다는 것이었다. 틀린 말이 아니다. 아마존은 원래 별걸 다 하는 기업이었다. 아마존이 아마존 비디오를 설립하고 아마존 언박스라는 이름의 VOD 서비스를 시작한 지 10년이 지난 시점이었다. 결코 충동적으로 시작한 비즈니스는 아니라는 이야기다.

아마존 프라임 비디오가 무엇인지 이해하기 위해서는 먼저 그 시초인 아마존 언박스를 알아야 한다. 아마존 언박스는 아마존이 제공하는 서비스 가운데 최초로 영화와 TV프로그램을 고객에게 다운로드 형태로 제공한 서비스다. 2010년 이후 다운로드 방식은 디지털 암호화 기술, 즉 디지털 권리 매니지먼트 솔루션DRM: Digital rights management이 보편화되어 예전보다 쉽게 사용할 수 있지만 2006년 당시 암호화 기술은 걸음마 단계였다. 게다가 네트워크 환경도 스트리밍을 실현하기는 어려운 상황이었으니 아마존 언박스가 당시로서는 유일한 방법이었다. 2008년에는 지금까지도 미국에서 가장 많이 활용되는 아마존 인스턴트 비디오Amazon Instant Video로 이름을 개명하

✿ 그림 2-2   아마존 언박스(Amazon UnBox, 2006)

게 된다. 아마존 인스턴트 비디오는 아마존이 미국에서 도서 판매 1
위를 달리고 있는 것처럼 인터넷으로 디지털 구매·대여 매출 기준
으로 레드박스와 애플의 아이튠즈를 제치고 1위를 달리고 있다. 여
기서 그치지 않고 인스턴트 비디오를 서비스하고 있는 영국과 독일
에서도 1위를 기록하고 있다.

이어서 2011년, 아마존은 넷플릭스의 대항마를 발표한다. 바로
아마존 프라임 가입자들이 무제한으로 비디오 스트리밍 서비스를
즐길 수 있는 아마존 프라임 비디오Amazon Prime Video다. 아마존 프라
임은 당시 500만 명의 가입자를 확보했지만 넷플릭스는 2,000만
명이 넘는 유료 가입자를 보유하고 있었다. 아마존이 서비스 형태를
무제한 비디오 스트리밍 서비스로 바꾼 이유는 그동안 TVOD 서비

스를 제공하며 성장했으나 반대 진영인 SVOD에서 넷플릭스가 급격히 성장했고 이에 큰 위기감을 갖고 있었기 때문이다. 넷플릭스의 가입자는 2010년 2분기에 1,500만 명이었으나 2011년에 2,000만 명을 넘어서며 매해 30% 이상의 성장률을 보였다.

아마존의 전략은 넷플릭스보다 더 많은 콘텐츠를 프라임 고객들에게 제공하는 것이었다. 이 전략이 주효하면 프라임 가입자가 넷플릭스에 이중으로 지출하지 않고 프라임만 이용할 것이라고 생각했다. 아마존의 넷플릭스 공략은 완벽하게 성공하지는 못했지만 의외의 결과를 낳았다. 이른바 '이중 시청자'가 늘어난 것이다. 미디어 전문 조사기관인 팍스 어소시에이트Parks Associate의 OTT 트래커에 따르면 미국 넷플릭스 가입자의 60% 이상이 아마존 프라임을 이중으로 이용한다고 한다. 5년이 지난 후 2017년에 아마존은 넷플릭스와 사이좋은 컴패니언 서비스(Companion Service; 함께 이용하면 좋은 서비스)로 자리 잡았다. 이는 두 기업의 서비스가 모두 미국에서 확고한 지위를 차지했다고 보는 근거가 되기도 한다.

아마존의 전략 ①
: 월정액의 현지화와 중국 시장 건너뛰기

미국에서 컴패니언 서비스로 동행하고 있는 아마존과 넷플릭스는 해외에서도 사이좋은 행보를 보이고 있을까? 결코 그렇지 않다. 넷플릭스는 2010년에 캐나다를 시작으로 2011년에 브라질을 포함한 중남미 국가들에 서비스를 확장했다. 2012년에는 영국을 포함해 유럽 다섯 개 국가에도 진출했다.

아마존닷컴은 자사가 진출한 지역에 프라임 서비스를 출시하고 비디오를 확대하는 전략을 초기에 세웠다. 하지만 마켓 플레이스나 e-아마존 프라임 제도 정착에 난항을 겪으며 경쟁사에 비해 예상 외로 많은 장애에 부딪혔다. 그러면서 아마존의 세계 시장 진출이 지지부진해졌다. 물론 넷플릭스라고 만사형통이었던 것은 아니다. 넷플릭스의 문제는 외부가 아닌 내부에 있었다. 해외 투자 비용이 비약적으로 증가하면서 갑자기 영업이익이 줄어든 것이었다. 이 때문에 넷플릭스도 유럽에 진출한 직후에 세계 시장 확장을 한 박자 쉬어야 했고 오리지널 콘텐츠의 필요성을 절감한 계기가 되었다.

아마존은 인도에 진출해 프라임 멤버십과 마켓플레이스를 모두 개시했다. 2014년에는 아마존 브랜드로 인도 온라인 시장에 뛰어들었고, 2016년 7월에 아마존 프라임의 가입자를 받기 시작한 데 이어 12월에는 아마존 프라임 비디오를 출시했다. 특히 2017년 7월 11일에는 '프라임 데이' 행사를 열며 연간 블록버스터급으로 프라임 멤버십 이용료를 할인하고 식품 할인 판매를 시작했다. 행사 당일 매출도 매우 높아서 기대감을 갖게 했다. 아마존 인디아는 2017년 상반기까지 인도 온라인 마켓 시장점유율 27%로, 44%를 차지하고 있는 현지 기업인 플립카트에 이어 2위에 올라 있다. 아마존은 현지화를 위해 아마존 프라임의 연회원 가입비를 미국의 10%에 불과한 8달러로 책정했고 2017년 2분기 가입자가 1분기의 2배에 달하며 큰 효과를 봤다고 자평했다. 아마존은 2017년 7월에 온라인과

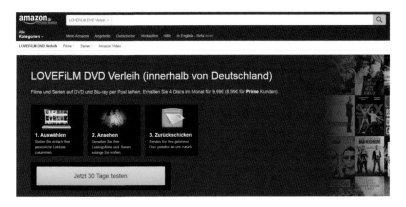

오프라인에서 모두 사용할 수 있는 전자상거래 서비스인 PPI의 운
영 허가를 받는 등 13억 명의 시장을 본격적으로 공략하고 있다.

　아마존의 인도 진출 자체는 고무적인 일이지만 그 이면에는 중국
의 그늘이 있다. 아마존은 뒤늦게나마 중국에 진출했지만 다양한 규
제와 구조적인 어려움 때문에 시장 안착에 실패하면서 시장 점유율
이 1%를 넘지 못하며 계속 고전하고 있다. 인도에 진출한 것도 일단
중국의 남쪽으로 눈을 돌려 거대 시장을 선점하며 기회를 엿보기 위
해서였다.

　유럽 진출도 결코 만만한 일이 아니었다. 2011년에 유럽 월정액
비디오 스트리밍 서비스인 러브필름LoveFilm을 2억 유로(당시 약 3,000
억 원)에 인수하지 못했다면 영국, 독일, 오스트리아에 서비스를 개
시하는 것은 불가능했을 것이다. 그만큼 글로벌 비디오 서비스를 준
비한다는 것은 어려운 일이다. 세계 시장에 진출하기 위해서는 현지
미디어 플랫폼 기업을 인수해 확장을 꾀하는 것도 좋은 방법이라는

방증이기도 하다.

아마존의 전략 ②
: 글로벌 딜과 AWS의 힘

"아마존이 없었으면 넷플릭스도 없었을 것이다"는 말이 있다. 넷플릭스 글로벌의 이면에는 아마존 클라우드 서비스인 아마존 웹 서비스AWS: Amaozn Web Services가 있기 때문에 나온 말이다. 아마존은 아마존닷컴을 운영하기 위해 만든 클라우드 컴퓨팅 기술을 2006년에 AWS라는 이름으로 출시하고 최초의 상품인 아마존S3Simple Storage Service를 공개했다. 아마존S3는 아마존이 제공하는 스토리지를 이용해 스트리밍을 할 수 있는 방식이며 데이터 사용량에 따라 비용을 지불하는 비즈니스 모델이다. 넷플릭스는 2008년부터 AWS를 사용하여 2016년을 기점으로 모든 자체 데이터 센터를 없애고 AWS에 의존하고 있다. 물론 자체 비디오 콘텐츠를 저장하고 전송하는 오픈 커넥트Open Connect라 부르는 콘텐츠 CDNContent Delivery Network을 별도로 가지고 있다. 그러나 일반적인 CDN의 운영 관리는 아마존이 한다. 예를 들어 비디오 콘텐츠에서 발생하는 재생 로그는 하루에 1억 5,000만 시간인데 이 모두가 AWS를 통해서 저장된다는 의미다. 반면에 넷플릭스는 오픈 커넥트를 별도로 운영한다. 그 이유는 타사와 계약하여 가져온 콘텐츠와 자사의 오리지널 콘텐츠를 모두 보호하기 위해서다. 그리고 자사와 계약한 유·무선 인터넷 사업자들에게

❖ 그림 2-4   아마존 4대 비즈니스 기둥
　　　　　　(클라우드, 마켓플레이스, 아마존 프라임, 알렉사)

아마존 비즈니스	1. 클라우드 아마존 웹 서비스	2. 마켓플레이스 (판매 중계)		3. 아마존 프라임 (회원제도)		4. 알렉사 (인공지능 비서)	
		아마존 (커머스)	킨들 (e북)	프라임 비디오	뮤직 언리미트	Fire TV/ Stick (셋탑박스)	Echo/Alexa (인공지능)
미국	○	○	○	○	○	○	○
영국	○	○	○	○	○	○	○
독일	○	○	○	○	○	○	○
일본	○	○	○	○	○	○	○
오스트리아	○	○	○	○	○	FireTV 전용	○
인도	○	○	○	○	○	Stick 전용	○
아일랜드	○	○	○	프라임 비디오 전용	×	×	○
프랑스	○	○	○	프라임 비디오 전용	×	×	○
캐나다	○	○	○	프라임 비디오 전용	×	×	○
이탈리아	○	○	○	프라임 비디오 전용	×	×	○
스페인	○	○	○	프라임 비디오 전용	×	×	○
멕시코	○	○	○	프라임 비디오 전용	×	×	○
중국	○	○	○	×	×	×	×
네덜란드	○	킨들 전용	○	프라임 비디오 전용	○	×	○
호주	○	킨들 전용	○	프라임 비디오 전용	×	×	○
브라질	○	킨들 전용	○	프라임 비디오 전용	×	×	×
한국 외 190여 개국	○	×	×	프라임 비디오 전용	×	×	×

참고: 2018년 1월 기준
아마존은 위 표에서 다룬 국가들을 포함해 총 80여 국가에
서 Echo/Alexa를 출시했다. 또한 28개국에 뮤직 언리미트
서비스를 제공하고 있다.

특혜를 주기 위해 별도로 운영하고 있다. AWS는 커머스 못지않게 아마존의 어엿한 성장 동력으로 자리매김했다. 간혹 AWS가 운영 이슈가 되고 종종 서비스가 중단되었다는 소식이 들려오는데 이는 그만큼 AWS에 의존하는 서비스 업체들이 많다는 뜻이기도 하다.

아마존은 넷플릭스를 통해서 글로벌 서비스 출시를 간접적으로 경험했다. 그리고 두 기업은 2016년에 글로벌 서비스를 출시했다. 2016년은 넷플릭스가 글로벌 서비스를 시작한 해라고 하면, 2017년은 아마존이 글로벌 서비스를 시작한 해로 기억될 것이다. 2016년 12월 14일, 아마존은 스마트TV와 모바일 서비스를 통해 전 세계 200개국에서 아마존 프라임 비디오 서비스를 시작했다. 아마존 프라임 비디오 출시 전략의 중심에는 〈탑기어〉가 있었다. 먼저 이 프로그램에 대해 자세히 살펴볼 필요가 있다.

〈탑기어〉는 원래 BBC의 대표 오리지널 콘텐츠였다. 한국 독자들은 드라마 〈프렌즈〉 출신의 맷 르블랑이 주축이 된 23시즌 이후의 〈탑기어〉 혹은 한국 케이블 채널인 XTM의 〈탑기어 코리아〉를 먼저 떠올릴지 모른다. 하지만 〈탑기어〉는 본래 리처드 해먼드Richard Hammond, 제러미 클라크슨Jeremy Clarkson, 제임스 메이James May를 주축으로 2002년부터 22시즌에 걸쳐 방영된 프로그램이다. 하지만 2016년에 프로듀서 중 한 명인 오신 타이먼과 제러미 클라크슨 사이에 폭행 사건이 벌어졌고 진행자 세 명이 모두 하차하는 사태로 번졌다.

이때 〈탑기어〉는 그대로 종영될 것처럼 보였다. 하지만 BBC는 전 세계 214개국에서 3억5,000만 명이 시청하는 인기 절정의 프로

그램을 폐지하고 싶지 않았다. 〈탑기어〉는 제러미 클라크슨 체제에
서 1억5,000만 유로를 벌어들이며 BBC 콘텐츠 중 가장 많은 수익
을 안겨주는 콘텐츠이기도 했다. 브랜드 라이선스(포맷 수출)로 호주,
러시아, 미국, 한국, 중국 등에서 동일한 포맷으로 제작된 것만 봐도
〈탑기어〉의 인기와 영향력은 실로 대단하다 할 수 있다.

　BBC는 기어이 〈탑기어〉 브랜드 자체는 유지하기로 했다. 대신 출
연진을 바꾸기로 했다. 그러나 이때 예상하지 못했던 일이 벌어졌
다. 〈탑기어〉의 기존 출연진 3인방에 갑자기 대중이 많은 관심을 보
이기 시작한 것이다. 14년 동안 한 프로그램에서 엄청난 인기를 끌
었던 이들을 하차시키려 했으니 어찌 보면 당연한 일이었다.

아마존은 〈탑기어〉의 회생에 뛰어들었다. 〈탑기어〉의 멤버를 그대로 유지하고 〈더 그랜드 투어〉라는 이름의 아마존 오리지널 프로그램을 기획해 3년간 1억6,000만 유로라는 거대 계약을 한 것이다. '글로벌 딜'이라고 불리며 언론에 회자되던 2015년 7월 당시에도 아마존과 탑기어 팀의 결합이 어떤 결과를 가져올지 알 수 없었다. 필자도 기존 아마존 비디오 지역 외에는 다른 방송사나 OTT 서비스 업체에 판매를 할 것이라고 예상했다. 한편 이 3인방을 놓친 넷플릭스는 BBC와 〈탑기어〉의 모든 시즌 그리고 2016년 새로운 출연진(맷 르블랑, 크리스 에반스)으로 돌아온 새로운 〈탑기어〉와 글로벌 계약을 맺는 데 성공했다.

넷플릭스의 〈탑기어〉는 제러미 클라크슨이 출연했던 시절에 비해 시청률이 반토막 났고 설상가상으로 맷 르블랑은 향후 크리스 에반스('캡틴 아메리카'의 배우가 아니라 영국 방송인이다)와 같이 출연해야 한다면 프로그램에서 하차하겠다고 밝혀 미래가 매우 불투명해졌다. 2017년에 새로운 시즌을 제작할 수 있을지 우려의 목소리가 커져갔고 결국 〈탑기어〉는 크리스 에반스의 하차를 결정했다. 반면에 기존 탑기어 3인방이 '4개의 대륙, 3명의 친구들, 하나의 놀라운 여행'이라는 모토로 다시 뭉쳐 만든 〈더 그랜드 투어〉는 시즌1 종료까지 평점 5점 만점에 4.8을 기록하며 흥행과 시청자 평가라는 두 마리 토끼를 모두 잡았다. 결과적으로 넷플릭스는 악수惡手를 둔 것이고 아마존은 알짜배기를 챙긴 것이다.

아마존의 전략 ③
: 콘텐츠 다운로드 서비스와 오리지널 확장

　아마존의 글로벌 서비스 출시 웹페이지의 주소는 'Amazon.com' 이 아닌 'PrimeVideo.com' 이다. 그만큼 아마존이 프라임 비디오 사업을 중요하게 생각하고 있다는 뜻이다. 아마존은 기존 커머스 혹은 킨들을 우선적으로 출시하고 프라임 서비스를 개시하는 전략을 추진했지만 2015년부터 방법을 달리하기 시작했다.

　첫 번째 변화는 콘텐츠 다운로드 서비스다. 2016년 11월, 넷플릭스는 콘텐츠 다운로드 서비스를 선보였지만 사실 이보다 1년 앞선 2015년 9월에 이미 아마존이 다운로드 기능을 테스트한 바 있다. 이때 전문가들은 의외라는 반응을 보였다. 사실 다운로드 기능은 인도처럼 인터넷 네트워크가 불안정한 국가에서 쓰기 좋은 기능이기 때문에 테스트 대상이었던 5개 국가는 적절한 대상이 아니었기 때문이다. 굳이 이유를 꼽자면 일본에는 유용했지만 다른 국가들은 그렇지 않았고 서비스 테스트는 사실 세계 시장을 염두에 둔 것이 아닌가 하는 의심으로 이어졌다.

　한편 경쟁사인 넷플릭스는 와이파이 전략을 앞세웠다. 아마존이 다운로드 기능을 선보였을 때 넷플릭스는 항공사들과 파트너십을 맺고 와이파이로 넷플릭스를 볼 수 있는 시설을 늘리겠다고 지속적으로 밝혔다. 2016년이 되자 넷플릭스가 서둘러 다운로드 기능을 추진한 이유가 밝혀졌다. 바로 아마존 프라임 비디오가 쫓아오고 있었기 때문이다. 다운로드 기능은 아마존 프라임 비디오가 넷플릭스

✿ 그림 2-6 대표적인 아마존 오리지널로 미국 에미상에 빛나는 트랜스페어런트
(Transparent)와 모차르트 인 더 정글(Mozart in the Jungle) 그리고
보쉬(Bosch) 등이 있다.

보다 우위에 있다고 평가할 수 있을 정도다. 넷플릭스는 일반화질과
고화질, 단 두 개 옵션밖에 없지만 아마존은 취향에 따라 다양한 옵
션을 선택할 수 있다. 또한 아마존은 외장 메모리에 콘텐츠를 저장
하는 기능을 지원하지만 초기에 넷플릭스는 지원하지 않았다. 콘텐
츠 규모와 자막 지원 여부에서 아마존은 여전히 넷플릭스보다 열세
지만 아마존 프라임 비디오의 다양한 옵션은 넷플릭스에게 위기감
을 안겨주기에 충분했다.

두 번째 변화는 아마존 오리지널의 확대다. 디지털 스트리밍 서비
스에서 오리지널 콘텐츠의 대명사는 넷플릭스뿐이라고 생각할지 모
른다. 하지만 아마존은 2010년에 아마존 스튜디오Amazon Studios를 설
립하여 프라임 비디오를 선보이기 전부터 자체제작과 배급을 준비

> 아마존 채널은 넷플릭스와 훌루를 제외한 HBO Now 등 다
> 양한 OTT 서비스들을 파트너로 묶어서 제공한다. 마치 케
> 이블 채널에 가입하듯이 원하는 콘텐츠를 저렴한 가격에 추
> 가할 수 있는 서비스로 인기를 얻고 있다.

해왔으며 넷플릭스와 마찬가지로 2013년에 최초의 아마존 오리지
널 콘텐츠를 제작하기 시작했다. 위에서 말한 '아마존 프라임 비디
오가 쫓아오고 있었다'는 말도 이에 잘 적용된다. 어쩌면 아마존이
넷플릭스보다 빨랐다고 볼 수도 있다.

　아마존은 2015년부터 오리지널 콘텐츠에 많은 투자를 하기 시작
했다. 여기서 또 하나의 의문이 들었다. 당시 넷플릭스는 60개국에
서비스를 하고 있었으니 오리지널 콘텐츠가 중요하다고 볼 수 있지
만, 아마존은 불과 5개국에만 진출한 상황이었기 때문에 오리지널
에 큰 투자를 하는 게 효율적으로 보이지 않았기 때문이다. 물론 아
마존이 오리지널 콘텐츠 제작을 중요하게 생각하는 이유는 따로 있
다. 바로 넷플릭스와 비교되는 다양성 확보다. 넷플릭스는 오리지널

콘텐츠를 확장하는 과정에서 흥행 여부를 너무 중요시했다. 반면에 아마존 오리지널 시리즈는 평단과 흥행을 모두 잡았고 장르나 소재에서도 다양성을 확보할 수 있었다.

아마존은 2015년 이후 21개 시즌에 달하는 시리즈를 제작했다. 2차 세계대전에서 독일과 일본이 패전하지 않았다는 대체역사를 전면에 내세운 〈더 맨 인 더 하이 캐슬The man in the high castle〉이 대표 작품이다. 넷플릭스에 비해 적은 투자, 적은 콘텐츠 규모였지만 2017년에는 40개가 넘는 오리지널 시리즈를 제작하겠다고 밝혀서 기대감을 키우고 있다.

하지만 단순히 패스트 팔로워Fast Follower로 남을 위험이 있었다. 다운로드 기능을 강화하고 오리지널 콘텐츠를 개발한다는 것은 넷플릭스의 전략과 다를 바가 없었다. 아마존이 넷플릭스와 유사해 보여도 위의 계획을 꾸준히 진행하는 이유가 있다. 그것은 바로 시장 경쟁자를 바라보는 아마존의 독특한 시각 때문이다.

아마존은 강력한 기업들과 경쟁하기보다 파트너십을 맺어 시장 장악을 꿈꾼다. 물론 아마존 프라임 비디오라는 미디어 플랫폼 안에서 진행한다는 전제하에서 말이다. 예를 들어 아마존 비디오 서비스 내에서 프라임 고객이라면 푹Pooq이나 왓챠플레이와 같은 개별 사업자들의 OTT 서비스를 더 저렴한 가격에 가입할 수 있게 해주는 서비스를 제공하는 것이다. 물론 아직 이런 일은 벌어지지 않았지만 향후 발생할 가능성이 있다. 그리고 앱을 별도로 실행하지 않아도 아마존 비디오 앱을 실행하면 앞서 이야기한 모든 콘텐츠를 하나의 앱에서 사용할 수 있도록 고객을 돕는다.

아마존은 200개국에 서비스를 개시한 이후 경쟁자들과 파트너십을 맺고 콘텐츠 파워를 확장하는 것을 초기 목표로 삼을 것으로 보이며 이미 인도에서 이와 같은 행보를 보이고 있다. 예를 들어 동남아시아에서는 넷플릭스와 경쟁 중인 아이플릭스(iFlix; 말레이시아 사업자), 훅(Hooq; 싱가포르 사업자인 싱텔, 타임워너, 소니의 합작), 뷰(Viu; 홍콩 PCCW의 OTT 서비스) 등과 제휴를 맺을 가능성도 있다. 혹은 글로벌 서비스를 제공하고 있으나 인지도가 미미한 플랫폼들도 아마존에 의지할 것이다.

아마존이 꿈꾸는 것은 방송국과 싸워서 이기는 것이 아니다. 오히려 방송사까지 자사의 영역으로 끌어들이는 것이다.

아마존의 전략 ④
: 소규모 콘텐츠 제작자들과 파트너십을 맺어라

2016년 4월, 아마존은 OTT와 TV, AVOD(Advertisement Video On Demand; 유튜브 같은 광고 기반 서비스) 영역에 커다란 기회이자 인더스트리에 큰 영향을 끼칠 서비스 모델을 발표했다. 그것은 바로 아마존 비디오 다이렉트이며 유튜브에 도전장을 내민 것으로 풀이된다.

아마존 비디오 다이렉트의 서비스 대상 국가는 다섯 곳에 불과했지만 2017년 상반기까지 소리 소문 없이 47개국으로 늘었다. 아쉽게도 한국은 서비스 대상이 아니지만 가까운 시일에 서비스 되리라 전망된다.

아마존 비디오 다이렉트는 유튜브처럼 일반 이용자가 업로드한 취미 동영상을 볼 수도 있지만 가장 큰 특징은 동영상 구입과 일정 기간 동안 임대 시청Rental View이 가능하다는 점이다. 그리고 수익 배분은 콘텐츠 가격의 50%, 광고 수익의 55%를 동영상 투고자에게 지불한다.

본래 프라임 비디오의 수급 방식은 아마존이 직접 콘텐츠 공급자CP, Content Provider 혹은 에이전시와 계약하는 방식이었다. TVOD는 최소보장금액MG, Minimum Guarantee을 지급해야 하고 수급할 수 있는 콘텐츠도 한계가 있었다. 한편 SVOD는 서비스 기간을 정해두고 판권을 구매하는 형태로서 스트리밍 권리까지 사 와야 했기 때문에 많은 돈이 들었던 게 사실이다. 한창 성장하고 있는 MCN(다중 채널 네트워크)의 기획사들과 콘텐츠를 일일이 계약해서 수급하기도 힘들고 투자를 단행하기도 어려운 상황이었다. 반대로 크리에이터들은 유튜브의 그늘에서 벗어나고자 방송사를 비롯한 다양한 콘텐츠 서비스 업체들과 접촉하고 있다. 때마침 수익 모델을 실현하기 위해 한국에서도 유튜브에서 유튜브 레드를 출시했다. 그리고 CJ E&M의 다이아 티비(DIA TV)는 2017년 1월에 기존의 OCN 시리즈 채널과 계약을 이어가는 대신 다이아 티비를 개국하겠다고 발표했다. MCN이 방송 채널과 융합하는 일이 마침내 실제로 벌어지기 시작했다.

또한 MCN에 가려 있던 인디 영화사와 북미를 제외한 지역의 소규모 콘텐츠 제작사들은 아마존에 영화나 TV 시리즈를 팔고 싶어도 루트가 없었다. 콘텐츠 계약을 맺더라도 정당한 가격을 받기도 쉽

아마존 비디오 다이렉트에 콘텐츠를 등록하고, 매출을 올릴 수 있는 국가(2017년 4월 기준)

미국, 영국, 캐나다, 호주, 오스트리아, 벨기에, 불가리아, 크로아티아, 키프로스, 체코 공화국, 덴마크, 에스토니아, 핀란드, 프랑스, 프랑스령 기아나, 독일, 지브롤터, 그리스, 과들루프, 헝가리, 아이슬란드, 아일랜드, 이탈리아, 일본, 라트비아, 리히텐슈타인, 리투아니아, 룩셈부르크, 몰타, 마르티니크, 마요트, 멕시코, 모나코, 네덜란드, 뉴질랜드, 노르웨이, 폴란드, 루마니아, 생 바르텔레미 , 세인트 마틴, 세인트 피에르 미 클롱, 산마리노, 슬로바키아, 슬로베니아, 스페인, 스웨덴, 스위스

지 않았는데 잘 알려지지 않은 콘텐츠를 최소보장금액을 주고 살 기업은 없기 때문이다. 경우에 따라서는 수급하는 기업의 성격에 따라 편파적일 수밖에 없는 것이 현실이다. 아마존 비디오 다이렉트는 콘텐츠 크리에이터들이 자신들의 콘텐츠를 직접 아마존에 올려서 아마존 프라임, 인스턴트 비디오, 스트리밍 파트너로 직접 등록하여 정당한 평가를 받고, 아마존은 수급 리소스를 줄일 수도 있다.

아마존 비디오 다이렉트를 단순히 콘텐츠를 업로드하여 돈을 버는 플랫폼으로 치부해서는 안 된다. 아마존은 전 세계에서 가장 큰 영화와 TV 쇼의 포스터, 출연진, 감독과 같은 콘텐츠의 프로모션에 도움이 되는 메타데이터(영화와 TV 쇼의 정보의 시작과 끝을 말한다. IMDb.com 과 Boxofficemojo.com 은 아마존의 소유다)를 소유한 기업이

다. 좋은 콘텐츠를 가지고 있으면 IMDbPro를 통해 작품과 배우를 아마존 외에 다양한 플랫폼에 판매할 수 있도록 기회를 준다. 그리고 다음 작품의 각본을 영화나 TV 쇼를 제작하는 아마존 스튜디오를 통해 제작할 수 있게 되며 글로벌 프로모션이 필요하다면 전 세계 영화제에 응모할 수 있는 위드아웃어박스(WithoutaBox; 아마존 소유의 세계 영화제 출품 웹사이트)를 통해 전 세계 영화제에 독자들이 만든 콘텐츠를 프로모션 할 기회를 얻을 수 있다. 결과적으로 이런 협력은 아마존 프라임 비디오 콘텐츠를 풍부하게 하고, 널리 알려주는 기회가 될 것이다.

아마존의 전략 ⑤
: 스포츠 라이브 스트리밍 서비스

트위터는 2016년에 정규시즌 한정으로 NFL 목요일 야간 경기를 가입자에게 실시간 스트리밍으로 서비스를 하는 계약을 체결했고 시장은 긍정적인 반응을 보였다. 페이스북도 NBA와 제휴하여 런던 올림픽 남자팀 경기의 스트리밍 서비스를 제공했다. 이에 질세라 아마존도 아마존 프라임 스포츠라는 이름의 스포츠 스트리밍 서비스의 출시를 검토하였으며 프라임 비디오 내에서 NFL 경기를 전 세계에 생중계하기 시작했다.

경쟁자들이 스포츠 생중계 방송에 뛰어든 것 외에도 아마존이 스포츠에 관심을 갖는 이유가 있다. 유럽과 아시아 국가에서는 스포츠 생중계 방송이 TV프로그램이나 영화보다 더 높은 인기를 얻기 때문이다. 뉴스나 스포츠 같은 라이브 이벤트를 제외하고 사실상 실시간 방송의 위력은 대부분 반감되었는데 이는 독일의 더존DAZN.com과 같은 서비스들이 출시되는 계기가 되었다. 참고로 더존은 영국 퍼폼사에서 만든 스포츠 라이브 OTT 서비스다. 더존은 방송 권리를 구매하여 온라인 스트리밍 서비스를 제공한다. 독일, 일본, 오스트리아에 방송을 제공하고 있으며 2017년에 일본 내 J리그 경기를 독점으로 서비스하고 있다. 한편 일본 OTT 서비스인 홀루에서 BBC 뉴스를 생방송하기 시작한 것도 실시간 방송의 미래가 걱정되는 부분이 아닐 수 없다.

아마존은 한 발 더 나아가 라이브 플랫폼으로 변신을 꾀하고 있다. 필자는 2017년 4월 미국 라스베이거스에서 있었던 국제 방송장비 전시회2017NAB2017에 참가했다. NAB는 미국 방송사 연합에서 주최하는 북미 최대 방송 기자재, 솔루션 쇼로 매년 4월 말에 열린다. 아마존이 꿈꾸는 프라임 비디오의 실시간 방송 전략은 직시Zixi라는 온라인 비디오 플랫폼OVP-Online Video Platform 기업의 부스에서 살펴볼 수 있었다. 온라인 비디오 플랫폼 기업이란 전문적으로 OTT 서비스를 만들어주는 기업이다. 이 가운데 직시는 콘텐츠만 있으면 동영상 서비스를 구축해주는 일을 하며 아마존이 계약한 1,000여 개의 라이브 채널들을 전 세계로 송출할 계획이다.

이런 아마존이 라이브 채널을 개설한다는 것은 기존 VOD 기반의 구독형 모델에 실시간 채널을 더하겠다는 뜻이다. 이 같은 전략은 넷플릭스와 똑같은 정체성을 고집하지 않겠다는 것을 시사한다. 또한 OTT 사업을 뛰어넘어 OTT 라이브 중계 사업까지 확장하고 있다는 뜻이기도 하다. 실시간 뉴스는 유튜브나 페이스북에서 가장 쉽게 접할 수 있는 콘텐츠가 되었다. 따라서 아마존은 세계 시장에서 넷플릭스와 경쟁하면서 자기 정체성과 고객층을 확고히 하기 위해 라이브 스트리밍 서비스에 투자해야 한다고 본 것이다. 2018년 기준 이미 아마존은 NFL 경기를 생중계했고, 프리미어리그 중계권도 협상하고 있다.

아마존의 전략 ⑥
: 쇼핑 없이도 비디오를 볼 수 있는 요금제

아마존은 2016년 4월에 비디오 스트리밍 서비스를 독자적인 월정액 요금제로 독립시키는 요금제를 추가했다. 이 요금제는 2011년에 아마존 프라임 가입자들에게 1년 무료 비디오 서비스를 제공한 후 5년 만에 새로 추가한 것이다. 연간 가입비 99달러가 부담스러운 고객은 다음 중 하나를 선택해 서비스를 제공받을 수 있다. 첫째, 아마존 비디오만 쓰고 싶으면 월 8.99달러만 내면 된다. 둘째, 1년에 99달러의 프라임 요금제를 월별로 결제하고 싶으면 한 달에 10.99달러만 내면 된다. 아마존에게는 단기적으로는 손해지만 고객에게는 이득이 되는 비즈니스 모델이다. 덧붙여 넷플릭스도 2017년 10월에 요금제를 개편했다. 기존 스탠다드 요금제를 9.99달러에서 10.99달러로, 프리미엄 요금제를 11.99달러에서 13.99달러로 인상

한 것이다. 결과적으로 월별 이용료는 아마존과 넷플릭스가 똑같게
되었다.

2011년 아마존 프라임 서비스가 출시된 후 경쟁사들로부터 아마
존 프라임 서비스의 월정액 서비스가 출시될 것이라고 예상되었고
실제로 2016년 3월 말에 북미 3위 사업자인 스프린트가 월 10.99
달러에 아마존 프라임 멤버 서비스를 사용할 수 있는 요금제를 제안
했다. 미국에서 1년에 99달러를 지불하면 다음과 같은 서비스를 이
용할 수 있다.

- **아마존 프라임 쇼핑**

  2일 내에 무료 배송, 일부 필수품과 식료품의 경우 2시간 내에 무료 배달

- **아마존 프라임 비디오 서비스**

  1만8,000여 편 영화, 2,000여편의 TV쇼 무제한 제공

- **아마존 프라임 뮤직 서비스**

  200만 곡과 다양한 방송국의 음악 서비스의 청취가 가능

- **아마존 프라임 리딩**

  만화, 킨들북, 잡지, 오디블 북 등 1,000개 이상의 콘텐츠 감상

- **아마존 프라임 포토**

  무제한 포토 저장 공간 제공 및 얼굴 인식 기능을 통한 자동 태깅 기능

- **트위치 프라임**

  게임용 아이템을 살수 있는 룻Loot 제공 및 트위치 시청 시 광고 제거
  및 트위치 채팅 시 별도의 이모티콘 및 칼라 폰트 제공, 신규 게임 판매
  시 20% 할인 기능 제공, 프리 오더 게임 사전 판매 등

- 아마존 번개 상품 쇼핑을 30분 일찍 제공

- 최적화된 기기인 Amazon Echo, Fire TV를 저렴하게 구매 가능

- Amazon의 자체 '블랙프라이데이'인 프라임데이에서도 매우 저렴한 금액에 제품이나 서비스를 구매할 수 있게 해주는 완전체 요금제

아마존 프라임이 없는
한국의 아마존 프라임 비디오의 미래

아무리 아마존이라도 전 세계 200개 국가에서 모두 아마존 커머스 서비스를 출시할 수는 없었다. 그렇기 때문에 프라임 서비스도 출시하기 어려운 상황이었다. 하지만 한국에서 아마존 직배송 서비스를 일부나마 이용할 수 있는 만큼 아마존 서비스가 반드시 현지에 오픈될 필요는 없다. 중국도 마찬가지다. 직배송 위주의 아마존닷컴이 중국에서 문을 열었다. 미국 내 아마존 비디오 서비스의 사용률은 낮은 편이기 때문에 오히려 아마존 프라임 가입자는 해외 비중이 매우 높을 것이라는 추측도 가능하다.

미국 내 아마존 프라임 가입자는 이미 넷플릭스 가입자를 넘어섰다. 하지만 실제로 발생하는 비디오 트래픽은 넷플릭스의 12% 수준밖에 되지 않는다. 이 점은 여전히 아마존 비디오에 의문을 제기할 수밖에 없는 상황이다.

흥미로운 점은 〈그림 2-9〉에서 보듯이 아마존과 넷플릭스 가입자 수의 차이가 크지 않다는 것이다. 오직 5개국에서 서비스 중인 아마존 서비스와 200개국 서비스를 하는 넷플릭스의 가입자 수는 크게 차이 나지 않는다.

넷플릭스의 월 이용료는 10.99달러, 아마존 비디오는 8.99달러다. 아마존은 가격경쟁력에서 유리한 편이다. 최종적으로 아마존 프라임이 출시하지 않았던 시장에 프라임 비디오PrimeVideo.com로 출시한 국가는 한국을 포함해 프로모션 가격으로 초기 6개월은 월 2.99

✿ 표 2-1 미국의 네트워크 트래픽을 발생시키는 요인

업스트림		다운스트림		합계	
비트토렌트	18.37%	넷플릭스	35.15%	넷플릭스	37.72%
유튜브	13.13%	유튜브	17.53%	유튜브	17.31%
넷플릭스	10.33%	아마존 비디오	4.26%	HTTP-기타	4.14%
SSL-기타	8.55%	HTTP-기타	4.19%	아마존 비디오	3.96%
구글 클라우드	6.98%	아이튠즈	2.91%	SSL-기타	3.12%
아이클라우드	5.98%	훌루	2.68%	비트토렌트	2.85%
HTTP-기타	3.70%	SSL-기타	2.53%	아이튠즈	2.67%
페이스북	3.04%	엑스박스 원 게임즈 다운로드	2.18%	훌루	2.47%
페이스타임	2.50%	페이스북	1.89%	엑스박스 원 게임즈 다운로드	2.15%
스카이프	1.75%	비트토렌트	1.73%	페이스북	2.01%
	69.32%		74.33%		72.72%

자료: Sandvine

✿ 그림 2-9 아마존 VS. 넷플릭스 가입자 비교

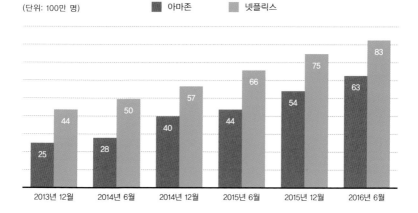

(단위: 100만 명)   ■ 아마존   ■ 넷플릭스

참고: IR 및 시장 정보 종합

참고: 2016년 12월 기준
아직 한국 넷플릭스보다 콘텐츠가 절대 부족한 아마존

달러(약 3,500원), 향후 5.99달러(약 7,000원)로 결정했고 앞으로 아마존 서비스의 아시아 국가 확대에 도움이 될 것으로 보인다.

한국을 제외한 아시아 유료방송 서비스의 월평균 이용료는 3,000원 수준이다. 넷플릭스 글로벌 서비스의 평균 가격에 비해 경쟁력이 확실하다는 뜻이기도 하다.

제2의 〈아이돌마스터.KR〉을 기대한다

한국에서는 고전하고 있지만 넷플릭스만큼 큰 의미를 내재한 플랫폼 서비스는 없다. 일본에는 성공적으로 안착했다. 하지만 아마존은 가까운 일본에서 넷플릭스보다 많은 가입자를 보유하고 있고, 엑스레이와 같은 기능을 활용한다면 향후에는 미디어 커머스로 얼마

✿ 그림 2-11 대표적인 아마존 오리지널 콘텐츠 〈보쉬〉와 〈Z: 모든 것의 시작〉

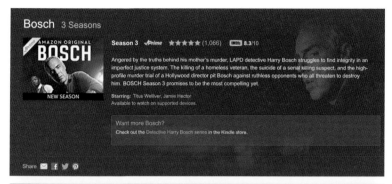

> 아마존은 자사의 강점인 쇼핑 기능을 활용해 오리지널 콘텐
> 츠의 원작 소설책을 구매할 수 있도록 링크를 연결해둔다.

든지 연결이 가능하다.

오리지널 콘텐츠를 아시아 국가에서 제작하는 곳은 넷플릭스뿐
이 아니다. 한국에서도 오리지널의 길은 열려 있다. 좋은 예가 IMX
의 손일형 대표가 제작한 아마존 프라임 비디오 오리지널인 〈아이
돌 마스터.KR-꿈을 드림〉이다. 이 드라마는 한국을 제외하고 아마
존 프라임 비디오로 공개되었고 아마존 프라임 사용자를 타깃으로

제작한 오리지널 콘텐츠다. 한국 배우 성훈이 프로듀서 역을 맡고 박철민이 대표를 연기하며, 주인공은 아이돌을 꿈꾸는 11명의 연습생이다. 일본, 미국에서도 반응이 좋은 편이라, 앞으로 제2의 아이돌 마스터가 한국에서 제작되지 말란 법이 없다.

아마존의 플랫폼은 경쟁이 아니라 협력을 하는 플랫폼이다. 궁극적으로 아마존이라는 플랫폼 아래서 모든 서비스들이 운영되길 바라기 때문이다. 콘텐츠 사업자만 아마존과 협력이 되는 것이 아니라는 뜻이기도 하다. 글로벌 미디어를 지향한다면 콘텐츠·플랫폼·크리에이터의 소유 유무와 무관하게 아마존과 협력할 경우 어려운 길이 쉽게 풀릴지 모른다. 다만 한국 기업에서 과연 '협력'이라는 키워드가 쉽게 사용될 수 있을지 의문으로 남는다.

아마존 프라임 비디오의
혁신적인 사용자 경험

아마존 프라임 비디오가 넷플릭스보다 기술적 우위가 있는 부분은 무엇일까? 첫째, IMDb의 방대한 자료를 활용한 엑스레이(X-Ray)를 들 수 있다. IMDb 는 전 세계에서 가장 많은 영화·TV 시리즈·방송·배우·감독의 데이터를 보유하고 있는 메타데이터 서비스다. IMDb는 유명하지만 아마존이 소유하고 있다는 사실은 알려져 있지 않았다.

콘텐츠를 감상하다가 지금 화면 속 인물의 배우가 누구인지 궁금하거나, 스피커에서 흘러나오는 노래의 제목이 궁금한 경험은 누구에게나 있을 것이다. 이때 아마존 프라임 비디오는 놀라운 기능을 제공한다. 화면을 클릭

✿ 그림 2-12 IMDb 평점 웹사이트

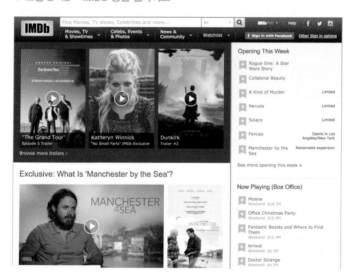

✿ 그림 2-13　아마존 프라임과 X-Ray의 예시

하면 〈그림 2-13〉(상)처럼 X-Ray 기능이 활성화되며 배우의 상세 정보를
확인하고 싶으면 배우를 클릭하면 된다.

〈그림 2-13〉(하)는 애덤 브로디라는 배우의 정보를 조회한 결과이다. 닉 탈
만이라는 역으로 출연한 애덤 브로디가 어떤 인물인지 IMDb 데이터를 활
용해 자세하게 보여준다. 글을 읽은 후에는 바로 드라마나 영화를 이어서
감상할 수 있다.

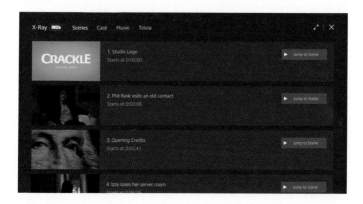

X-Ray 메뉴를 실행하면 Scenes(장면 검색), Cast(배우 정보), Music(음악),
Trivia(일반 상식) 등의 메뉴가 나온다. Scenes(장면 검색)를 클릭해보자.
Scenes(장면 검색)는 주요 장면마다 이미지와 키워드가 있고 바로 넘어갈

아마존 프라임의 X-Ray Music은 음악 제목, 작중 음악이
나오는 지점, 음악 구매까지 폭넓은 서비스를 제공한다.

수 있는 아이콘을 제공한다. 이 기능은 보고 싶은 장면이 있는데 어느 지
점인지 기억나지 않을 때 유용하다. 그럼 이제 Cast(배우 정보)를 클릭해
보자.

Cast(배우 정보)를 클릭하면 해당 콘텐츠에 출연한 배우들의 정보가 모두
나온다. 이 데이터는 모두 IMDb에서 가져온 것이다. 반면에 경쟁사인 넷플
릭스는 이러한 인물 사진을 제공하지 않는다. 배우들의 정보는 사진에 나
온 애덤 브로디처럼 더욱 자세하게 볼 수 있다. 드라마나 영화 감상 도중
언제든지 출연 배우들의 정보를 탐색할 수 있다. IMDb의 방대한 데이터를
제대로 활용한 전략이다.

Music(음악)은 어떨까? X-Ray Music을 활용하면 스마트폰과 PC에서 바
로 해당 음악 관련 정보를 확인할 수 있다. Music은 사실 X-Ray의 존재
이유다. 미국 아마존 프라임 비디오 서비스에서는 해당 음악이 나오는 장
면으로 이동할 수 있을 뿐만 아니라, 아마존 뮤직에서 바로 구매할 수 있

✿ 그림 2-17   미국 계정의 아마존 프라임 비디오에서 X-Ray를 사용하는
모습

도록 도와주는 기능도 있다.

아마존 뮤직은 한국에서 제공하는 서비스가 아니기 때문에 X-Ray를 활용
한 음악 다운로드 기능은 아쉽게도 아직 이용할 수 없다. 하지만 향후 아
마존이 X-Ray Music을 위해 국내 음원 사업자와 계약을 맺는다면 좋은
시너지 효과를 낼 수 있을 것이다.

✿ 그림 2-18 트리비아(일반 상식) 기능 예시

✿ 그림 2-18 트리비아(일반 상식) 기능 예시

Trivia(상식) 기능은 영화와 드라마 감상에 재미를 더해준다. 위 그림은 〈셜록〉으로 유명한 마틴 프리먼에 대한 상식적인 정보다. 이용자는 Trivia를 이용해 배우나 콘텐츠 감상에 더욱 몰입할 수 있다.

넷플릭스 테크놀러지의 중심이 추천이라면, 아마존 프라임 비디오의 핵심은 X-Ray인 것이다.

아마존과 넷플릭스가 가장 많이 쓰이는 플랫폼이 무엇일까? 바로 모바일이다. 이제 미디어 플랫폼과 나눠놓고 이야기할 수 없는 관계가 된 애플과 구글이다. 다음 장에서는 현재 지구상에서 가장 유명한 기업이 된 애플에 대해 알아볼 것이다.

전 세계 가입자	3,000만 명(애플뮤직)
2016년 매출	약 26억 달러(약 2조 9,200억원)
서비스 국가	약 120개국(한국 포함)
플랫폼 형태	월정액 기반의 뮤직 스트리밍 + SVOD
특징	독점 콘텐츠, 독점 음악, 추천 서비스
한국과의 관계	멜론 및 한국 뮤직 스트리밍 서비스의 경쟁자
중국과 제휴	제휴 서비스 출시됨.
경쟁 기업	넷플릭스, 아마존, 뮤직 서비스 기업

3장

애플

콘텐츠를 마음껏 유통하다

Apple

애플의 새로운 원동력, 애플TV

애플은 우리에게 잘 알려진 ICT 기업이다. 흔히 알고 있는 아이폰, 아이패드, 아이맥, 애플워치를 만들고 아이튠즈, 앱스토어라는 콘텐츠 유통 플랫폼을 제공하고 있다. 애플은 스티브 잡스가 별세한 이후 애플TV라는 하드웨어에 지속적으로 많은 투자를 하고 있다. 한국에는 그다지 널리 알려져 있지 않지만 애플TV는 2007년에 처음 출시된 이후 꾸준히 발전했고 2017년까지 5세대 기기가 출시되었다. 애플TV는 TV가 아니다. 하지만 TV를 위해 탄생한 최고의 제품이다.

애플TV는 TV에 연결하는 커넥티드TV 디바이스Connected TV Device다. 말 그대로 TV에 연결해서 사용하는 셋탑박스라는 뜻이다. 한국의 IPTV 셋탑박스처럼 애플TV와 TV를 연결해 사용하는 방식이며 TV 화면이 곧 아이폰 화면이 된다고 생각하면 이해하기 쉬울 것이다. 다만 애플TV는 TV를 대체하기 위한 제품이다.

TV는 라이프 사이클(Life Cycle; 교체 주기)이 길고 제품 라인업이

다양하며 유통에 투입되는 비용이 기존 애플의 비즈니스 전략과 맞지 않는다.

스티브 잡스는 생전에 애플TV를 개발하고 유통하는 일을 취미라고 생각한다고 했다. 하지만 취미라기에는 기존 애플의 제품들이 그러하듯이 애플TV의 영향력 또한 무시할 수 없다. 2016년 5월에 발표된 〈IHS리포트〉에 따르면 애플TV는 2015년에 판매된 전 세계모든 셋탑박스 중에서 매출 기준으로 3위를 차지했다고 한다. 1, 2위는 고객을 대상으로 하는 업체가 아닌 글로벌 IPTV와 케이블 방송을 제공하는 사업자들에게 제품을 판매하는 기업이었다. 애플TV가 전 세계에서 미치는 위력은 이 정도로 막강하다.

애플의 전략 ①
: 우리도 오리지널 콘텐츠로 간다

애플TV는 리모컨으로 조작하고 TV와 HDMI 케이블을 연결해 이용하며 가격은 179달러(약 20만 원)다. 2017년 6월부터는 아마존 프라임 비디오도 애플TV에서 시청할 수 있게 되었다. 즉, 넷플릭스와 아마존 프라임 비디오와 HBO Now를 모두 볼 수 있다는 뜻이다. 애플의 음성인식 비서 서비스인 시리를 이용하면 TV프로그램을 쉽게 찾고 재생할 수 있다. 기존 유료방송 사업자가 제공하는 TV서비스보다 훨씬 편하게 콘텐츠를 소비할 수 있다는 뜻이다. 하지만 애플TV는 디바이스이고 월정액으로 돈을 받는 서비스가 아니다. 이것을 플랫폼이라고 부를 수 있을까?

결론부터 말하자면 애플TV는 더없이 훌륭한 플랫폼이다. 그리고 필자가 이 책을 통해 전달하려는 미디어 산업의 중요한 열쇠가 애플에게 있다고 해도 과언이 아니다. 혁신적인 기기의 아이콘인 애플이 제조업의 틀을 넘어 이제는 오리지널 콘텐츠를 제작하기 시작했다. 사실 지금까지 이야기했던 플랫폼 기업 중에 오리지널 콘텐츠를 제작하지 않는 업체는 없다.

애플 오리지널 콘텐츠의 첫 주자는 애플의 앱 생태계를 돋보이게 하는 리얼리티 프로그램이었다. 이 프로그램은 블랙아이드 피스의 멤버이자 세계적인 뮤직 프로듀서인 윌 아이엠will.i.am, CBS의 〈오피스The Office〉와 넷플릭스의 오리지널 시리즈 〈마르코 폴로Marco Polo〉를 만든 프로듀서 벤 실버맨Ben Silverman, 고든 램지가 출연한 〈마스

터 쉐프〉의 프로듀서 하워드 오언스Howard Owens가 애플 기기 전용
앱 개발자들을 경쟁시킨다는 〈플래닛 오브 앱스Planet of the Apps〉다.
이 애플 오리지널 콘텐츠는 애플이 지금 하고자 하는 방향성을 잘
나타내는 시리즈이기도 하다. 애플은 콘텐츠의 시대에서 콘텐츠를
담는 가장 작은 단위의 플랫폼인 앱을 이야기하고 있다. 〈플래닛 오
브 앱스〉는 앱으로 세상을 바꿀 수 있다고 믿는 100명의 앱 개발자
를 돕기 위해 만들어졌다. 혁신을 주도하는 사람들을 조명하는 시리
즈를 만들고 그 시작점을 애플의 앱스토어로 잡은 것이다. 프로듀서
들은 앱 개발자들에게 당신도 제2의 마크 저커버그가 될 수 있다는
희망을 주고 최종 단계를 통과하면 실리콘밸리의 벤처투자자와 만
날 기회도 준다. 한마디로 앱 개발자 세계의 '쇼 미 더 머니'인 것이
다.

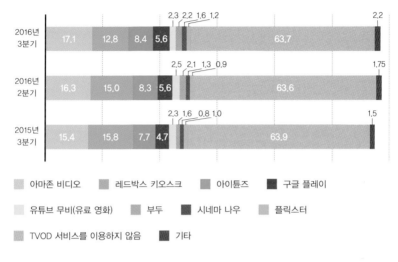

❖ 그림 3-3 아마존 비디오, 시네마 나우, 아이튠즈, 레드박스 키오스크, 부두 등
TVOD 서비스 이용 비율

	아마존 비디오		레드박스 키오스크		아이튠즈		구글 플레이

2016년
3분기

2016년
2분기

2015년
3분기

🔲 아마존 비디오	🔲 레드박스 키오스크	🔲 아이튠즈	🔲 구글 플레이
🔲 유튜브 무비(유료 영화)	🔲 부두	🔲 시네마 나우	🔲 플릭스터
🔲 TVOD 서비스를 이용하지 않음	🔲 기타		

▍ 응답자의 36.3%가 TVOD 서비스를 이용하고 있다.

애플의 전략 ②
: 적자를 낼 수 없는 서비스를 만들어라

〈플래닛 오브 앱스〉는 리얼리티 프로그램을 통해 어린 개발자들에게 애플의 생태계Eco System에 맞는 앱들을 개발하고픈 심리를 자극할 것이다. 또한 이 프로그램에서 뛰어난 실력을 보이는 개발자들은 어린 개발자들에게 동경의 대상이 될 것이다. 마치 〈마스터 쉐프〉의 고든 램지를 보고 많은 시청자들이 쉐프를 꿈꾸는 것처럼 말이다.

〈플래닛 오브 앱스〉를 제작하면서 애플도 결국 구글처럼 유튜브 레드와 같은 동영상 유통 플랫폼이 필요할 것이라는 전망이 가능하다. 그렇다면 애플이 비디오 스트리밍 서비스를 만들게 될까? 결론부터 말하자면 애플이 자체 별도 플랫폼으로 SVOD를 추진할 이유는 없다. 미국에는 비디오 콘텐츠를 이용할 수 있는 방법으로 SVOD 서비스와 TVOD 서비스가 있다. 비디오 검색과 추천 엔진 전문기업인 디지털 스미스의 2016년 3분기 보고서에 따르면 SVOD 사용자는 전 국민의 61.9%에 이르며, TVOD 사용자는 36.3%라고 한다. 그리고 미국에서 애플 아이튠즈의 입지는 점점 작아지고 있다. 미국 내에서도 이용자 순위로 보면 3위에 해당된다. 간단하게 설명하면, 1위는 아마존의 TVOD 서비스인 아마존 비디오다. 2위는 레드박스 서비스다. 그리고 3위가 바로 애플의 아이튠즈다. 애플은 8.4% 점유율을 차지하며 레드박스를 약 4.4%포인트 차로 추격하고 있으며 매년 격차가 줄어들고 있다. 한편 4위권인 구글Google Play, YouTube Movies의 서비스 또한 7.9%로 아이튠즈의 등 뒤를 쫓고 있는 실정이기에 애플이 안심할 단계는 아니다. 여기서 문제가 하나 있는데, TVOD는 그들만의 이야기라는 것이다. 왜냐하면 TVOD 시장이 정체되어 있기 때문이다. 더구나 매출 기준으로 보면 이용자들은 점점 이용료를 줄이는 방향으로 콘텐츠를 소비하고 있다.

2016년 2분기 TVOD 이용자의 평균 사용료는 6.1달러(7,373원)인데, 3분기에는 5.75달러(6,894원)로 감소했다. 게다가 사용 시간도 빠르게 줄고 있다. 반면에 미국의 SVOD 시장은 하루가 다르게 성장하고 있다. 가입자 규모는 2017년 기준으로 지난 3년 동안 14% 증가했고 2016년에는 5.6%의 성장을 기록했다. 평균 지불 비용도

미국 동영상 서비스	2016년 3분기	2016년 2분기
대여/구매 서비스TVOD	6,894원 | $5.75 (−7%)	7,373원 | $6.1
월 구독 서비스SVOD	15,536원 | $12.95(+15%)	13,466원 | $11.22

자료: DigitalSmith 2016년 3분기 리포트

1분기 동안 15% 늘어났다. 지금까지 누누이 이야기했듯이 미디어 플랫폼과 콘텐츠 시장은 바야흐로 SVOD로 기울고 있다.

그럼 애플의 아이튠즈는 실패한 것일까? 그렇지 않다. 아이튠즈는 계속 존재할 것이다. 그리고 스트리밍 서비스로 바뀌지도 않을 것이다. 그 이유는 아이튠즈는 적자를 낼 수 없는 서비스기 때문이다. 기업을 운영하면서 납입하는 세금 중에 법인세가 있다. 영업이익이 흑자면 법인세를 내지만 적자면 법인세를 내지 않는다. TVOD인 아이튠즈도 마찬가지다. 실제로 콘텐츠가 판매되었을 때에만 그에 따른 수익금을 지불하는 서비스다. SVOD를 포함하지 않기 때문에 많은 돈을 콘텐츠 사업자에게 줄 필요가 없다. 더 자세히 살펴보면, 콘텐츠 사업자들이 수익금의 70%를 가져가고 플랫폼 사업자들이 30% 정도를 받는다. 따라서 애플에게 큰 부담이 없는 서비스다. 매출이 유지된다면 그만둘 이유가 없다. 영화사와 방송사는 신규 콘텐츠가 나오면 빠른 시일 내에 투자금을 회수하고자 한다. 그런 측면에서는 계속 의존할 서비스이기도 하다. 그래서 TVOD는 시장이 성장하지 않더라도 영화사들이 더 의지하고 존재하기를 기대한다.

반면에 SVOD는 비즈니스 모델이 다르다. SVOD 기업들은 일정 기간 동안 콘텐츠의 권리를 확보해야 사업이 가능하다. 콘텐츠의 시청에 따라 돈을 주는 러닝 개런티Running Guarantee도 있지만 대부분 일정 기간 동안 돈을 주고 권리를 사 오는 것이다. 시청자가 많이 보든 그렇지 않든, 돈을 투자해야 한다. 결론적으로 SVOD의 매출은 가입자의 월 지불 요금에 의존할 수밖에 없으니 콘텐츠가 하나도 없는 플랫폼 사업자에게 SVOD는 적합하지 않은 서비스 모델이기도 하다.

그렇다면 자체 콘텐츠가 없는 애플 뮤직은 SVOD 사업에 부적합한 플랫폼일까? 그렇지도 않다. 그 이유는 월 구독형 서비스인 애플 뮤직이 영상미디어에서는 TVOD와 흡사하기 때문이다. 음악을 듣는 횟수를 카운트해서 저작권자에게 돌려준다. 물론 경쟁이 치열해지면서 독점을 하는 경우가 발생한다. 예를 들어 애플은 애플 뮤직 서비스 초기에 신경전을 벌였던 미국의 유명 가수 테일러 스위프트와 2015년 히트 앨범인 '1989'를 독점으로 제공했다. 이런 경우 미디어 플랫폼 기업이 가수에게 선금을 제공하는 경우가 발생한다. 하지만 이것은 일종의 프리미엄 마케팅이기 때문에 특수한 경우로 봐야 한다.

이에 따라 미국뿐만 아니라 애플이 서비스하는 모든 나라에서 독자 구독형 OTT 서비스를 시작하려면 여러 허들을 넘어야 한다. 대체로 독자 구독형 OTT 서비스의 전망은 부정적인데, 그 이유는 'COW'로 설명이 가능하다.

C 콘텐츠Content를 각 나라마다 되도록 많이 확보해야 한다

계약을 하려면 콘텐츠 계약금 외에도 많은 인원과 시간이 필요하다. 애플
은 이런 인원이 전무한 상태다. 그리고 현지화에 대한 비용도 지불해야 하
는 부담이 있다. 넷플릭스 또한 이 부분에서 많은 시행착오를 겪었다. 현지
화는 여전히 숙제인 상황이며 서비스를 하나 시작하는 수준이 아니라, 회
사를 하나 새로 만드는 것 이상의 노력이 필요하다. 국가마다 콘텐츠 확보
는 지속적으로 이슈가 될 가능성이 크다. 그리고 미국에서 먼저 서비스를
시작하고, 확장하는 전략을 세운다면 지금의 넷플릭스처럼 콘텐츠 불균형
이 발생할 수 있다. 한국도 여전히 미국 넷플릭스의 40% 수준밖에 안되
며, 오리지널 콘텐츠와 전 세계 독점계약 등으로 불균형을 수습하지만 큰
돈이 든다. 이는 아마존에게도 여전히 과제로 남아 있다.

O 오리지널Original은 돈으로 해결되지 않는다

넷플릭스는 창업자 헤이스팅스의 우수한 경영 덕분에 성공했지만 테드 사
란도스라는 콘텐츠의 천재가 없었다면 지금처럼 전 세계로 뻗어나가지 못
했을 것이다. 아마존도 넷플릭스보다 먼저 아마존 스튜디오를 차리고 오리
지널 시리즈를 만들고 있었지만, 전 세계에서 통하는 콘텐츠를 만들지는
못했고, 전 세계적으로 성공을 거두고 있지는 않다. 애플이 오리지널을 준
비 중이라고 해서 큰 기대를 가졌지만 앞서 이야기한 〈플래닛 오브 앱스〉
는 리얼리티 경쟁 프로그램이어서 구독형 서비스의 기둥이 될 수는 없다.
오히려 앱 생태계의 부흥 측면이라면 모든 구독자에게 무료로 열어줄 가
능성이 높은 콘텐츠다. 제작사에 크게 투자하더라도 성공할 콘텐츠의 냄새

를 맡고 전략적으로 움직일 팀이 필요하다. 그러기 위해서는 회사의 문화가 바뀌어야 한다. 애플은 소프트웨어를 이해하는 기업이지만 아직까지는 콘텐츠를 잘 모르는 듯하다. 사실 넷플릭스도 오리지널 전략이 자리 잡게 하는 데 4년이 걸렸다.

W 자신들이 누구Who인지 안다

한때 애플은 타임워너를 인수할 것으로 기대되었다. 결과적으로 AT&T가 인수했지만, 만약 애플이 인수에 성공했다면 콘텐츠와 오리지널이라는 두 마리 토끼를 잡을 수 있었을 것이다. 한편으로는 애플이 SVOD를 서비스한다고 가정했을 때 하드웨어 플랫폼 사업자가 미디어 플랫폼을 만든다는 것은 모든 나라의 유료방송 사업자들과 적대적 관계가 될 위험이 있다. AT&T와 디렉TVDirecTV의 관계처럼 많은 국가에서는 방송과 통신을 동시에 보유한 기업이 많으며 이들에게 애플은 곧 적이 된다. 애플이 지역 비디오 사업자와 경쟁하게 된다면 독점은커녕 오히려 하드웨어 판매에 악영향을 받을 수도 있다.

스트리밍 서비스는 TV에 친화적인 서비스여야 하는데 결정적으로 애플은 애플TV 외에 가지고 있는 게 없다. 애플 뮤직도 다른 플랫폼을 기반으로 서비스를 개발한 예는 오직 윈도우즈와 안드로이드밖에 없다. 심지어 안드로이드 버전의 완성도는 iOS에 만든 애플 뮤직보다 수준이 매우 낮다. 그리고 삼성이나 소니를 위해 일부러 서비스를 만들고 제공하지도 않을 것이다. 넷플릭스가 1억 명에 가까운 구독자를 보유하고 있고 플랫폼에서 선전하고 있지만 1년 매출은 약 10조 원이다. 이에 비해 애플의 1년 매출은 258조 원 수준이다. 애플이 굳이 더 많은 자본을 들여서까지 자사 플랫폼에 해를 끼칠 전략을 추진할 이유가 없다.

단적으로 말해 넷플릭스는 확장을 하고 있으되 수익을 내지는 못하고 있다. 세계 시장 기준으로도 SVOD로 확실한 수익을 올리는 기업은 드물다.

넷플릭스는 콘텐츠 수급에만 1년에 8조 원에 가까운 돈을 들이고 있다. 만약 애플이 뛰어든다면 콘텐츠 수급을 위한 계약금 규모는 더욱 커질 것이다. 콘텐츠 제공자는 바보가 아니며, 애플 역시 잘하고 있는 것을 포기하고 상호확증파괴 같은 무리한 전략을 세우지는 않을 것이다.

애플의 전략 ③
: 콘텐츠가 아닌 플랫폼으로 돈을 버는 '애플 세금'

지금까지 애플의 OTT 진출 전망이 부정적인 이유를 알아봤다. 하지만 애플의 뮤직에 없는 동영상 서비스라면 전망이 어떨까? 일단 긍정적으로 볼 수 있다. 동영상과 음악을 함께 즐기는 결합상품은 한국에서도 시도되고 있는 모델이다. 그러나 단순한 결합을 넘어 서비스 모델 자체를 통합한다면 앞서 이야기한 OTT 진출 전망의 어두운 단면인 'COW'를 상쇄할 수 있다. 단적인 예로 2015년에 시작한 애플 뮤직 서비스도 벌써 3,000만 가입자를 넘어 순항을 하고 있다.

그런데 최근 애플은 애플 뮤직의 정체성과 어울리지 않는 다소 이질적인 기획을 준비하고 있다. 애플은 2017년 4월 말에 〈스타트랙〉 시리즈의 새로운 감독으로 잘 알려진 J.J. 에이브럼스 그리고 유명 가수인 알 켈리 등과 오리지널 비디오를 제작할 계획이라고 발표했다. 오리지널 비디오는 독자 서비스가 아니며 애플 뮤직 사용자들에게 무료로 제공될 것이라고 한다. 여기에 미국뿐만 아니라 전 세계에 팬덤을 가지고 있는 제임스 코든의 카풀 가라오케Carpool Karaoke에 대한 권리를 CBS에게서 구입하기도 했다.

2017년 현재 애플 뮤직에서는 이미 몇 편의 오리지널 비디오를 쉽게 찾아볼 수 있다. 그럼 애플 뮤직을 이제 뭐라고 불러야 할까? 애플 뮤직의 책임자인 지미 아이오빈은 애플 뮤직이 뮤직 스트리밍 서비스나 VOD 서비스가 아니라 "전반적인 팝 문화를 경험하는 장"

제임스 코든은 정신 나간 콘셉트로 톱스타들과 쇼를 진행하
곤 한다. 사진은 레이디 가가가 출연한 에피소드.

이 되도록 할 것이라고 밝혔다. 결국 애플 뮤직은 앞으로 브랜드만
살아 있을 뿐, 새로운 미디어 플랫폼으로 나아갈 가능성이 높다.

　애플은 '콘텐츠로 돈을 벌 수 있는 방법이 애플 뮤직, 아이튠즈밖

에 없는 것일까?'라는 의문을 품고 자사 플랫폼의 미래를 깊이 고민한 듯 보인다. 그리고 돌파구를 찾아냈고 다시 돈을 벌고 있다. 수익의 출처는 애플의 iOS 플랫폼에서 서비스하고 있는 OTT사업자들이다. 이는 앞에서 화두를 던졌던 미디어 플랫폼 이야기와 궤를 같이한다. 애플의 미디어 플랫폼을 더 알아보기 위해 애플이 조성한 산업 생태계를 살펴보자.

우선 애플은 앱스토어를 가지고 있고 결제 시스템도 통제하고 있다. 만약 아이폰으로 동영상 스트리밍 서비스를 통해 앱스토어에서 콘텐츠를 내려받는다고 가정해보자. 3부에서 소개할 홍콩의 PCCW의 뷰Viu를 설치한 후, 프리 트라이얼Free Trial을 통해 월정액 가입을 했다. 그리고 한 달 후, 첫 달 이용료 4.99달러가 빠져나갔다. 이때 PCCW는 소비자 결제액의 85%(4,700원)를 가져간다. 그러면 나머지 800원은 어디로 갈까? 바로 애플에게 간다. 앞서 흑자면 법인세를 내고 적자면 내지 않는다고 했는데, 애플은 PCCW의 뷰가 흑자든 적자든 상관없이 애플의 앱스토어에서 설치하고 결제한 구독형 서비스에 한해서 매달 15%의 수익을 가져간다. 이것을 해외 언론에서는 법인세에 비유해 '애플 세금Apple Tax'이라고 부른다. 실로 적절한 명칭이 아닐 수 없다.

애플 세금은 여전히 논란이 많다. 바로 애플 뮤직 때문인데 애플은 경쟁자이자 전 세계 가입자 1억 명, 유료 가입자 5,000만 명 이상을 보유한 스포티파이Spotify와 형평성 문제로 논란의 중심에 있었다. 스포티파이는 2006년에 스웨덴에서 출시된 뮤직 서비스다. 서비스 대상 국가는 유럽, 미국, 일본을 포함한 아시아 국가다. 중국을

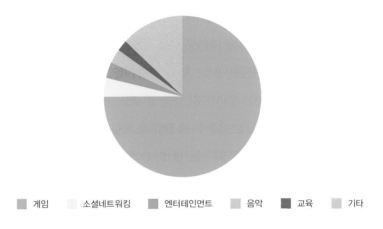

참고: 2016년 4월 전 세계 매출액 기준
자료: App Annie

제외하면 사실상 전 세계 최대 음악 서비스라고 할 수 있다. 스포티파이는 애플이 애플 세금을 부과하기 전부터 월 9.99달러로 서비스를 제공했다. 그런데 애플을 통해서 스포티파이에 가입한 고객은 매출의 30%인 3달러를 애플에게 줘야 하는 상황이 되었다. 스타트업인 스포티파이 입장에서는 여전히 흑자를 내지 못하는 상황에서 수익금의 30%를 손해보는 일이라 변호사를 통해 성명을 내고 신경전을 벌였지만, 앱스토어가 아니면 아이폰 사용자에게 앱을 제공할 방법이 없기 때문에 울며 겨자 먹기로 기존 가격에 3달러를 더해서 결국 12.99달러로 이용료를 올렸다.

　반면에 애플은 억울하다는 입장이다. 앱스토어가 아니라 스포티파이의 홈페이지에서 가입하면 원래 가격인 9.99달러에 가입할 수 있다는 것이다. 또한 앱을 내려받을 때 애플의 클라우드를 이용하고, 앱스토어가 콘텐츠를 수시로 업데이트하기 때문에 애플 세금은 받아야 한다는 논리를 편다. 하지만 이는 스포티파이가 제기한 문제의 본질에서 비켜난 해명이었다. 스포티파이는 애플 뮤직과의 경쟁이 자유롭지 못하다는 점을 지적하고 있었다. 사실 애플 뮤직은 애플에 30%를 제공할 필요가 없다. 자신들의 서비스이기 때문에 후발주자임에도 30%의 경쟁력 마진을 가져갈 수 있는 것이다.

애플이 애플 세금을 만든 가장 큰 목적은 비디오가 아니라 게임 때문이다. 앱스토어의 수익 가운데 75% 이상이 게임에서 나온다. 그나마 최근 OTT 서비스만 30%에서 15%로 바로 인하한다는 정책을 내놓았지만 스포티파이는 2017년에도 30%, 1년 후 15%라는 정책에서 자유롭지 못하다.

위와 같은 이유로 애플은 VOD를 만드는 일에서 절대 자유롭지 못하다. 애플 세금을 포기하지 않는 한 모든 비디오 서비스들은 애플에서 서비스를 철수할지도 모른다. 애플이 SVOD를 만들지 않는다면 돈을 벌든 못 벌든 15%의 애플 세금은 마음껏 챙길 수 있으니 말이다.

애플TV는 싱글 사인 온 서비스(Single Sign-On; 한 번만 로그인하면 다양한 서비스에 로그인도 쉽게 연결되는 서비스)를 출시했다. 아이폰에서 결제한 비디오 서비스를 로그인 과정을 따로 거치지 않고, 일부러 찾아서 설치하지 않아도 자동으로 설치해주는 기능을 넣은 것이다. 또한 불과 1년 전인 2016년에 경쟁자라고 생각했던 디쉬Dish Networks의 슬링TVSling TV, 소니 홈 엔터테인먼트사의 인터넷 TV인

애플의 전략: 애플 서비스가 아니더라도
콘텐츠와 플랫폼을 마음껏 유통한다

   i)   아이튠즈에서 영화와 음악을 구매한다. 애플이 돈을 번다.

   ii)   애플TV에서 넷플릭스와 HBO Now에 가입한다. 애플이 돈을 번다.

   iii)   앱스토어에서 스포티파이를 내려받아 가입한다. 애플이 돈을 번다.

플레이스테이션 뷰Play Station Vue와 같은 서비스가 모두 자사의 애플 TV에 올라갈 수 있게 협력했다. 2015년에 애플TV에서 실시간 방송을 서비스하려 했지만 플랫폼을 소유한 애플이 실시간 방송을 한다는 것에 방송국들이 거세게 항의하여 실패로 돌아간 지 1년 만의 일이다.

  TV에서 콘텐츠를 보고 싶으면 애플TV를 켜라는 것이 애플의 전략이다. 다른 플랫폼으로 TV를 보면 애플은 돈을 벌지 못하기 때문이다.

결국은 애플이 승리한다

  플랫폼 시장에서 승부는 어떻게 나뉠까? 구독자를 많이 유치한 플랫폼 사업자가 승리자일까? 하지만 실제로는 그렇지 않다. 플랫폼 사업자는 최상위 플랫폼 사업자에게 먹히기 때문이다. 따라서 소비자 입장에서는 플랫폼에 가입할 때 웹을 이용하는 편이 경제적이다. 모바일 플랫폼에서 가입하면 30% 비용을 더 내는 것이다. 그리고 그 비용은 서비스 플랫폼 사업자에게 돌아가지도 않는다.

결국은 애플이 승리한다. 미디어 플랫폼 운영이 지금 같은 방식으로 계속된다면 말이다. 최상위 플랫폼과 앱스토어, 결제 시스템을 가진 애플이 승리자다. 물론 이러한 구도에서는 구글도 빠져나갈 수 없다. 애플을 구글로 이름만 바꿔도 같은 내용이 된다. 앞으로 미디어를 이야기할 때 애플과 구글을 함께 생각해야 하는 이유가 여기에 있다.

반면에 애플 세금을 비롯해 플랫폼 상위자의 제약에서 자유로운 미디어 플랫폼 기업이 있다. 미디어 플랫폼이라고 부르기에 아직은 다소 생소한, 페이스북 같은 소셜 네트워크가 그 주인공이다. 페이스북은 2014년에 이미 10억 개의 비디오가 하루에 재생되는 미디어 플랫폼이 되었다. 2013년 9월에는 오토플레이Auto Play라는 기능을 지원하기 시작했다. 오토플레이란 사운드를 켜지 않고 동영상이 자동 재생되는 기능으로서 서비스 초기에는 사용자들이 반발했지만 전 세계적으로 음성 없이 영상을 재생하는 사람이 86%라는 새로운 트렌드를 만들기도 했다. 그리고 페이스북은 2017년 하반기에 플랫폼 내 새로운 오리지널 콘텐츠를 유통할 페이지인 '페이스북 와치'를 선보일 예정이다.

이는 유튜브와 같은 광고 기반의 동영상 재생 서비스에 도전장을 내민 것이라는 의미가 있다. 2015년 말에 모바일 환경이 발달하여 모든 모바일 기기가 라이브 방송을 할 수 있게 되자 페이스북은 발빠르게 페이스북 라이브라는 실시간 방송을 선보였다. 곧 페이스북은 넷플릭스와 같은 오리지널 콘텐츠를 전 세계에 선보일 생각이라고 한다. 이제 페이스북은 진짜 미디어 플랫폼 회사가 되었다. 다음 장에서는 서서히 몸을 일으키기 시작한 거인, 소셜 네트워크라는 이름의 플랫폼과 시장에 미칠 위력 그리고 향후 전망을 살펴볼 것이다. SNS를 이용한 마케팅과 VOD 서비스를 추진 중인 한국 기업이라면 반드시 관심을 가지고 봐야 할 대목이다.

전 세계 가입자	유튜브(월평균 18억 명), 유튜브 프리미엄(700만 명), 페이스북(월평균 20억 명)
2016년 매출	유튜브 프리미엄(2억4,000만 달러/약 2,700억 원)
서비스 국가	유튜브 프리미엄(5개 국가, 호주, 한국, 멕시코, 뉴질랜드, 미국)
플랫폼 형태	유튜브 뮤직 + SVOD
특징	유튜브 프리미엄(광고 Free, 유튜브 뮤직 서비스 이용 가능, 백그라운드 플레이, 오리지널 콘텐츠)
일일 시청 시간	5억 시간
한국과의 관계	한국에서 모두 서비스 중
중국과의 제휴 가능성	없음
경쟁 기업	페이스북

4장

소셜 네트워크

가치가 플랫폼으로 재조명되다

Facebook
YouTube

페이스북과 유튜브가
라이브 스트리밍 서비스에 뛰어들다

페이스북은 전 세계에서 20억 명이 사용하는 소셜 네트워크 서비스SNS다. 2017년에 페이스북에 대한 관점은 거대 SNS에서 플랫폼으로 바뀌었다. 이제 페이스북은 넷플릭스의 경쟁자가 되었기 때문이다.

페이스북은 넷플릭스와 같이 오리지널 콘텐츠를 공급하는 미디어 플랫폼으로 변신했다. 2017년 6월 17일부터 24일까지 프랑스 칸에서 열린 라이온스 광고 페스티벌에서 페이스북은 오리지널 콘텐츠를 발표한다고 밝혔다. 결국 연기되었지만 페이스북이 오리지널 콘텐츠를 유통할 서비스 이름은 와치Watch라고 공개했다.

페이스북은 이미 유튜브와 함께 전 세계에서 가장 많은 동영상이 유통되는 플랫폼이다. 그런데 유통뿐만 아니라 직접 공급까지 하겠다는 계획을 밝힌 것은 산업 지형에 거대한 변화를 가져올 것으로 예측된다. 전 세계에서 가장 큰 오리지널 비디오 플랫폼이 되겠다는 뜻이기 때문이다. 페이스북은 적어도 20억 명이라는 사용자 규모만으로 보면 모든 경쟁자에 앞서 있다.

한편 유튜브는 이미 유튜브 레드라는 유료 서비스에 오리지널 콘텐츠를 공급하고 있으니 SNS의 변신은 필연적이라고 볼 수 있다. 콘텐츠 유통 채널을 넘어 아예 콘텐츠까지 직접 만들겠다는 것은 이전까지는 공생관계였던 콘텐츠 제작자들에게 선전포고를 한 것이나 다름없다. 이것은 넷플릭스와 같은 기존 비디오 플랫폼의 위기일까, 아니면 모든 방송 사업자들이 긴장해야 할 이야기일까? 여러 각도에서 곱씹어봐야 할 사건임은 틀림없지만 페이스북과 유튜브가 라이브 스트리밍 시대를 열지 않았다면 아주 큰 사건은 아니었을 것이다.

SNS의 전략 ①
: 넥스트 TV 플랫폼으로 진화하라

2016년 11월, 전 세계의 미래 방향을 결정할 미국 대선이 열렸다. 9월 첫 번째 대선 토론을 시작으로 11월 9일의 대선 투표까지 이어졌고 독자들도 알다시피 도널드 트럼프가 미국 제45대 대통령으로 당선되었다. 이번 미국 대통령 선거는 ICT 역사에도 큰 의미가 있다. 버락 오바마 대통령이 승리했던 2008년, 불과 9년 전에는 트위터, 페이스북이 걸음마 수준이었으며, 대선 토론을 실시간으로 보기 위해서는 TV가 있어야 했다.

하지만 8년 만에 많은 것이 바뀌었다. 인터넷 속도도 느리고 시청자들에게 인지도도 낮았던 인터넷 라이브 스트리밍 서비스가 대중화되었다. 2016년에 페이스북, 유튜브, 트위터를 비롯한 해외 유명 소셜 네트워크 서비스에 미국의 주요 방송사, 뉴미디어 언론들이 자사의 라이브 스트리밍을 전달했다. 9년 만에 죽어가는 서비스로 평가받던 트위터가 대선 토론을 발판으로 다시금 라이브 스트리밍 플랫폼으로 각광받았고, 인터넷 뉴스 매체인 버즈피드가 눈치 빠르게 트위터에 독점으로 대선 라이브를 중계하기도 했다.

CDNContent Delivery Network의 프로바이더Provider로 유명한 아카마이 테크놀로지Akamai Technologies는 2016년 11월 9일을 두고 '역사적인 날'이었다고 밝혔다. 자사 네트워크를 통해서 초당 7.5테라바이트에 달하는 라이브 스트리밍 콘텐츠를 전송하게 되었기 때문이다. 9월 첫 번째 대선 토론 방송은 트위터에서 320만 명이 시청했고 초당 4.4테라바이트가 전송되었다. 이날 시청자들은 TV도 많이 이용했지만 채널에 국한하지 않고 많은 사용자가 피드백을 즐길 수 있는 '넥스트 TV 플랫폼'을 경험했다고 볼 수 있다. 유튜브, 페이스북, 트위터의 채팅창과 코멘트에서 시청자들은 방송을 통해 적극적으로 의견을 피력했다.

버즈피드는 미국 대선을 트위터로 단독 중계했고 수백만 명이 시청한 것으로 예상된다. 비즈피드는 화면 오른쪽에 채팅하듯이 트윗을 날릴 수 있게 메뉴를 개선하는 등 꼼꼼하게 준비한 것으로 알려져 있다. 한편 알자지라 플러스의 라이브도 눈길을 끌었다. 2016년 대선 기간에 미국에 살고 있는 다양한 문화, 국가의 사람들이 자신에게 적합한 방송을 찾아가는 모습을 보였다.

CNN, CBS, NBC, The Young Turks와 같은 다채로운 미디어들은 버즈피드를 제외하고 모든 플랫폼에 같은 라이브를 송출하여 최대의 효과를 거두기 위해 노력했다. 4시간이 넘는 방송뿐 아니라 중간에 다양한 라이브를 추가로 송출해 기존 채널의 한계를 극복하는 모습도 눈여겨봐야 할 부분이었다.

또한 이번 대선은 기존 방송국들과 떠오르는 신진 플랫폼의 차이를 확인하는 계기가 되기도 했다. 방송 채널을 보유하고 있는 방송국들은 기존 방송을 다시 송출하는 개념으로 소셜을 활용했다. 반면에 방송 채널이 없는 The Young Turks, 버즈피드, 〈뉴욕타임스〉와 같은 디지털 매체들은 소셜에 라이브 스트리밍을 함으로써 실제적으로는 방송국의 지위를 획득하는 그림도 보여줬다. 기존 방송국들이 낡은 방식을 고수할 경우 미디어로서의 영향력이 지속되지는 않을 것이라는 관측이 가능한 이유다.

SNS의 전략 ②
: 빅이벤트는 국경 없는 방송으로 간다

CNN은 대선 기간에 자사 홈페이지에서 2,700만 명이 생방송을 시청했고 동시접속은 230만 명이었다고 밝혔다. 평소 미국 케이블 채널의 평균 뉴스 시청자는 200만~300만 명이었으니 당시 동시접속자 수는 엄청난 수치가 아닐 수 없다. 이뿐 아니라 홈페이지 접속

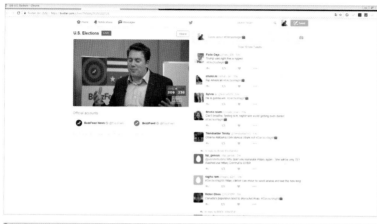

자 수는 5,900만 명으로 역대 최고를 기록했다. 페이스북을 통해 하루 동안 4,000만 명이 다양한 라이브 콘텐츠를 시청했다. 당시 필자도 미국 미디어를 이용해 대선 방송을 시청했는데 방송사들은 7~9시간 동안 다양한 콘텐츠들을 업로드했고, 전 세계 시청자가 꾸준하게 콘텐츠를 공유하고 코멘트를 남겼다. 이는 플랫폼 산업을 뛰어넘어 전 세계가 단일 이벤트에 폭발적인 반응을 보이고 또 스스로 참여한 역사적인 사건이 아닐 수 없다.

당시 소셜 라이브를 진행한 방송들은 모든 국가의 시청자에게 공개되었고 국경 없는 방송이 되었다. 미국 대선을 전 세계의 축제로 만들었다. 앞서 이야기한 아마존이 글로벌 라이브 방송을 결심하게 된 배경에는 페이스북 라이브가 주요한 영향을 끼쳤다고 볼 수 있다.

미국 대선 방송은 대부분 인터넷 '라이브' 스트리밍에 지역 제한을 대부분 걸지 않았다. 미국 기준으로 해외에 거주하는 이들, 예컨대 필자도 시청자로서 방송을 손쉽게 시청할 수 있었고 코멘트까지 등록할 수 있었다. 라이브 뉴스는 기존 방송 채널들이 더 잘한다는 고정관념은 인터넷에서도 지속되었다.

대선 라이브 방송만 페이스북, 트위터, 유튜브를 통해 전 세계 7,000만 명 이상이 시청했다. 뉴미디어보다는 레거시 미디어가 주목을 끌었고 뉴스는 곧 NBC, CNN이라는 시청자의 고정관념이 플랫폼 선택에 큰 영향을 주었다. ABC News, NBC News과 같은 전통 미디어들의 인터넷 방송들이 플랫폼에 상관없이 큰 힘을 발휘했다.

대선 개표 방송에서는 소셜 플랫폼의 한계와 가능성이 모두 드러났다. 그렇다면 각 미디어나 플랫폼의 '팔로워'가 라이브 스트리밍의 흥행에 도움이 되었을까? 팔로워가 많은 곳은 시청자가 더 많이 모였을까? 일단 버즈를 만드는 초기 시청자를 모으는 데 팔로워는 매우 중요한 역할을 했다. 하지만 결코 절대적인 기준은 아니었다. 초기에 일정 수준의 사용자들이 라이브 시작 시 접속해서 시청하기도 하지만 곧 급속하게 빠져나갔다. 유튜브의 NBC 뉴스 구독자는 30만 명밖에 안 되지만 누적 유니크 시청자는 500만 명이 넘은 반면에 1,200만 명의 팔로워를 보유한 〈뉴욕타임스〉의 전체 시청자는 12만 명밖에 되지 않았다.

SNS의 한계
: 게시물 도배의 페이스북, 소셜 기능이 부족한 유튜브

그렇다면 플랫폼의 라이브는 어떻게 평가할 수 있을까? 답은 플랫폼 종류에 따른 특성과 매체 성향에 있다. 이것들을 분석하면 여러 장점과 한계를 발견할 수 있다.

페이스북은 속보성 뉴스 매체로서 최고의 플랫폼이다. 라이브 방송이라는 부분만 집중해본다면, 공유하기에 얼마나 편한 플랫폼인지가 중요하다. 페이스북 내에서 공유는 이제 무척 익숙한 일이고, 공유를 많이 할수록 '팔로워×공유 수×친구 숫자'라는 공식에 따라 가공할 정도의 범위로 노출될 수 있다는 장점이 있다.

하지만 그런 피드들이 지속적으로 업데이트되면서, 선택을 받기 어려운, 그냥 스쳐 지나가는 콘텐츠가 되기 십상이었다. 이에 더해 영상에서 너무 쉽게 빠져나올 수 있기 때문에 '총 시청자에 비해 평균 시청자 수는 현저히 떨어지는 편이다'라는 평을 받기도 한다. 또한 같은 라이브 콘텐츠가 타임라인에 도배가 된다면 SNS 브라우저를 아예 닫아버리고 싶어질 것이다.

타임라인 도배는 시청을 강요하는 느낌을 줄 수 있지만 다양한 뉴스를 특정 페이지에서 지속적으로 제공한다는 측면에서는 장점이다. 한편 새로운 라이브 스트리밍이 올라오면 이전 게시물이 순차적으로 밀리기 때문에 여전히 탐색하기 어렵다는 단점도 있었다. 그리고 페이스북을 이용하지 않는 고객에게 공유하기 어렵다는 점은 여전히 플랫폼이 폐쇄적이라는 방증이 된다. 총 시청자 수는 광고주들에게는 매력적이지만 지속적으로 시청하여 광고를 볼 수 있는 시청자는 적을 것이다. 따라서 라이브에서 페이스북이 실제로 광고주를 끌어들이는 힘은 이제 떨어지고 있는 게 아닌지 의문이 든다.

한편 짧은Short-Form 라이브 콘텐츠에서 라이브는 최고의 플랫폼이다. 반대로 긴Long-Form 라이브 콘텐츠에서는 여전히 가야 할 길이 먼 것으로 보인다. 실제로도 긴 라이브 콘텐츠는 인기가 없기 때문에 페이스북은 긴 영상보다 짧은 영상에 중간광고를 넣는 것을 시도하고 있다.

반면에 유튜브 라이브는 광고를 넣기에 적합하고 고객이 라이브에서 이탈하지 않는다는 장점이 있다. 물론 단점도 있으니 바로 소셜 기능 부족이다. 링크를 외부 메신저로 공유하거나, 검색을 통해서 들어와야 하는데 의외로 장점으로서 미국 대선 방송에서는 잘 작동했다. 페이스북과 유튜브의 시청자 수를 비교하면서 유튜브는 페이스북보다는 대부분 채널 팔로워 숫자가 떨어져서 토털 시청자를 끌어들이기 어렵지만 일단 시청하게 되면 시청자들은 플랫폼에서 이탈하지 않는다고 볼 수 있다.

라이브 평균 시청자 수는 유튜브가 더 많다. 하지만 총 조회수는 적다. 이는 충성 시청자들이 더 많은 플랫폼일 수 있다는 뜻이다. 라이브 콘텐츠에 집중하게 만들어주는 플랫폼에게 총 조회수가 적다는 것은 단점이 되기도 한다. 페이스북과는 달리 소셜 전개 방식이 전무하다 보니, 한 채널에서 다양한 라이브 방송을 시작해도 "특정 라이브를 보고 있는 사람들은 새로운 콘텐츠가 있다고 누가 알려주지 않는다면, 그 사실을 모른다는 점"이 대표적이다.

유튜브는 기존 시청자들이 쉽게 서비스를 해지하지 않는다는 장점 때문에 한국에 아프리카 사태로 크리에이터들이 플랫폼을 떠났을 때도 많은 크리에이터들이 라이브 플랫폼으로써 채택했다. 이런 장점 때문에 유튜브는 라이브가 자신들의 플랫폼의 미래라고 믿고 실시간 방송을 서비스하는 유튜브TV_{YoutubeTV} 서비스를 선보였다.

소셜 라이브 시대에 접어들면서 미디어 플랫폼의 가치가 재조명되었다. 소셜 네트워크가 라이브 스트리밍 서비스로 누구나 라이브 콘텐츠의 주인공이 될 수 있게 만들었다. 어떤 이벤트가 열려도, 이제는 TV 앞에 가지 않고 모바일 폰에서 돌아가는 상황을 라이브로 보는 시대가 되었다. 지금의 드러난 문제점들을 어떻게 극복하고 개선하느냐에 따라 앞으로 소셜 라이브 스트리밍 시대의 승자가 될 수 있을 것이다. 넷플릭스, 아마존과 경쟁하고 싶지 않고 본인 자체가 콘텐츠를 만들 수 있다면 페이스북, 유튜브도 고려해볼 필요가 있다.

하지만 오리지널 플랫폼으로서의 소셜 네트워크는 이르다. 우선 유튜브 레드도 적극적인 국가 확대에 어려움을 느끼고 있다. 정식으로 콘텐츠를 유통한다면, 유튜브 레드가 영등위 심의를 거친 것처럼, 각국의 심사를 받아야 한다. 콘텐츠 현지화는 쉬운 문제가 아니다. 넷플릭스, 아마존, 애플, 구글 정도가 전 세계로 뛰어다니고 있다. 현지화 자막, 현지 문화에 따른 비디오 편집 등 전 세계에 하나의 비디오로 공급할 수는 없다.

오리지널 시대,
90%는 실패하고 10%만 성공한다

페이스북이 와치를 통해 유통하는 오리지널 콘텐츠들이 당장 성공할 것으로 보이진 않으며 성과를 거두기까지는 시간이 걸릴 것으로 보인다. 전 세계에서 거의 모든 방송 플랫폼이 오리지널 콘텐츠를 만들고 있다. 화제가 되겠지만 시대는 콘텐츠가 부족한 시대가 아니다. 재미가 있어야 한다. 그들에게 테드 사란도스가 있다면 넷플릭스가 될 것이고, 아담 굿맨이 있다면 파라마운트가 될 것이다. 아담 굿맨은 자기 자녀를 위해서 1억1,500만 달러를 들여 〈몬스터

트럭〉이라는 영화를 제작하게 했지만 결과는 최악의 흥행 실패였다. 2016년 말 이후 파라마운트의 실적은 나아질 기미가 보이지 않는다.

플랫폼 오리지널의 성공은 결국 콘텐츠의 재미에 달려 있다. 대표적인 SVOD 플랫폼으로 평가받는 넷플릭스, 커머스와의 결합이 기대되는 엑스레이의 아마존 프라임 비디오, 애플 뮤직과 함께 플랫폼 먹이사슬의 최상위를 차지하는 애플, 미디어 산업의 거센 도전자가 될 페이스북과 애플에 대해서 이야기했다.

불과 10년 전에 미디어라고 하면 미국의 미디어가 전부였다. 하지만 지금은 시대가 변하고 있다. 유튜브, 넷플릭스, 아마존 그리고 페이스북이 들어갈 수 없었던 시장인 중국에서 이들과 경쟁할 수 있는 미디어 플랫폼들이 성장하고 있었다.

중국은 향후 성장이 기대가 된다고 말할 수 없다. 왜냐하면 이미 거대한 경쟁자로 성장했기 때문이다. 다음 장부터는 중국 미디어 플랫폼에 대해서 알아볼 것이다. 한국이 중국을 주목해야 하는 이유는 자명하다. 앞으로 한국에게는 북미 시장보다 중국 시장의 사업자가 큰 고난을 줄 수도, 도움을 줄 수도 있기 때문이다.

HALT WB(멈춰라, 워너 브라더스)!

HALT WB란 미국의 미디어 비즈니스의 괴물인 워너 브라더스를 저지하고 궁극적으로 중국 시장의 패권을 장악하려는 여섯 업체의 이니셜을 모든 것이다. 중국과 플랫폼 산업에서 콘텐츠 투자를 알고 싶다면 이들 업체를 반드시 분석하고 넘어가야 한다.

HALT WB 외에 한국이 주목할 중국 기업들

화화미디어 HuaHua Media

지아플릭스 JiaFlix

차이나무비채널 China movie channel

퍼펙트월드픽쳐스 Perfect World

2부

중국의 플랫폼 굴기

2016년 매출	38조 원
서비스 국가	중국, 미국, 유럽
플랫폼 형태	극장 유통, 영화 제작사
특징	세계 최대 극장 플랫폼
한국과의 관계	없음
미국과의 제휴 가능성	미국 내 유통 채널을 인수 검토 중
경쟁 기업	할리우드/중국 영화 제작사들

5장

완다

미국의 심장, 콘텐츠를 정조준하다

Wanda

중국의 미디어 산업,
이미 한국을 멀찍이 뛰어넘다

2020년을 향해 가는 현재, 전 세계 미디어 업계를 이끌어가는 기업은 미국의 넷플릭스, 아마존, 애플, 구글(유튜브), 페이스북이다. 하지만 인구가 15억 명인 중국 시장에서는 이야기가 다르다. 지금까지 살펴본 기업 가운데 어떤 곳도 중국에서 비디오 서비스를 하지 못하고 있다. 지난 10년간 중국의 인터넷 인구는 1억6,000만 명에서 7억 명으로 무려 3배 이상 증가했다. TV 시장보다 온라인 비디오 시장, 영화 시장의 성장이 무서운 국가가 중국이다.

TV 방영과 동시에 온라인 비디오 서비스인 아이치이, 텐센트 비디오, 유쿠, 러에코, 소후, 망고에 모든 에피소드가 공개되는 시장이 열렸다. 이를 OTT 퍼스트OTT First라고 부른다. 영국의 BBC는 이제야 OTT 퍼스트를 테스트하고 있지만 중국에서는 이미 현실에서 벌어지고 있는 일이다.

중국은 새로운 일이 벌어지는 게 이상하지 않는 나라다. 중국 사업자들은 한국 방송 사업자들도 원하는 중간광고가 금지되자, 한국의 PPL을 뛰어넘는 네이티브 광고 시장을 온라인 비디오를 통해 선보이기도 했다.

중국의 온라인 미디어 시장은 한국을 뛰어넘은 지 오래다. 플랫폼·미디어·콘텐츠 관계자들은 물론이고 그 외 독자들도 반드시 알아야 할 네 개의 중국 기업이 있다. 바로 완다그룹, 소후, 아이치이, 텐센트다. 완다그룹은 중국의 부동산 거물이며 미국 전통 미디어 시장인 영화 산업을 잡아먹으려는 기업이다. 1980년대 소니처럼 도전장을 내밀었다가 오히려 먹힐 가능성도 있지만 영화 산업의 버티컬 확장에서 그 어느 기업보다 출중하다. 소후는 중국 시장에 한류 콘텐츠 대신 미국 드라마를 적극적으로 소개하고 있는 기업이다. 중국 대중이 미국 드라마에 빠지게 만든 '주범'이다. 아이치이는 유튜브와 넷플릭스를 합친 것과 같은 오리지널 드라마의 천국이다. 아이치이가 보유한 콘텐츠의 회당 조회수는 상상을 초월한다. 텐센트는 텐센트 비디오를 서비스하고 있으며 청년층에 초점을 맞춘 온라인 비디오 서비스 전략을 실행하고 있다. 이 가운데 완다, 텐센트, 아이치이는 향후 전 세계 미디어 시장을 선도할 것으로 전망된다. 이 때문에 미국의 플랫폼 전략을 이야기하기 위해서는 경쟁자이자 협력자로서 이들의 전략도 함께 생각해야 한다. 이들이 앞으로의 미디어 시장에서 중요한 역할을 할 것으로 보이기 때문이다.

미국인들은 앞으로도 매년 12월 31일에는 새해맞이 프로그램인 〈딕 클락의 뉴이어 락킨 이브드Dick Clark's New Year's Rockin' Eved〉를 볼 것이다. 타임 스퀘어에 나가지 않는다면 말이다. 오랜 역사를 자랑

하는 ABC채널의 대표 타이틀로, 제목 그대로 오랫동안 사회자로서 미국 사회를 풍미해온 딕 클락의 프로그램이다. 인기가 절정이었던 2012년에는 2,200만 가구가 시청하기도 했다. 미국에서는 지상파의 경우 볼 수 있는 채널 숫자는 많게는 30개가 넘고 유료방송(케이블, 위성)을 본다면 최대 1,000개가 넘는 채널의 선택권이 있다. 이 많은 채널 중 하나를 2,200만 가구가 본다는 것은 대단한 일이다. 하지만 〈딕 클락의 뉴이어 락킨 이브드〉가 왜 지금 언급되는지 궁금해하실 분들이 있을 것이다.

　미국 NBC의 골든글로브 어워드Golden Globe Awards, ABC의 아메리칸 뮤직 어워드American Music Awards, 할리우드 필름 어워드 그리고 최근 각광받고 있는 유튜브와 스트리밍 분야에 상을 수여하는 스트리미 어워드Streamy Awards 모두가 딕 클락 프로덕션에서 관장하는 행사다. 바로 이 딕 클락 프로덕션이 중국의 미디어 괴물이며 이 책의 주요 등장인물 중 하나인 다렌 완다에게 10억 달러(약 1조1,000억 원)에 팔릴 뻔했다. 중국 정부가 외환이 해외로 나가는 것을 반대한 나머지 2017년 3월의 협상은 무기한으로 연기되었지만 중국이 미디어에서도 큰손을 쓸 수 있다는 것을 보여준 사례로서 두고두고 회자될 것이다. 그리고 사실 이번 사건은 중국 미디어의 한 단면에 지나지 않는다.

이는 미국인에게 커다란 사건이었다. 자신들이 사랑하는 대표적인 시상식들이 중국에게 들어갈 뻔한 것이다. 미국인들이 가장 자랑스러워하는 1년에 한 번 있는 뿌리 깊은 이벤트는 일본이 미국을 자동차와 전자제품으로 무차별 공습을 해댔던 시절에도 빼앗기지 않았던 터였다. 중국 정부가 외화 유출에 민감해진 것이 차라리 다행이라고 할 만한 일이었다.

예전부터 다른 국가에 대한 미국의 두려움은 콘텐츠에 녹아 있었다. 1980~90년대 미래를 배경으로 한 영화들을 보면 일본 문화에 녹아 있는 미국인들의 삶이 그려져 있었다. 〈블레이드 러너〉, 〈백투더퓨쳐〉를 봐도 미국이 어색하게나마 일본 문화를 미래 사회에 그려놓은 장면들을 쉽게 볼 수 있다. 하지만 이 영화들은 이제 클래식들이 되었고 2010년 중반 이후 나온 미국의 영화들은 중국을 적극적으로 받아들이기 시작했다.

미국은 일본을 두려움의 대상으로 생각했지만, 중국에 대한 견해는 다르다. 받아들이지 않는다면, 자신들에게 기회는 없어질 수 있다고 생각하고 있다.

중국 정부가 반대해도
완다는 미국 문화를 구입한다

중국은 미국의 문화를 사고 있다. 자국 시장을 무기로 말이다. 중국 시장을 포기하면 미국의 플랫폼·미디어·콘텐츠 산업은 죽는다. 일본의 침공 때와는 상황이 다르다. 일본은 소니가 컬럼비아 픽처스를 구매했지만 결과적으로 실패로 끝났다. 일본은 중국만큼 미국으로부터 독립하여 버틸 수 있는 자국 내 영화 시장이 약할 수밖에 없다. 그럼에도 전 세계 3위 영화 시장을 보유하고 있다. 그런 일본보다 4배 큰 시장이 중국이다. 결국 인구의 차이 때문에 성패가 갈렸다. 다윗과 골리앗의 싸움으로 보였던 소니와 미국의 대결과는 달리 지금의 중국은 단순히 돈이 많아서 살 수 있는 것이 아니다. 영상 문화 콘텐츠의 시작은 TV와 영화로부터 시작된다. 미국 영화 시장은 몇 년 간 110억 달러(약 12조 원) 규모에 머무르고 있지만 중국은 2012년 자국 시장 규모를 3조 원에서 2016년 8조 원까지 끌어올렸다. 미국 대비 65% 수준이고 여전히 거품에 대해 이야기하지만 미국 다음으로 큰 시장이 중국이라고 이야기하는 것을 부정할 사람은 없을 것이다. 물론 2015~2016년에 가짜 표를 파는 일이 있었지만, 최근 제재가 들어갔고 향후 큰 이슈는 없을 것으로 보인다. 과연 이 영화가 할리우드에서 찍은 것일까 하고 의문이 드는 영화들이 많아진 것을 발견할 수 있는데, 이 모두 중국 시장을 너무 겨냥했기 때문에 벌어진 일이다.

최근 개봉한 큰 규모의 예산이 들어간 흔히들 말하는 블록버스터 영화들은 최소한 중국 배우를 캐스팅하거나 중국 배경 혹은 정부를 등장시켜 중국인들의 환심을 사려 노력하고 있다. 2016년 개봉한 영화 중 20년 만에 속편이 나와 화제가 되었던 영화 20세기폭스의 〈인디펜던스데이 리서전스Independence Day Resurgence〉는 중국인 배우 안젤라 베이비가 레인 라오 역으로 매우 비중 있는 역할을 소화했다. 그녀는 중국계 싱가포르인인 친 한Chin Han과 함께 초반 10분 이상 스토리를 이끌어갔다. 처음에는 이것이 중국 영화인가 착각하는 관객이 있을 정도였다. 덕분에 중국에서는 흥행에 성공했다. 미국 박스오피스 대비 75%정도의 매출을 이뤄냈다. 문제는 미국과 다른 지역에서 매출이 신통치 않았다는 것이다. 작중 눈여겨볼 부분이 있다. 안젤라 베이비와 친 한이 사용하는 비디오 메신저가 중국 최대 테크기업인 텐센트의 QQ메신저였다는 것이다. 참고로 텐센트의 위챗이 아닌 QQ였다. 다음의 텐센트 편에서 왜 QQ를 보여주었는가 가 설명이 될 것이다. 불과 몇 년 전에 같은 장면을 찍었다면 QQ가 아니라 미국 마이크로소프트의 스카이프Skype라는 비디오 메신저가 등장했을 텐데 말이다. 미국이 일본을 인정하던 그 시절에도 일본은 이런 대접을 받지 못했다. 일본은 하드웨어 강국인 것은 사실이지만, 예전부터 소프트웨어 부분은 강력하지 않았다. 소니가 소프트웨어 또한 강력했다면 지금의 애플은 탄생하지 않았을지도 모른다. 반면에 중국은 미국을 위협할 정도로 소프트웨어 부분이 성장하고 있다. 그럼 미국인들은 중국을 인정하고 있을까?

결코 그렇지 않다. 미국인들은 중국의 힘을 인정하지 않는다. 일본과 달리 중국의 대표 ICTInformation & Communication Technology 브랜드

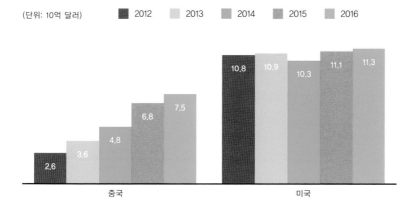

✿ 그림 5-2　중국 박스오피스와 미국 박스오피스의 비교

(단위: 10억 달러)　■ 2012　■ 2013　■ 2014　■ 2015　■ 2016

2.6　3.6　4.8　6.8　7.5

10.8　10.9　10.3　11.1　11.3

중국　미국

자료: Boxofficemojo

가 미국에서 성공한 사례는 아직 극히 드물다는 게 좋은 방증이다. 중국의 성장과 달리, 중국 브랜드의 가치는 여전히 낮게 평가받고 있다.

완다의 전략 ①
: 미국의 가치를 구입하고 활용하라

중국이 선택한 방법은 브랜드를 인수하는 것이었다. 그리고 그 자산을 빠르게 활용하는 방법을 택했다. 사실 완다뿐만 아니라 여러분이 알고 있었던 중국 업체들이 얼마나 많은 콘텐츠 산업에 투자하고 있는지에 대해 이 책에서 여러 차례 논할 기회가 있을 것이다.

완다는 이전에도 다양한 미국 콘텐츠 업체들을 인수했는데, 대표적으로 블록버스터 영화 제작 스튜디오로 유명한 레전더리 픽처스가 있다. 2016년에 완다는 레전더리 픽처스를 35억 달러(당시 약 4조2,165억 원)에 인수한다고 발표했다. 중국 정부는 인수 비용이 워낙 천문학적이고 영화사 인수의 효용성에 의문을 제기했지만 결국 인수는 완료되었다. 지금은 레전더리 엔터테인먼트로 사명이 바뀌었는데 이 영화 스튜디오의 대표적인 작품으로 크리스토퍼 놀란 감독의 영화로 유명한 〈인터스텔라〉, 〈배트맨〉 트릴로지 등이 있으며, 2015년에 아쉽게 〈스타워즈〉에 밀려 흥행 2위를 기록했지만 시리즈의 귀환을 알렸던 〈쥬라기 월드〉, 중국에서만 크게 흥행했던 〈워크래프트〉도 있다.

새로운 킹콩 시리즈이자 고질라의 후속편인 〈콩: 스컬 아일랜드〉와 맷 데이먼이 판타지 시대의 중국 만리장성에서 전사로 분하는 〈그레이트 월〉이 개봉했는데, 모두 중국 자본으로 만들어진 레전더리 픽처스의 작품이다. 유니버설, 워너 브라더스, 파라마운트와 같은 할리우드 영화 배급사들이 탐내는 영화 제작사가 중국 자본에 팔린 것이다.

할리우드는 작품의 품질이 저하될까 두려워하기 시작했다. 1989년 소니가 컬럼비아 영화사를 구매한 후 어떻게 되었는지 알기 때문이 아니었을까. 2015년 위키리스크에 의해 공개된 내용을 보면 소니 경영진이 어떻게 영화 산업에 관여했는지 알 수 있었기 때문에, 향후 완다의 경영진들이 어떻게 레전더리 엔터테인먼트를 바꿀 것인가에 대한 걱정이 드는 것은 당연한 일일 것이다. 영화 〈그레이트

월〉도 이전에 레전더리 엔터테인먼트가 제작한 영화들에 비해 완성
도가 현저히 떨어져 보이는 것은 사실이기 때문에 완다의 부정적인
영향에 대한 우려는 현실이 될 가능성이 높다.

중국의 자본으로 얼마든지 콘텐츠 제작사를 인수할 수 있겠지만,
향후 관전 포인트는 작품 수준을 유지하는 것이라고 볼 수 있겠다.
완다는 바이아컴Viacom으로부터 파라마운트Paramount 인수를 적극 검
토도 했다. 레전더리 엔터테인먼트는 제작사일 뿐, 배급 능력이 없
기때문에 전 세계로 배급할 수 있는 영화 배급사의 인수까지 검토하
고 있었던 것이다.

미국은 중국 자본에 대항해 기업들이 하나로 합쳐 몸집을 불리
기 시작했다. 2016년 10월 말, 미국 최대 콘텐츠 업체 중에 하나인
타임 워너 그룹은 미국의 제2통신사이자 제1의 위성방송 사업자인
AT&T에 93조(854억 달러) 규모에 인수되었다. 애플도 세계 최대 미
디어 기업인 디즈니를 인수하는 방안에 골몰하고 있다. 중국 기업이
살 수 있는 영화 배급사는 소니, 파라마운트, STX 정도밖에 남지 않
았다.

완다의 전략 ②
: 제작사 · 배급사 · 극장의 수직계열화

이미 완다는 중국에서 수직계열화Vertical integration를 이뤄내 시너
지 창출에 대한 그림을 완성했다. 미국의 극장을 인수했기 때문인

국가	중국	미국
제작	완다 픽처스 (Wnada Pictures), 레전더리 엔터테인먼트 (Legendary Entertainment)	레전더리 엔터테인먼트 (Legendary　Entertainment)
배급	오주 필름 (Wuzhou Film) 완다 스튜디오 칭다오 (Wanda Studios Qingdao)	미정
상영	완다 시네마 (Wanda Cinema)	AMC 엔터테인먼트 (AMC Entertainment) 카마이크 시네마스 (Carmike Cinemas)

데, 이미 미국의 1위 극장 체인은 완다의 소유가 되어 있다. 중국에서 가장 큰 영화관을 보유한 완다지만, 2012년 8월에 미국 2위 영화 체인인 AMC 씨어터America Multi-Cinema Theater를 26억 달러(당시 약 2조9,000억 원)에 인수한 후 2016년 7월에 미국 4위 영화 체인인 카마이크Carmike를 12억 달러(당시 약 1조3,000억 원)에 인수했다. 이제 미국의 최대 극장 체인은 완다의 AMC 씨어터가 되었다.

　미국의 영화 산업은 앞서 설명한 것처럼, 성장이 정체되어 보이지만 글로벌 관점으로는 성장 중이고, 여전히 글로벌에서 가장 큰 영화 시장을 보유하고 있다. 중국 자본에 인수된 미국 제작사의 영화가, 중국 배급사의 배급을 받아, 중국 자본으로 운영되는 미국 소재 영화관에서 상영될 날이 멀지 않았다는 뜻이다.

완다는 영화 유통의 수직화를 미국에서 끝내지는 않을 전망이다. 한 발 더 나아가 오디온&UCI 영화 그룹을 7,000억 원(약 6억5,000만 달러) 규모에 인수했으며, 전 세계 20% 이상의 영화관은 완다의 것이며, 전 세계 넘버 1 영화 극장 체인이 되었다. 그러면, 중국에는 완다만 있을까? 그렇지는 않다.

HALT WB(멈춰라, 워너 브라더스)!

HALT WB는 미국의 대표적인 미디어 비즈니스의 괴물 중 하나인 워너 브라더스를 저지하고 궁극적으로 중국에서, 자신들이 패자가 되려는 여섯 개 기업의 이니셜을 따서 만든 말이다. 콘텐츠 비즈니스에서 이 여섯 개 기업은 반드시 알고 가야 한다.

Ⓗ 그림 5-3   화이

H.BROTHERS
HUAYI INVESTMENT

H는 한국에서는 심 엔터테인먼트(배우 유해진, 주원 등 소속)를 인수하기도 했고 한국에 적극적인 투자를 하기로 유명한 중국의 대표적인 미디어그룹 화이Huayi다. 화이는 〈엽기적인 그녀〉 드라마 판을 제작하는 등 한국드라마 및 매니지먼트에 많은 투자를 하고 있다. 한국에는 화이의 자회사인 화이 브라더스가 있다.

Ⓐ 그림 5-4   알리바바 픽처스

A는 소셜커머스와 결제 서비스로 유명하지만 차세대 먹거리를 미디어에서 찾으려는 알리바바 픽처스Alibaba다. 알리바바 픽처스는 〈스타트렉Star Trek Beyond〉과 같은 파라마운트 영화에 투자했으며 중국판 유튜브라 불리는 요쿠-투도우Youku-Tudou를 알리바바Alibaba를 통해 투자했으며 이들은 스티븐 스필버그가 공동투자한 〈앰블린 파트너스〉에 투자하여 할리우

드 영화를 직접 제작하고 있다.

Ⓛ 그림 5-5　러에코

L은 중국의 넷플릭스라 불리지만 아마존을 닮고 싶어 하는 구독형 서비스의 선구자인 러에코Le Eco다. 러에코는 중국 내 MLB(메이저 리그 베이스볼)의 독점 중계권과 산하의 르비전LeVison이라는 영화 제작·배급사를 통해 이미 2012년부터 할리우드 영화를 제작하고 있다. 특히 〈익스펜더블 Expendable〉시리즈에 직접 관여하고 있는 것으로 알려져 있다. 2016년에 흥행에 참패한 〈갓 오브 이집트God of Egypt〉의 중국 판권을 라이온스게이트에 직접 사서 배급하기도 했으나 결국 실패했다. 최근 북미와 인도에 무리한 투자를 단행하고 전기자동차에 집중하느라 콘텐츠 분야에서 주춤하다. 설상가상으로 중국 정부에게 미운 털이 박혀 최근에는 힘이 많이 빠진 상태다.

Ⓣ 그림 5-6　텐센트

Tencent 腾讯

T는 중국의 브랜드 파워 1위인 위챗WeChat(월 이용자 8.2억 명), 큐큐뮤직

QQMusic(월 이용자 1.7억 명), 텐페이Ten Pay(모바일 사용자의 20% 이상 사용)뿐만 아니라 영화, TV 쇼도 유통하려는 텐센트 비디오(Tencent Video, 월 이용자 2.6억 명 이상)를 서비스 중인 텐센트를 가리킨다. 텐센트는 이미 HBO와 NBA 그리고 NFL을 중국에 독점 공급하고 있다.

Ⓦ 그림 5-7　완다그룹

W는 앞서 언급했던 미국 최대 극장 배급사(사실은 그들은 부동산과 백화점으로 더 유명하다)와 이제는 세계 최대 극장 체인이 된 완다그룹Wanda Group이다.

Ⓑ 그림 5-8　바이두

B는 중국의 구글이라 불리는 바이두다. 한국에서는 〈태양의 후예〉를 중국에 공급한 기업으로 유명하다. 바이두가 소유하고 있는 인터넷 비디오 스트리밍 서비스 '아이치이iQiyi'는 유료 가입자가 무려 2,000만 명에 달한다.

중국 정부의 전략
: 중국의 룰을 지키는 중국 문화의 할리우드

HALT WB는 중국을 넘어 아시아를, 더 나아가 할리우드를 장악하려 한다. 이들 기업은 1조8,000억 원 규모(15억 달러)의 자체 펀드 Baidu Nuomi Pictures Fund를 조성하면서 자신들의 꿈을 현실로 만들고 있다. 이들 중 화이 브라더스와 완다를 제외한 알리바바, 러에코, 텐센트, 바이두는 다른 분야로 더 알려져 있지만 페이스북과 구글도 결국은 콘텐츠에서 승부를 내려는 것처럼 모두 약속이나 한 듯 콘텐츠에 대한 투자에 돈을 아끼지 않고 있다. 그리고 앞에 언급한 것처럼 공통 키워드는 해외 콘텐츠 제작사의 인수 및 투자다. 혹시나 중국이 아직도 불법으로 콘텐츠를 복제하고 불법으로 다운로드 받을 것이라고 생각하면 큰 오산이다. 중국 대중은 미국만큼 월별로 이용료를 내며 콘텐츠를 소비하고 있으며, 광고 스킵 기능이 없는 강력한 광고 기반 동영상 서비스로 많은 사업자들이 돈을 벌고 있다. 그리고 강력한 스크린 쿼터 제도와 중국광전총국SAPPRFT, State Administration of Press, Publication, Radio, Film and Television of the People's Republic of China의 비호 아래, 자국 콘텐츠를 육성하고 있으며 외국의 콘텐츠도 공동투자가 아닐 경우 배급조차 어려운 환경으로 가고 있다.

공안에서 직접 관리하고 있는 중국영화그룹공사China Film Group Corporation의 사장인 먀오 샤오톈Miao Xiaotian은 2016년 11월, 샌프란시스코에서 열린 미국 중국 영화 및 TV 박람회The US. China Film & TV Expo에서 "중국에서 할리우드 영화를 개봉하려면 중국의 프로세스를

중국 내 할리우드 영화의 개봉 조건

 i) 　공동투자 Co-Investment

 ii) 　중국 요소 Chinese Element

 iii) 　하나의 중국인 주인공 At least one [Chinese] main character

준수해야 한다"고 말했는데, 그 프로세스는 위와 같다.

　중국의 할리우드 프로세스를 가장 잘 준수하는 기업은 20세기폭스와 파라마운트이며, 앞서 이야기한 〈인디펜더스데이: 리서전스〉가 그 대표적인 예다. 중국의 전략은 매우 영리한 것으로 중국 개봉을 위해서 할리우드는 중국 요소를 고민하고 추가한 것만으로 다른 국가에서도 중국 배우와 문화가 어색하지 않게 전파된다. 이 부분은 향후 중국이 할리우드 영화사를 인수할 때도 유리하게 작용할 것으로 보인다. 2014년에 〈엑스맨: 데이즈 오브 퓨처 패스트 X-Men : Days of Future Past〉는 판빙빙이 "시간이 되었다(Time's up)"라고 단 한마디 한 것만으로 중국에서 엄청난 흥행을 했다. 하지만 이제 중국 이미지가 영화 곳곳에 더 중요한 요소로 스며들었다. 중국은 과거에 비해 더 많은 것을 할리우드에 요구하고 있다.

　한편 중국 관객들의 눈높이가 계속 올라가는 것도 간과해서는 안된다. 중국과의 공동투자 없이는 개봉조차 할 수 없는 현실이 중국 할리우드로 대표되는 미국 문화의 장벽을 낮아 보이게 만들었다. 완

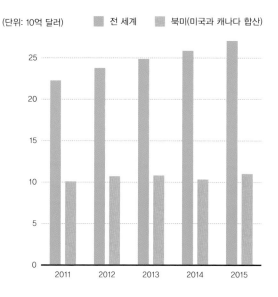

✿ 그림 5-9　북미와 전 세계 영화 시장 성장률

(단위: 10억 달러)　█ 전 세계　█ 북미(미국과 캐나다 합산)

지난 5년간 해외 시장 점유율이 사상 최고치를 기록했다.

자료: Motion Picture Assn. of America, 《THE WALL STREET JOURNAL》

다나 알리바바와 같은 중국 공룡들은 미디어 비즈니스를 이끌어 갈 욕심을 점점 더 크게 키워가고 있다. 중국에 직접 서비스를 하려고 시도했지만 결과적으로는 사업을 철수해야만 했던 디즈니가 좋은 예다.

　글로벌 영화 산업은 미국 내에서 주춤하고 있을 뿐, 전 세계 시장으로 보면 여전히 성장하고 있고 할리우드가 주도하는 모양이 아닌 중국과 할리우드가 동맹을 맺는 형국이다. 주성치가 감독한 〈미인어〉는 2016년에 중국에서만 5억5,000만 달러(약 6,000억 원) 이상의 흥행을 기록했으며 할리우드에서 개봉하기도 했다.

〈미인어〉를 배급했던 미국의 신생 영화 배급사 STX의 이사회 멤버인 도미닉 응Dominic Ng은 "중국 영화의 가치를 두려워하면 안 된다"고 이야기하면서 "중국은 단순히 자본으로 승부하고 있지 않으며 콘텐츠의 질적 성장이 무시할 수 없는 수준에 오르고 있다"고 말했다. 중국은 미국을 여러 이유로 위협할 수밖에 없는 존재가 되고 있는 것이다.

그럼 과연 미국은 중국의 침공에 손가락만 빨고 있을까? 그렇지 않다. 중국이 협력할 수밖에 없는 파트너라는 것을 인지하고 협력을 꾀하면서 중국을 제외한 다른 국가에도 엄청난 투자를 하고 있다. 우리가 〈별에서 온 그대〉의 중국 시장 성공으로 행복해하고 있을 때, 미국은 영화 시장에서는 중국을 공략하는 데 성공하고 있었지만 TV시리즈는 실패를 거듭했기에 한국을 부러워했다. 그런데 미국이 날 수 있게 만들어준 온라인 비디오 플랫폼이 있다. 바로 다시금 살아나고 있는 중국의 비디오 플랫폼, 소후TVSohuTV다.

HALT WB 외에
한국이 주목할 중국 기업들

1 파라마운트와 화화미디어 HuaHua Media

화화미디어는 상하이필름과 함께 2020년까지 파라마운트의 영화에 10억 달러를 지원하기로 결정했다. 이는 파라마운트가 제작 중인 영화들의 총 제작비 중 25%에 달하며 자금 지원 기간은 3년부터 4년까지 연장될 수도 있다. 화화미디어에게서 지원을 받은 파라마운트는 중국 시장 진출과 중국 현지 제작을 적극 검토 중이며 영화 제작 규모도 기존 8편에서 17편까지 증가할 전망이다.

바야흐로 중국 자본이 없으면 할리우드의 대표 영화 제작사도 없는 시대가 도래한 것이다.

2 파라마운트와 지아플릭스 JiaFlix 그리고 차이나무비채널

〈트랜스포머4: 사라진 시대〉는 개봉 첫 주에 전 세계에서 2억130만 달러를 벌어들였는데 그중 9,000만 달러가 중국에서 거둔 성적이었다. 제작사 파라마운트는 〈트랜스포머4: 사라진 시대〉의 기획 단계부터 중국의 지아플릭스 그리고 차이나무비채널China movie channel과 공동제작 계약을 체결했고, 작중 배경과 등장인물로 중국이 등장하는 게 기정사실이었다.

여기서 주목할 점은 차이나무비채널이라는 곳은 중국 내 라디오, TV, 영화산업을 관리감독하는 국무원 직속 기구인 '광전총국'이 운영하고 있다는 것과 지아플릭스는 '아카데미 모션 픽처 알츠 앤 사이언스'의 전 최고운영자인 시드 가니스Sid Ganis가 운영하고 있다는 것이다.

3 유니버설 스튜디오와 퍼펙트월드픽처스 Perfect World, 完美世界影

중국 영화사인 퍼펙트월드픽처스는 2022년까지 유니버설 스튜디오가 제작할 영화 50편에 2억5,000만 달러(약 3,000억 원) 이상을 투자하기로 했다. 참고로 유니버설 스튜디오가 제작한 〈분노의 질주: 더 세븐〉은 2016년 4월에 중국에서 개봉한 이후 3억9,090만 달러를 쓸어 담은 것으로 알려져 있다. 중국에서 큰 성공을 거둔 제작사에 중국 자본이 대규모 투자를 단행한 것이다.

퍼펙트월드픽처스의 이러한 행보는 또 다른 자회사 퍼펙트월드게임스 Perfect World Games의 해외 사업을 지원하고, 여러 유명 국제 영화 제작사들과의 파트너십을 활용하여 전 세계적으로 중국 영화의 가용성과 인기를 높이기 위한 것으로 해석할 수 있다.

중국 가입자	월평균 4,600만 명 사용 중
2016년 매출	9,000만 달러(약 1,000억 원)
서비스 국가	중국
플랫폼 형태	AVOD + SVOD
특징	미국 드라마 및 중국 웹 드라마
한국과의 관계	한한령 전에는 관계가 좋은 편이었음
미국과의 제휴 가능성	드라마 수입은 계속될 것
경쟁 기업	망고, 아이치이, 텐센트, 유쿠

6장

소후TV

죽은 '석호필'을 되살리는 중국 시장의 파괴력

누적 조회수 10억 명의 시장에 불가능이란 없다

폭스FOX는 글로벌 시장의 흐름을 기막히게 읽어내는 방송사로 정평이 나 있다. TV 네트워크를 소유하고 있고, 장대한 전략에 따라 콘텐츠의 지적재산권(Intellectual Property Rights, 이하 IP)을 운영하면서 미디어 제작과 방송을 결정한다. 그런 폭스가 2015년에 중대한 결정을 내렸다. 2009년에 시즌4로 이미 완결된 〈프리즌 브레이크〉를 부활시켜 시즌5를 제작하기로 한 것이다.

〈프리즌 브레이크〉는 한국에 미국 드라마 열풍을 불러온 콘텐츠다. 사실 한국 팬들을 비롯해 전 세계 팬들은 이 시리즈가 끝난 줄 알았다. 그 때문에 드라마의 부활을 반기면서도 한편으로는 폭스에 우려와 의혹의 시선을 보냈다. 이미 완결된 올드 콘텐츠가 새 시리즈로 돌아온다고 해서 흥행에 성공할 수 있을까? 관에 들어갔던 석호필을 8년 만에 부활시킨 그 대단한 이유란 과연 무엇일까? 그 답은 미국과 한국이 아니라 중국에 있었다.

사실 완결된 콘텐츠를 되살리는 시도는 그리 생소한 게 아니다.

자료: 폭스

가장 대표적인 예로 폭스의 스릴러 드라마 〈엑스파일X-File〉과 CW의 청춘 드라마 〈길모어 걸스Gilmore Girls〉를 꼽을 수 있다.

　위의 두 작품을 비롯해 시리즈 완결 혹은 시즌 종료 후 몇 년이 지나 콘텐츠 부활이라는 전략을 종종 활용하는 이유가 있다. 새 시리즈의 성공 때문은 아니다. 바로 당장의 시청률보다는 예전 시리즈가 다시금 인기를 얻게 되고 방송사 수익으로 연결된다는 점을 노린 것이다. 〈엑스파일〉과 〈길모어 걸스〉는 새 시즌이 큰 흥행을 거두지는 못했지만 이전 시즌이 주목을 받으며 결과적으로 회생 전략에 성공했다.

실제로 〈프리즌 브레이크〉의 새 시즌이 제작된다는 소식에 전 세계, 특히 중국 대중이 열광했다. 그리고 곧이어 중국 OTT 플랫폼인 소후TV에서 〈프리즌 브레이크〉가 다시금 인기를 끌기 시작했다. 2017년 5월 기준으로 9.7억 회에 가까운 조회수를 기록하고 있으며, 시즌1부터 시즌4까지 모두 주간 인기 차트의 미국 드라마 상위 12위에 올랐다.

〈프리즌 브레이크〉가 중국에 처음 소개된 것은 2009년 본 방송이 종료되고 4년이나 지난 2013년이었다. 수많은 미국 드라마들이 소개되었지만 이렇게 꾸준하게 인기를 끄는 드라마는 〈프리즌 브레이크〉가 유일하지 않은가 싶다. 광고 매출이 100억 원에 달할 것으로 예상되는 가운데 드라마 자체도 아직까지 인기가 있다는 것은 대단한 콘텐츠 파워라고 할 수 있다. 2013년 이후 우후죽순 미국 드라마가 중국 시장에 진출했지만 비슷한 규모로 성공한 드라마는 많지 않았다.

앞서 폭스는 글로벌 시장의 흐름을 잘 읽고 큰 그림을 가지고 콘텐츠 IP를 활용한다고 말한 이유가 있다. 폭스는 네 개 시즌을 재계약할 때가 오자 '콘텐츠 권리 임대료'를 시즌5 제작 소식과 함께 인상한 것이다. 다른 나라와 달리 중국은 아직 열기가 식지 않아 새로운 시즌의 프로모션이 수월하다는 장점도 있었다.

〈프리즌 브레이크〉 시즌5 제작은 단순히 새 시즌을 만드는 것 이상의 큰 그림이다. 지금까지 레거시 콘텐츠(Legacy Content, 구작으로 가치가 적은 콘텐츠)로 취급받던 시즌4까지의 콘텐츠에 새 생명을 불어넣는 것이기 때문이다. 나아가 중국뿐 아니라 기존 시리즈를 즐겨 봤던 다른 나라 시청자들도 새 시즌이라는 콘텐츠를 반갑게 맞이할 것이다. 덧붙여 미국의 넷플릭스도 프리즌 브레이크 시즌5 때문에 전 4시즌의 가격 협상에서 불리한 입장이 되었다.

한편 기존 시즌을 보지 않았던 시청자는 사정권에 넣지 않은 것일까? 그렇지 않다. 시즌5로 처음 〈프리즌 브레이크〉를 접한 이에게는 새로 봐야 할 시즌이 네 개 늘어난 것에 불과하다. 이렇게 시즌1에서 시즌4까지 이전 내용을 '정주행Binge Watching' 해야 한다. 당연히 기존 콘텐츠의 매출도 오를 수밖에 없다. 폭스는 스코필드를 관에서

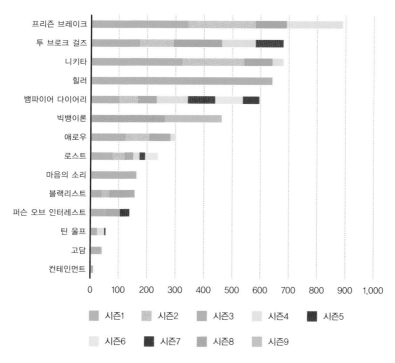

❖ 그림 6-3 소후TV 내 미국/한국 드라마 총 재생 수

(단위: 백만)

범례:
■ 시즌1 ■ 시즌2 ■ 시즌3 ■ 시즌4 ■ 시즌5
■ 시즌6 ■ 시즌7 ■ 시즌8 ■ 시즌9

참고: 2017년 1분기 기준

꺼냄으로써 이전 네 개 시즌의 콘텐츠 재계약 비용 인상, 새 시리즈 시청자 확보, 새로운 시청자로 이전 시리즈의 시청자 확보라는 세 마리 토끼를 잡은 것이다.

유사한 사례로 한국에서도 선풍적인 인기를 얻었던 〈슈퍼내추럴〉의 시즌 연장이 있다. 〈슈퍼내추럴〉은 무리하게 시즌을 연장하고 '종말을 막는다'는 작중 궁극적인 목표를 달성했음에도 기어이 새 시즌을 방영하기로 했다. 미국 본토 시청률이 저조하고 소재 고갈이라는 비판에 직면했지만 전 세계적으로 팬덤을 가지고 있는 엄청난 콘텐츠였기에 해외 판권에 힘입어 계속 새 시즌을 낼 수 있는 대표적인 콘텐츠였고, 어느덧 시즌13까지 왔지만 여전히 글로벌 시장에서 인기를 얻고 있다. 〈슈퍼내추럴〉의 제작사인 CW가 콘텐츠 시장을 미국 내로만 한정 짓지 않고 글로벌 관점에서 보기 때문에 가능한 일이었다. 참고로 〈슈퍼내추럴〉은 시즌14에서 300번째 에피소드로 종료할 예정이다.

한국 방송국들도 종종 인기 드라마를 몇 회 연장 제작하는 경우가 있다. 이 때문에 미국 드라마의 새로운 시즌 제작이 그리 낯선 일은 아닌 것처럼 보일 수도 있다. 하지만 두 사례는 근본적으로 다르다. 전자는 그저 몇 회 방송에 따른 광고 수익을 노인 것이라면 후자는 '글로벌 시장 점유율 확장'이라는 전략에 따른 것이기 때문이다.

지금까지 폭스와 CW의 정책을 살펴봤다. 여기서 우리가 주목해야 할 점은 바야흐로 콘텐츠를 제작할 때 글로벌, 시즌, IP 등을 고민하지 않으면 안 되는 시대가 오고 있다는 것이다. 그리고 그 중심에는 중국이 있다.

소후의 전략
: 미국 드라마에 특화된 플랫폼

〈프리즌 브레이크〉의 중국 저작권은 소후TV에 있다. 소후TV는 어떤 기업이기에 미국 방송국이 이렇게 큰 관심을 보이는 걸까? 소후는 원래 인터넷 포털사이트로 출범한 기업이다. 지금도 검색, 포털, 비디오 서비스를 운영하고 있으며 한국의 카카오와 유사한 업체라고 할 수 있다. 소후TV의 검색 사이트 소고우는 중국 내 모바일 검색 시장 점유율이 16.2%로 3위에 올라 있다. 1위는 바이두(44.5%), 2위는 센마(20.8%)다. 소고우는 텐센트를 통해 중국에서 6조 원 수준의 주식공개IPO, initial public offering를 추진하고 있다.

소후TV는 검색 서비스뿐 아니라 뉴스 포털과 중국 최대 포털사이트 중 하나인 'Sohu.com'을 가지고 있고 동창회 사이트인 차이나렌ChinaRen, 온라인 게임 사이트인 '17173' 등을 운영하는 거대 기업이다. 이에 더해 한국·미국·일본 드라마를 스트리밍하는 사이트인 'Sohu Video(이하 소후TV)'를 서비스하고 있다. 물론 자국 콘텐츠 서비스 비중이 가장 높다는 점도 간과해서는 안 된다.

중국에서는 '미국 드라마는 소후TV다'라는 인식이 강하다. 그 이유는 중국 드라마의 제작비가 날이 갈수록 증가하면서 저비용 고효율 콘텐츠로 미국 드라마가 꼽히기 때문이다. 소후TV는 CW의 〈애로우〉, 〈레전드 오브 투마로우〉, 〈뱀파이어 다이어리〉, CBS의 인기 시트콤인 〈투 브로크 걸즈〉 등 인기 미국 드라마를 정식으로 라이선스 맺어서 서비스하는 업체로 유명하다. 중국 대중이 소후TV에 우호적이지 않을 수 없는 환경이다.

중국에서 자체제작하는 드라마의 편당 제작비가 나날이 증가하여, 200만 달러를 넘거나 최소 100만 달러 이상인 드라마가 나오기 시작했다. 한국 드라마 역사상 제작비가 가장 비싼 드라마는 회당

중국은 미국 드라마를 심의하기 때문에 신작이 미국과 같은
주에 공개되기는 어렵다.

제작비가 18억 원이었던 배용준 주연의 〈태왕사신기〉이며, 최근 작
품으로는 회당 11억 원이 투입된 〈푸른 바다의 전설〉이 있다. 미국
드라마도 일부 콘텐츠를 제외하고는 편당 20억~30억 원 수준으로
제작하고 있다. 한국에서 대작이었던 〈쓸쓸하고 찬란하神 도깨비〉
제작비는 편당 약 10억 원으로 미국 평균 제작비의 25% 수준이다.

2016년에는 네이버와 KBS가 공동제작한 〈마음의 소리〉가 소후
TV로 방영되어 큰 인기를 끌었다. 총 1.9억 회 재생을 기록한 〈마음
의 소리〉의 성공은 동영상 매출로도 20억 원에 가까운 실적을 낸 것
으로 추측된다.

만약 〈쓸쓸하고 찬란하神 도깨비〉가 중국에 진출했다면 성공할
수 있었을까? 중국에서 성공했을 수도 있지만 분명한 것은 당분간
한국 드라마의 중국 상륙이 어려워 보인다는 것이다. 왜냐하면 사드
배치에 따른 한중 관계 악화의 영향으로 TV 방송용으로 제작된 한
국 콘텐츠는 중국에서 어떤 플랫폼으로도 방영하기 어려운 환경이
되었기 때문이다. 또한 해결이 된다 하더라도 중국 내 한류 콘텐츠
의 무조건적인 성공은 힘들다. 한국에서 실패한 콘텐츠는 중국에서
도 힘들다. 중국 내에서 콘텐츠를 보는 안목도 글로벌 콘텐츠를 경
험하면서 많이 높아지고 있다.

한국에서 시청률 20.5%(CJ E&M의 최고치)를 기록했던 〈쓸쓸하고
찬란하神 도깨비〉가 만약 소후TV에 방영되었다면 얼마나 큰 수익
을 얻을 수 있었을까? 이에 대한 답을 구하기 위해서는 먼저 제작비
와 수익 구조를 알아야 한다.

먼저 제작비를 간접 비교해보자. 넷플릭스의 〈센스8〉에 들어간 편
당 제작비는 100억 원이다. CBS의 〈빅뱅이론Big Bang Theory〉은 주연
3인방의 출연료가 일단 편당 각 12억 원 수준이며 제작비는 50억

원 수준이다. 폭스의 〈고담〉도 편당 제작비가 50억 원이다. 여기서 주목할 점은 넷플릭스가 〈고담〉에 편당 20억 원씩 지원했다는 것이다. 미국 내 재방송 네트워크와 기존 광고료로 수익이 나고 있다는 점도 인상적이다. 이렇게 봤을 때 편당 10억 원 정도가 든 〈쓸쓸하고 찬란하神 도깨비〉가 중국에 진출했다면 미국 드라마보다 훨씬 높은 가성비를 자랑했을 것이다.

나아가 소후TV 같은 곳이 중국 대중을 사로잡을 한국 드라마의 중국 내 저작권을 확보하고 더 많은 콘텐츠를 소개할 수 있었더라면 "한국 드라마와 미국 드라마는 소후TV다"라는 평이 나왔을 수도 있다. 하지만 아쉽게도 그런 일은 일어나지 않았다. 소후TV는 뒤에 설명할 바이두와 텐센트에 비해 대작 한국 드라마를 보유하지 못했다. 그리고 자체 오리지널도 적은 편이라 미국 드라마와 같은 외부 콘텐츠의 비중이 높다. 그래서 소후TV는 한국 드라마의 판로로 삼기에는 적당한 솔루션이다. 앞으로 어떻게 시장이 바뀔지 모르기 때문에, 이 점은 기억해두면 좋겠다.

중국 진출이 막힌 한국 콘텐츠의 암울한 미래

그럼 이제 미국과 한국의 수익 구조를 보자. 먼저, 미국 TV드라마 판권 시나리오는 아래와 같다.

미국 NBC가 제작한 드라마 〈블랙리스트The Blacklist〉를 예로 들어

(단위: 100만 달러)

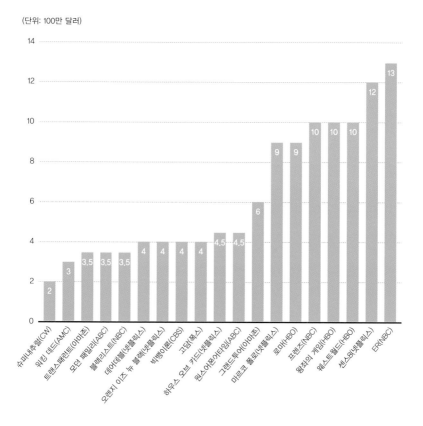

보겠다. 〈블랙리스트〉는 편당 제작비가 42억 원이었다. 수익은 다음과 같다. 광고와 재방송 등 제작비에 상응하는 수익을 확보했다. 그리고 넷플릭스가 중국을 제외한 독점 스트리밍 권한을 확보하면서 편당 24억 원의 비용을 지불했다. 또한 중국 내에서는 소후TV가 판권(편당 2억~3억 원 예상)을 확보했다. 이제 제작비의 65%를 온라인 스트리밍 판매로만 회수할 수 있는 수익 환경이 조성된 것이다.

TV 레이팅(TV Rating, 주요 시청자를 숫자로 환산한 광고료의 기준 수치) 광고 매출

+

유선 네트워크에 대한 재방송 판매

+

DVD, 블루레이 디스크 판매

+

디지털 단품 판매

+

스트리밍 판권 판매(국내)

+

스트리밍 판권 판매(국외)

+

해외 방송사 재판매 (자체 영화사를 통해 배급하거나 에이전시 진행)

+

IP를 통한 상품 개발

그렇다면 한국 TV드라마의 판권 시나리오는 어떨까?

미국 드라마와 한국 드라마의 판권 시나리오에서 가장 결정적인 차이가 뭘까? 일단 가구 차이가 명확하다. 한국의 시장 규모는 미국의 6분의 1 수준이며 광고 단가도 훨씬 낮다. 그러므로 일단 광고 매출의 규모가 다르다. 한국 드라마는 제작비가 10억 원을 초과하

한국 드라마의
판권 시나리오

TV 레이팅을 통한 광고 매출

+

자사 네트워크에 대한 재방송 판매

+

IPTV / CVOD / 디지털(온라인) 단품 판매

+

스트리밍 판권 판매(국외 – 최근에 시작, 넷플릭스와 같은 메이저 업체 제외)

+

해외 방송사 재판매

+

PPL(간접광고)

면 산술적으로 손익분기점를 넘길 수가 없다.

한국 TV드라마의 수익 구조에는 문제가 또 하나 있다. 2차 시장 가운데 하나인 홈엔터테인먼트 DVD와 블루레이 시장이 소멸한 지 오래되었다는 것이다. IPTV나 CVOD(케이블 VOD), 네이버, 곰TV와 같은 단품 대여 시장이 점점 더 커지고 있다는 점은 위안이 되지만 근본적인 해결책이 될 수는 없다.

한국 드라마의 수익 구조상 가장 큰 문제는 해외 스트리밍 사이트

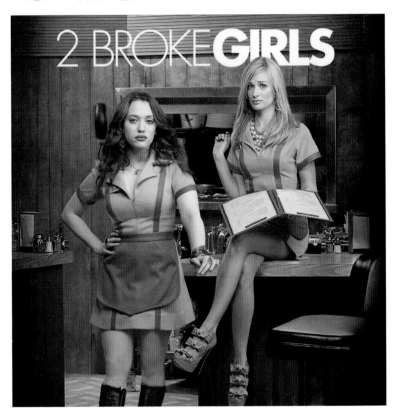

의 큰 고객이었던 중국의 문이 닫혔다는 것이다. 이제 중국은 한국 대신 미국과 일본에게 러브콜을 보내고 있다. 만약 한국이 중국과 좋은 관계를 유지하고 있었더라면 미국 드라마 시장이 이만큼 활짝 열리지는 않았을 것이다. 소후TV를 보면 알 수 있다.

2013년 이후 미국과 일본 드라마가 중국에 상륙했을 때 부정적인 전망도 있었다. 미국·일본과 중국의 문화적 차이 때문에 중국 대중이 장르를 가려서 보거나 인기가 젊은 층에 한정될 것이라고 봤기 때문이다. 하지만 이런 예측은 완전히 빗나갔다. 오타쿠이자 너드(nerd; 인기 없는 괴짜 이과생)인 주인공들이 이과 농담과 성적인 농담을 주고받는 시트콤 〈빅뱅이론〉이 중국에서 인기를 얻은 것이다. 나아가 35세 여성이 여고생이 되어 다시 학교를 다닌다는 다소 충격적인 내용의 〈35세의 고교생〉 같은 일본 드라마도 중국에서 통하기 시작했다. 2013년 유쿠Youku에 소개되어 중국 내 인기를 끈 첫 번째 미국판 시트콤이자 모든 플랫폼을 통해 18억 회 이상 재생 수를 기록한 〈투 브로크 걸즈〉 같은 히트 드라마도 앞으로 계속 증가할 것이다.

이렇듯 미국과 일본은 중국 시장에서 큰 성공을 거두는 데 반해 한국은 이대로 밀려날 것인가? 한국 콘텐츠가 해외 판권 시장에서 힘을 얻으려면 중국에 다시 들어가는 것이 당연히 필요하다.

중국 시장의 교훈
: 성공한 TV시리즈는 반드시 다음 시즌을 만들어라

하지만 한국 콘텐츠가 다시 중국에 입성하기란 2017년 현재 상황에서는 불가능하다. 새로운 정부가 해결 하려고 노력하고 있지만, 당장 해결 된다고 해도 소후TV와 같은 스트리밍 사이트가 두 팔 벌려 환영할지도 미지수다.

한국 콘텐츠 산업에는 또 다른 위험 요소가 있다. 다름 아닌 중국의 자체제작 콘텐츠다. 한국 콘텐츠가 중국에 다시 진출하는 시기가 뒤로 미뤄질수록 한국 드라마와 색이 비슷했던 중국 드라마는 더욱 성장할 것이 분명하다.

한국 콘텐츠 산업에 대한 위험 요소가 중국뿐일까? 그렇지 않다. 해외 방송사 재판매 시장은 점점 작아지고 있다. 한국 드라마의 성공은 익히 들어 알고 있지만, 역설적으로 너무 크게 성공해버려서 오히려 규제 산업으로 변하고 있다. 가장 좋은 예가 바로 베트남이다.

오히려 스트리밍 사이트의 힘을 빌려야 한다. 그러기 위해서는 시즌 도입이 필수다. 참고로 중국은 시즌 제도가 자리 잡아가고 있다. 한국은 일부 콘텐츠를 제외하고는 아직 제자리걸음 상태다.

〈쓸쓸하고 찬란하神 도깨비〉는 성공했다. 하지만 소후TV와 같은 중국 비디오 플랫폼을 활용했다면, 더 큰 성공을 했을지도 모른다. 반 사전 제작이라는 독특한 시스템은 후반부의 한 주를 쉽게 했지만 성공적인 인기를 편승해 마지막 에피소드에 두고두고 화자될 PPL을 넣을 수밖에 없었다. 덕분에 상당 수준의 매출을 확보할 수 있었다. 콘텐츠 자체는 훌륭했기 때문에 시청자들은 일단 이해해주었다. 그런데 이런 PPL을 앞으로 계속 봐야 하는 걸까?

한편 한국 콘텐츠 관계자들의 중국 시장 전략이나 의지도 문제다. 〈쓸쓸하고 찬란하神 도깨비〉 제작사는 "중국 없이 성공했다"고 말한다. 반면에 중국을 바라보고 죽었던 '석호필'도 살려서 드라마를 제작하기 시작한 미국이 있다.

중국 시장에 대한 관점이 이렇게 다르다. 우리는 〈쓸쓸하고 찬란하神 도깨비〉의 성공은 덮어둔 채 시즌 제작이나 세계 시장 진출은 뒤로 하고 아마도 새로운 드라마 제작에 나설 것이다. 하지만 이는 과거를 답습하는 것 그 이상도 이하도 아니다.

예컨대 중국 시장에 공급 가능성이 열렸을 때, 〈쓸쓸하고 찬란하神 도깨비〉 시즌2를 제작해보는 것은 좋은 대안이 될 것이다. 시즌2를 제작하면 시즌1도 팔 수 있고 이미 불법 사이트에 만연했던 콘텐츠 인지도를 바탕으로 매출을 가져오게 될 것이다.

해외 시장에서 성공하기 위해서는 한국이 지금까지 비교적 잘해왔다는 착각에 빠져 자국 시장 상황에 안주해서는 안 된다. 콘텐츠도 마케팅이다. 왜 미국이 중국 배우를 써서 영화를 만들기 시작했는지 진지하게 고민해야 할 지점이다.

사실 답은 우리 주변에 있다. 중국은 유튜브, 넷플릭스, 페이스북이 들어와 있지 않은 나라다. 애플의 아이튠즈 비디오 서비스도 들어와 있지 않다. 하지만 중국인들은 유튜브가 없어도, 넷플릭스가 없어도 살 수가 있다. 바로 아이치이와 텐센트 비디오가 있기 때문이다.

넷플릭스는 1억 명이 사용하는 유료 서비스다. 물론 유튜브는 전 세계 사용자가 10억 명이 넘는다. 하지만 중국이라는 하나의 국가 안에서 5억 명이 넘게 사용하는 비디오 서비스가 두 개나 있다. 하나는 유튜브를 몰라도 살 수 있게 된 아이치이이며, 또 하나는 90년대 생을 위한 종합 비디오 플랫폼이 된 텐센트 비디오다.

유튜브가 가장 탐내는 나라, 중국

전 세계에서 통용되는 '유튜브 세대'라는 말이 있다. 2010년대에 태어나 유튜브를 보며 자란 Z세대Generation Z를 말하는 것인데, 이 세대의 특징은 TV를 보지 않는다는 것이다. 이들에게는 유튜브가 모바일 TV일까? 아니다. 그들에게는 그냥 유튜브다. 필자와 같이 TV를 보며 자라왔던 세대는 Z세대와 단절된 것이 아닌지 걱정이다.

한국의 지상파 방송사들이 유튜브 콘텐츠를 제작하는 것은 새로운 비즈니스를 창출하기 위한 것이라고 볼 수도 있지만, 실상 유튜브 세대들에게 관심을 얻기 위해 노력하는 것이다.

위에서 예를 든 유튜브는 더 이상 소셜 네트워크 서비스가 아닌, 미디어 콘텐츠 플랫폼이 되었다. 우리는 페이스북의 동영상도 위협적인 상대로 이야기할 수 있으나 페이스북 이전에 마이스페이스MySpace라는 서비스의 흥망성쇠를 보았다. 마이스페이스란 미국 소셜 네트워크 서비스의 효시로, 2003년에 시작됐으나 페이스북의 등장으로 사용자가 큰 폭으로 감소하여 엔터테인먼트 위클리 네트워크에 인수되었고 현재는 소셜 비디오 사이트로 변신을 꾀하고 있다. 다시 페이스북 이야기로 돌아가자. 페이스북이 성장 하고 있으나 미국에서는 강력한 적인 스냅챗Snapchat이 10~20대 젊은 세대들의 인기를 끌고 있다. 스냅챗은 스냅의 소셜 네트워크 서비스로서 10대를 타깃으로 만들어져 인기를 끌고 있으며 2017년 3월에 드디어 상장될 정도로 성장했다.

전 세계 소셜 서비스는 영원하지 않다. 페이스북이 마이스페이스

❖ 표 6-1 　미국 연령별 TV 시청 시간

연령	2012년	2018년(예상)	증감률
18-24	186(분)	130(분)	-30%
25-34	220	169	-23%
35-44	264	219	-17%
45-54	291	250	-14%
55-64	336	306	-9%
65+	376	353	-6%

자료: eMarketer.com, 2016년 6월

❖ 그림 6-8 　마이스페이스닷컴(MySpace.com)

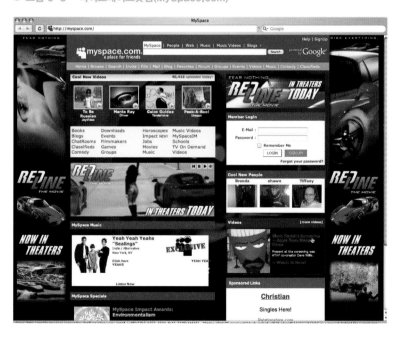

보다 혁신적이거나, 스냅챗이 페이스북보다 뛰어난 서비스라서 인기가 있다고 볼 수 있지만 부모 세대와 같은 소셜 서비스를 쓰고 싶지 않은 이유가 크기 때문일 수도 있다. 스냅챗은 부모가 쓰기 어려운 플랫폼이라 성공했다는 분석도 있을 정도다. 한편 카카오의 카카오 스토리도 소위 젊은 엄마들의 소셜 플랫폼이 되면서 다른 세대들이 순식간에 빠지기도 했다. 부모 세대의 플랫폼이라는 이유로 페이스북은 중앙아시아 이외 지역에서는 성장 속도가 정체되었다. 다행히 중앙아시아에서는 스냅챗이 인기가 없다.

2005년에 시작되었으며 소셜 기능이 없어도 누구나 볼 수 있었던 UGCUser-Generated Contenst에서 시작된 유튜브는 세대의 변화에도 MCNMulti-Channel Network이라는 개념을 창출하고 2017년 3월에는 유튜브의 생방송 서비스에 슈퍼챗Super Chat까지 도입하면서 큰 경쟁자 없이 살아남았다. 슈퍼챗이란 한국의 아프리카TV처럼 생방송을 하는 크리에이터에게 돈을 지불하는 방식인데, 돈을 내면 그들의 아이디가 금액별로 시간이 다르게 화면에 체류한다. 유튜브의 발전을 가져온 장치라 할 수 있다. 바야흐로 유튜브가 어엿한 플랫폼으로 인정받은 것이다. 유튜브는 채널을 도입하여 TV 개념을 얻게 되었다.

전 세계 1인 방송을 이끌고 있는 퓨디파이, 미국의 어섬 니스 TV Awesomeness TV, 한국의 다이아TV, 트레져헌터, 샌드박스 모두 대표적인 유튜브의 MCN 업체들이다. 최근에는 이런 크리에이터들이나 사업자들이 다양한 플랫폼으로 콘텐츠를 공급하면서 MPNMulti-PlatformNetwork이라는 개념으로 불리기도 한다.

샌드바인Sandvine에 따르면 2017년 상반기 동안 전 세계 모바일 트래픽의 약 25%가 중국을 제외한 지역에서 유튜브로 소비되고 있다고 한다. 통신 사업자들이 가장 받들어 모셔야 할 서비스는 유튜브일지도 모른다.

그런 구글의 유튜브가 가장 탐내는 시장은 바로 중국이다. 구글의 서비스는 중국에서 VPNVirtual Private Network 없이는 이용할 수 없다. VPN이란 네트워크를 가상화하는 기술로, 보통 다른 나라의 서비스를 이용할 때 많이 사용한다. 하지만 VPN의 본질적인 목적은 자신이 사용하고 있는 네트워크를 보호하는 것이다. VPN을 이용해야만 구글에 접속할 수 있는 상황에서 중국의 웹 제한으로 가장 큰 피해를 본 서비스는 당연히 구글의 플레이스토어, 유튜브, 구글 검색이다.

중국 가입자	월평균 4억8,000만 명
2017년 매출	26억7,100만 달러(약 3조 원)
서비스 국가	중국, 대만
플랫폼 형태	AVOD + SVOD
특징	강력한 오리지널 웹 드라마, 가장 많이 보는 플랫폼
한국과의 관계	한한령 전에는 관계가 좋은 편이었음
미국과의 제휴 가능성	넷플릭스와 제휴를 맺음
경쟁 기업	텐센트 비디오

7장

아이치이

세계 최고의 매출을 올리는 플랫폼

넷플릭스와 아마존을 합쳐도
중국 플랫폼에 밀리는 현실

  사용자가 5억 명이 넘고, 매달 2억6,000만 명 이상이 방문하는 순수 동영상 플랫폼은 전 세계에 두 개뿐이다. 물론 페이스북도 이 카테고리에 포함될 수 있지만 아직까지는 본연의 소셜 네트워크 기능을 하고 있다고 본다. 유튜브와 아이치이iQIYI, 爱奇艺가 바로 그 주인공이다. 2010년 서비스를 시작한 아이치이는 한국에서는 〈태양의 후예〉, 〈별에서 온 그대〉로 유명세를 떨친 동영상 플랫폼이다. 중국의 3대 동영상 플랫폼인 아이치이, 텐센트 비디오, 유쿠 모두 매월 이용자가 1억 명이 넘는다. 아이치이의 가입자는 5억 명 수준이며 중국 온라인 비디오의 총 사용자는 5억 4,000만 명이다. 즉, 총 사용자의 93%가 아이치이를 사용하고 있다는 뜻이다.

  참고로 월 사용자는 중국의 대표적인 동영상 서비스 가운데 모바일 사용자만 집계한 것이다. 한국의 경우 PPTV와 같이 2,491만 명의 월 사용자를 가진 비슷한 서비스는 없다. 7위를 한 후난위성의 망고TV는 대한민국의 전체 인구가 매달 동영상을 보는 수준이기 때문에 결코 적은 수가 아니다. 글로벌 관점으로 봐도 넷플릭스의 2017년 2분기까지 총 가입자는 1억 명 수준이다. 아이치이, 텐센트 비디오, 유쿠는 글로벌 서비스를 하고 있는 넷플릭스, 아마존의 가입자를 넘어선 실제 사용자를 보유하고 있다고 할 수 있다. 심지어 이 통계는 PC 사용자를 제외한 것이다.

온라인 동영상 플랫폼 시장은 BAT가 모두 공을 들이고 또 경쟁하는 분야다. BAT란 바이두, 알리바바, 텐센트로 중국을 대표하는 3대 인터넷 기업을 가리킨다. 바이두는 검색, 알리바바는 커머스와 결제, 텐센트는 메신저와 결제, 게임 등을 중심으로 각자의 영역을 확장하고 있다.

사실 BAT 중에서 바이두가 기업가치에서 가장 뒤떨어지고 있어 이제는 BAT가 아닌 AT시대가 아니냐는 이야기도 나오고 있다. 하지만 〈표 7-1〉에서 볼 수 있듯이 중국 동영상 분야에서는 바이두의 아이치이가 2018년 기준으로도 여전히 선두를 달리고 있다. 아이치이는 2018년 초 미국 나스닥에 기업공개를 성공적으로 이뤄냈으며, 현재 시총 규모는 130억 달러(약 14.5조 원)이다.

아이치이의 전략 ①
: 한류를 추방하라

아이치이의 성공 전략은 자체제작 네트워크 드라마에 있었다. 네트워크 드라마란 한국에선 웹 드라마라고 불리는 온라인 전용 콘텐

❖ 표 7-1 중국 8대 온라인 비디오 서비스

No	서비스	월 사용자	변동	비교
1	아이치이	5억5,000	-0.3%	1. 바이두가 소유하고 있다. 2. 드라마 독점작이 많다. 3. 독점에서 오는 회원 확보력이 강하다.
2	텐센트 비디오	4억7,000	-1.4%	1. 텐센트가 소유하고 있다. 2. 영화와 스포츠에 집중하고 있다. 3. 최근 자체적으로 제작하는 　예능 콘텐츠 증가 추세.
3	유쿠 비디오	4억2,000	-0.5%	1. 알리바바가 소유하고 있다. 2. 기존에 있는 콘텐츠를 온라인으로 　모아놓는 역할 중심이다. 3. 공중파 방송 콘텐츠, 다른 웹의 클립 등을 　소개한다.
4	망고TV	6,000	-1.7%	1. 국가 방송사인 후난위성의 인기 예능을 　독점 가능하다는 점이 강점이다.
5	소후 비디오	3,400	-0.8%	1. 중국 대표 포털 사이트인 소후가 운영한다. 2. 미국 드라마가 강점이다.
6	화웨이 비디오	3,100	+1.9%	1. 중국에서 스마트폰을 제조하는 화웨이가 　만든 비디오 서비스. 샤오미도 비슷한 　서비스를 내놓았다.
7	PPTV	1,700	+1.2%	1. 오프라인 유통 업계의 강자인 쑤닝이 　인수했다. 2. e스포츠에 강점을 보인다.
8	러에코 LeTV	1,000	-8.6%	1. 러에코 서비스의 중심. 2. 라이브 위주로 편성하여 콘텐츠 차별화. 3. 최근 콘텐츠 출혈 경쟁에서 한 발 뺀 상태다.

참고: 2018년 12월 기준

단위: 만 명

자료: analysys.cn

〈최호적아문〉은 27억 회에 달하는 조회수뿐 아니라 아이치
이의 자체제작 드라마 이미지 개선에 크게 공헌했다.

츠를 말한다. 드라마의 목적은 TV 방영이 아니라 독점 콘텐츠를 확
보하는 것이다. 네트워크 드라마 시장은 2015년에 TV 방영 심의가
강화되고 동영상 플랫폼 경쟁이 심화되면서 독점 콘텐츠 확보에 어
려움을 느낀 플랫폼 업체들이 비교적 저예산의 네트워크 드라마에
투자하면서 성장했다. 그 중심에 아이치이가 있었다.

　〈최호적아문最好的我们, with you〉는 아이치이가 제작한 네트워크 드라
마로서 2016년 상반기에 〈여죄〉와 함께 아이치이 자체제작 드라마
의 성공시대를 연 콘텐츠다. 조회수는 27억 회를 기록하여 높지는
않다. 하지만 보통 40편 분량인 중국 드라마 시장에서 비교적 짧은
24편으로 제작되었으니 편당 조회수는 다른 콘텐츠에 비해 월등히

✿ 그림 7-2   〈최호적아문〉과 〈노구문〉

〈최호적아문〉은 현대를 배경으로 한 중국 드라마도 성공할
수 있다는 것을 증명했고, 엑소의 레이가 주연을 맡은 〈노구
문〉은 아이치이 독점으로 VIP 방식으로 공개했음에도 117억
조회수를 기록하며 네트워크 드라마의 성공시대를 알렸다.

높다. 그리고 고등학교를 배경으로 한 청춘물임에도 불구하고 많은
인기를 끌었다는 특징이 있다. 중국에서 현대물은 인기가 없다는 편
견이 있었다. 한국 콘텐츠와 비교된다는 부담감 때문이었는데, 〈최
호적아문〉은 그 열등감을 극복한 콘텐츠로 평가받는다. 또한 2016
년, 인터넷 동영상 콘텐츠 지원 프로젝트网络视听节日内容建设专项资金扶持项目
에서 대상을 차지할 정도로 우수한 콘텐츠로 인정받아 네트워크 드
라마는 TV 방송을 탈 수 없는 질 낮은 콘텐츠라는 고정관념을 타파
하는 계기가 되었다.

　그리고 SM엔터테인먼트의 대표적인 아이돌 그룹인 엑소의 중국
멤버인 레이가 출연한 〈노구문老九门〉도 아이치이가 자체제작한 네
트워크 드라마다. 〈노구문〉은 1930년대 한 광산에서 일어난 미스터
리적 사건을 파헤친다는 내용으로 중국의 인기 드라마인 〈도묘필기
The Lost Tomb, 盗墓笔记〉의 프리퀄이었다. 참고로 〈도묘필기〉는 2015년
에 인기를 끈 아이치이의 자체제작 콘텐츠로서 〈인디아나 존스〉 풍

의 드라마이며 29억 조회수를 기록, 12편의 짧은 분량치고는 큰 인기를 거두었다.

〈노구문〉은 VIP(월정액) 가입자는 다음 에피소드를 먼저 볼 수 있는 혜택이 있었다. 조회수가 100억을 돌파했을 때는 한국에 홍보되기도 했다. 아이치이의 자체제작 드라마로서 조회수 100억은 최초였으며 아이치이와 동시에 동팡위성Dragon TV에 방영되어 동 시간대 시청률 1위를 기록하기도 했다. 또한 '중국인이 선호한 드라마'에서는 중국판 〈섹스 앤 더 시티〉인 〈환락송〉과 〈미미일소흔경성〉에 이어 3위(11%)에 오르기도 했다.

아이치이 드라마의 가장 직접적인 영향은 한류를 잠재운 것이다. 〈노구문〉은 2016년 최고의 인기 드라마 〈태양의 후예〉가 종영한 후 열기가 채 식기도 전인 7월부터 방영을 시작하면서 이전 작품의 거대한 인기를 순식간에 잠식했다. 다른 하나는 기존 IP를 가지고 후속 작품을 제작하거나 게임, 만화, 소설 등 다양한 분야를 거쳐서 활용한 것이다. 예를 들어 아이치이 자체제작 드라마는 〈도묘필기〉에서 〈노구문〉으로 인기가 이어졌는데, 〈도묘필기〉가 인기를 끌지 못했다면 〈노구문〉도 그토록 크게 성공하지는 못했을 것이다. 시리즈와 2차 상품은 더 많은 투자금을 끌어오는 힘이 되고 있다.

아이치이의 인기는 순위와 조회수 양쪽에서 증명된다. 2016년 중국에서는 모두 755편의 네트워크 드라마가 제작되었는데 조회수 상위 10개 콘텐츠 가운데 4개가 아이치이의 콘텐츠였다. 아이치이의 콘텐츠는 상위 10개 콘텐츠의 총 378억 조회수 중 246억 조회수를 기록하며 65%의 점유율을 나타냈다. 이 때문에 "오리지널 네

트워크 드라마는 곧 아이치이"라는 공식이 성립되었다.

아이치이의 전략 ②
: VIP 드라마로 유료 가입자를 확장하라

아이치이의 또 다른 특징은 VIP 독점이다. VIP 독점이란 가입자 중 VIP 등급인 사람들에게만 특정 콘텐츠를 제한적으로 공개하거나 조금 더 일찍 공개하는 것을 말한다. 아이치이 드라마에서는 VIP 독점이라는 문구가 유독 눈에 띄는데, 〈태양의 후예〉도 VIP 독점 공개를 통해서 아이치이가 재미를 많이 본 경우다. 이는 마치 한국의 웹

툰 서비스가 유료결제를 하면 다른 이용자들보다 먼저 해당 콘텐츠를 볼 수 있도록 하는 것과 같다.

아이치이는 VIP 고객들에게 〈태양의 후예〉를 TV 방영일과 같은 날에 시청하도록 하고, 일반 가입자는 그다음 주에 광고와 함께 시청하게 하는 전략으로 VIP 고객을 확보하는 데 성공했다. 아이치이는 〈태양의 후예〉의 흥행에 힘입어 2016년 여름에 VIP 가입자를 2,000만 명을 확보했다. 참고로 VIP 고객은 넷플릭스의 월 이용료처럼 매월 일정 금액인 15위안(2,500원)을 내는 상품을 등록하면 광고 없이 콘텐츠를 시청할 수 있다. 아이치이는 VIP 회원 전략으로 연간 6,000억 원에 달하는 고정 수입을 확보했다.

한국에서는 중국이 콘텐츠를 무료로 시청한다고 생각할지 모르지만 중국만큼 유료 콘텐츠를 잘 팔고 잘 사는 국가는 없을 정도다. 중국의 시청자들은 60초 동안 광고를 무조건 시청하거나 VIP 가입을 해야 한다. 광고 기반의 콘텐츠는 줄고 있어 아이치이의 경우 조회 수를 많이 기록하게 유도하기보다는 VIP 요금제에 가입시키기 위한 노력을 많이 하고 있다. 자체제작 드라마 비중을 높이는 것도 이와 같은 맥락이다.

당연하게도 아이치이는 VIP 고객이 타깃인 드라마를 더욱 늘려갈 예정이다. 궁위 아이치이 CEO는 "2016년 매출 대비 광고 수입 비중은 75%에 달했지만 이제 VIP 회원 서비스의 수익이 큰 폭으로 상승했고 앞으로 30%까지 낮아질 것"이라고 전망한 후 "수익모델을 광고가 아닌 우수 콘텐츠와 VIP 고객 유치에서 찾겠다"는 포부를 밝혔다. 실제로 아이치이는 2016년 총 249편의 드라마 가운데 61

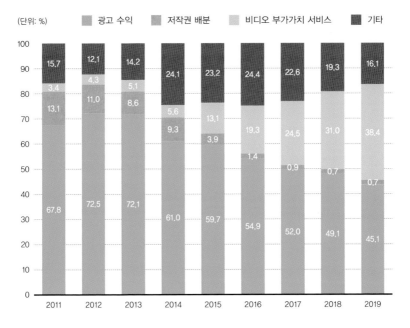

(단위: %)   ■ 광고 수익   ■ 저작권 배분   ■ 비디오 부가가치 서비스   ■ 기타

자료: 아이리서치 글로벌그룹

편으로 비중이 24.5% 수준이었던 VIP 드라마를 2017년에는 더욱 30% 이상으로 올릴 예정이다. 특히 자체제작 드라마는 53편을 제작할 예정이고 이는 자사의 VIP 드라마 10편 가운데 9편이 될 것이라고 한다.

중국에 넷플릭스가 있었다면,
아이치이 때문에 고전하지 않았을까

중국은 온라인 비디오에서만 연간 약 4,000억 조회수가 나온다. 그중 아이치이의 드라마는 1,300억 조회수를 기록하여 총 조회수의 32%를 차지할 정도로 아이치이 드라마의 영향력은 강력하다.

그렇지만 아이치이에게 조회수는 더 이상 중요한 기준이 아니다. 기업에게 중요한 것은 지속 가능한 수입원이듯이, 아이치이도 VIP 고객처럼 지속 가능하고 보장된 수입원을 확보하기 위해 콘텐츠 수익 구조를 설계하고 그에 따라 콘텐츠를 만들고 있다. VIP 서비스가 올라오면 많은 사람들이 보지 않더라도 매달 돈을 받을 수 있기 때문이다. 그게 바로 월정액 요금제의 장점이다. 불법 복제의 온상으로 생각됐던 중국에서도 월정액 요금제를 받아들이기 시작했다. 실제로 VIP 독점을 채택한 콘텐츠의 평균 조회수는 4억9,000만이었으며 아이치이의 드라마 전체 평균 조회수는 5억3,000만이었다. 조회수(회당 5~13원 사이)가 매출에 기여하는 바는 무시할 수 없지만 월정액은 더 크고 예측 가능한 매출을 창출한다는 장점이 있다. VIP 독점은 VIP 가입자를 유치하는 촉매 역할을 하기 때문에 이를 통해 가입자가 늘어나면 아이치이는 이득이다.

중국 미디어 관련 전문 리서치 회사인 아이리서치차이나 iresearchchina.com는 2017년 1월 자료에서 "2019년이 되면 동영상 광고 수입과 VIP 요금제 수입의 비중이 45.1% 대 38.4%로 매우 근접하게 될 것"이라고 전망했다.

　　2017년 아이치이는 VIP 전략에 더 가속화를 밟을 것으로 보인다. 그 예로, 아직도 타임슬립을 외치는 〈심조전세지려〉를 들 수 있다. 2017년 1월에 공개된 퓨전 사극 〈심조전세지려〉는 아이치이에서 제작하여 VIP로 공개했으며 총 6.34억 조회수를 기록했다. 특이한 점은 작품이 공개된 1월에는 VIP에게만 콘텐츠 시청을 허용했다는 것이다. 아이치이는 최고의 조회수를 기록하는 플랫폼이고 콘텐츠 규모 역시 경쟁사들을 압도할 만큼 많다. 따라서 아이치이는 더 이상 조회수에 얽매이지 않는다. 덕분에 공개 첫 달에는 VIP에게만 시청권을 주는 전략을 펼 수 있었다. 그리고 한 달 후 2월에 바로 〈심조전세지려2〉를 공개했다. 덕분에 〈심조전세지려1〉은 AVOD처럼 광고를 볼 경우 시청이 가능하지만 〈심조전세지려2〉는 VIP만 시청이 가능하여 시즌1을 본 고객들이 시즌2를 보기 위해 유료 가입을

하도록 유도한다. 그럼에도 불구하고 총 1억2,000만 회 시청했는데, 유료 과금을 하는 VIP 사용자 1,000만 명(총 12회)이 시청을 했다고 볼 수 있다. 24편으로 제작한 콘텐츠를 이렇게 1, 2로 나눠서 공개하는 아이치이의 전략도 흥미로운 부분이다.

또 하나 흥미로운 사실은 이 콘텐츠가 전형적인 OSMU(One Source Multi Use – 하나의 IP를 통해 다양한 분야에 활용)를 활용한 형태라는 것이다. 드라마뿐만 아니라, 인기에 힘입어 게임, 소설 등으로 동시에 확장했다.

한국에서도 〈화랑 더 비기닝〉이 나왔을 때 드라마를 기반으로 한 게임이 나온 적이 있었으나, 중국을 타깃으로 만든 게임이었기 때문에 사드 여파로 〈화랑 더 비기닝〉 자체가 중국 진출에 성공하지는 못했다. 하지만 시도는 매우 훌륭했다.

이런 IP를 활용하여 매출을 확대하는 모습은 할리우드 영화에서나 보였던 모습으로 모든 미디어로 확대하는 전략은 전 세계적으로 중국에서 가장 활발하다. 아이치이는 드라마가 기반인 게임이나 소설 등을 구매할 수 있는 웹마켓이 바로 연결된다. 중국은 아이치이를 중심으로 온라인 콘텐츠 비즈니스 모델에 눈뜨고 있는 것이다.

아이치이의 전략 ③
: 대만을 글로벌 진출의 교두보로 활용하라

지금까지 읽은 독자들은 결국 중국이라서 가능한 이야기라고 생각할 수 있다. 하지만 과연 그들만의 이야기일까?

가까운 대만의 예를 들어보자. 대만은 지상파 5대 방송국의 점유율이 20%도 되지 않는다. 한국의 KBS, MBC, SBS와 같은 채널이 15개가 넘고, 케이블 채널은 더욱더 많다. 방송 규제가 없다시피하다 보니 광고가 남발되는 경향도 있다.

결국 지상파 방송을 보지 않게 되었고, 해외 케이블 채널들이 난립하게 되었다. 그런 와중에 2017년 1월 대만의 아이폰 제조사로 유명한 폭스콘(2015년 매출만 150조 원인 거대한 제조 기업. 참고로 삼성전자의 총 매출은 200조 원)이 밴돗BandOTT이라는 셋탑박스를 출시하게 된다. 3개월 콘텐츠 사용료만 내면 안드로이드 TV 기반의 셋탑박스를 무료로 제공하는 비즈니스 모델이었다. 고객에게는 돈을 받지 않고, 콘텐츠 사업자들의 매출 중 일정 부분을 공유받는 매출 공유(Revenue Share 이하 RS) 모델을 선보인 것이다.

왜 이런 이야기를 할까? 그렇다. 그 콘텐츠 사업자에 아이치이가 들어가 있기 때문이다. 3개월치의 요금, 한국 돈으로 2만2,000원(월 7,000원 수준)만 내면 아이치이를 3개월 동안 무료로 시청할 수 있는 것이다.

사실 이용자들은 아이치이가 아닌 대만 내 영화/TV드라마를 서비스하는 캐치플레이CATCHPLAY를 선택할 수도 있다. 넷플릭스도 서비스하고 있으나, 넷플릭스의 RS 모델이 폭스콘의 요구 사항을 들어주지 못했다고 한다.

출시한 지 한 달 만에 벌써 100만 세트를 대만 내 가구에 공급한 밴돗의 사용 로그를 보게 되면 놀라지 않을 수가 없다. 무료 서비스

❖ 그림 7-7 밴돗의 월정액 요금제

❖ 그림 7-8 밴돗의 고객 사용 로그

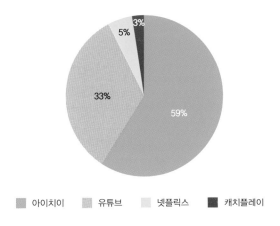

참고: 2016년 4월 전 세계 매출액 기준

자료: App Annie

인 유튜브보다도 아이치이의 시청 횟수가 더 많다. 아이치이를 무료 서비스인 유튜브보다도 80% 이상 더 시청한 것이다. 넷플릭스의 비중은 아이치이에 비하면 8%도 되지 않는다. 같은 프로모션을 했던 캐치플레이의 비중은 미비하다. 가격이 문제라고 생각할 수 있는데, 필자는 콘텐츠의 힘이라고 생각한다.

대만 아이치이는 대만의 인기 콘텐츠인 High 5를 비롯하여 아이치이의 오리지널 콘텐츠 그리고 한국 방송사들과 계약한 콘텐츠들을 공급한다. 대만의 고객들을 타깃으로 한다면, 넷플릭스보다 나으면 낫지 못하지 않은 상황이다. 게다가 월 7,000원의 가격은 넷플릭스가 서비스하고 있는 월 1만2,000원보다 저렴하다. 고화질 VOD 서비스가 발달하지 않은 대만에서는 충분히 어필할 수 있다.

아이치이의 한국 상륙 전에
한국 기업이 알아야 할 것들

만약 아이치이가 한국에 들어온다면 어떻게 될까? 한류에 대한 제재가 없어진다는 가정하에, 한국 IPTV 3사 및 케이블 업체들보다 많은 돈을 지불하는 아이치이가 한국의 지상파/케이블 VOD 저작권까지 가지게 된다면 말이다. 한국 넷플릭스가 하지 못했던 일을 아이치이는 해낼지도 모른다. 하지만 한한령이 완화된다는 가정을 한다면 한국 콘텐츠에 투자하는 것과 함께 한국 시장 진출의 꿈을 꾸게 될지도 모른다는 생각이 든다. 가장 손쉬운 글로벌 시장 확장의 단계가 될지도 모르니 말이다.

우리는 중국에 콘텐츠를 수출하지 못하는 것을 걱정해야지만, 아이치이 사례를 통해 어떻게 하면 한국 시장을 지켜낼 것인가에 대한 고민도 함께 해야 한다. 아이치이는 한류가 없는 사이에도 텐센트 비디오와 격돌할 준비를 차곡차곡 하고 있다.

넷플릭스편에서 한 번 언급했지만, 넷플릭스 콘텐츠는 향후 아이치이의 새로운 콘텐츠로 공급될 예정이다. 아이치이는 넷플릭스가 한국 콘텐츠보다 더욱 강력한 무기라고 생각할 수도 있다. 아이치이는 워너 브라더스와 200개가 넘는 영화에 대한 독점계약을 했다. 〈해리포터〉, 〈반지의 제왕〉, 〈그라비티〉, 〈고질라〉, 〈위대한 개츠비〉 등에 대한 계약이다. 2017년에 이들이 투자할 비용은 넷플릭스의 25% 수준인 15억 달러 수준이다. 중국만 상대하는 그들에게 적지 않은 금액이다.

그런데 아이치이와 치열한 경쟁을 펼치고 있는 텐센트 비디오는 어떠한 전략을 가지고 있을까? 다음 장에서는 QQ로 대변되는 텐센트 비디오에 대해서 알아보도록 하겠다.

중국 가입자	텐센트의 모든 서비스 이용자 30억 명, 위챗 8억2,000만 명, QQ 5억7,000만 명, 텐센트 비디오 4억7,000만 명(유료 서비스 신규가입자 월 7,000만 명 돌파)
2016년 매출	219억5,000만 달러(추정치, 약 24조5,600억 원)
서비스 국가	중국
플랫폼 형태	AVOD + SVOD
특징	오리지널 드라마, 영화, NBA농구, 해외 영화
한국과의 관계	한국에서 가장 많이 쓰는 중국 서비스
경쟁 기업	아이치이

8장

텐센트

전 세계 인구의 절반이 텐센트로 통通한다

Tencent

90년생 이후는 QQ로 통한다

텐센트만큼 중국 내 모바일 시장에서 가장 큰 장악력을 가진 회사도 없을 것이다. 앞부분을 보고 비디오 스트리밍은 아이치이라고 생각할 수 있겠으나, 사실 미디어 서비스 영역의 최고 승자는 텐센트다.

중국에는 월 사용자가 8억2,000만 명에 달하는 생활 플랫폼이 있다. 바로 위챗WeChat이다. 위챗은 한때 중국판 카카오톡이라고 불렸지만 이제는 사용자 규모가 엄청나게 증가했고 여러 금융 서비스를 담고 있는 플랫폼이 되었다. 위챗에는 알리페이와 함께 중국 온라인 결제 서비스로 쓰이고 있는 위챗페이WeChat Pay 혹은 텐페이Ten Pay라 불리는 서비스가 내장되어 있다. 웨이보Weibo와 함께 가장 많이 쓰이는 소셜 서비스인 모멘트가 내장되어 있기도 하다.

중국에서 텐센트의 서비스를 쓰는 사용자는 30억 명이 넘는다. 위챗보다 텐센트의 게임 메신저로 먼저 사용되었던 QQ메신저는 텐센트의 미디어 서비스가 성장함에 따라 다시금 가입자가 증가하여 2017년에는 월 5.5억 명이 사용하는 서비스로 성장했다. 페이스북

이 인스타그램과 함께 성장하는 것처럼 텐센트도 이러한 투 트랙 전략을 고수하고 있다.

QQ라는 브랜드는 1999년에 나온 메신저 서비스인데, 이제는 중국의 젊은이들이 쓰는 대표적인 소셜 미디어 플랫폼이 되었다. 위챗은 생활수단, 큐큐는 문화생활의 수단이라고 보면 이해하기 쉽다.

텐센트의 서비스는 QQ라는 도메인을 통해서 시작됐다. 게임을 한다면 Game.QQ.com, 뮤직은 Y.QQ.com, 비디오는 V.QQ.com, 이메일은 Mail.QQ.com, 뉴스는 News.QQ.com이다. 이 웹서비스들이 모두 어플리케이션화되어 중국 시장을 장악한 것이다. 이런 부분은 미국의 구글과 비슷하다. 모든 도메인이 QQ를 중심으로 파생된다. 감히 이야기하건대 전 세계에서 한 회사가 모바일 앱으로만 30억 명의 월간 사용자를 보유하고 있는 회사는 텐센트밖에 없다. 그중 가장 많이 사용되어 QQ의 대표 아이콘이 된, 텐센트의 비디오 서비스인 텐센트 비디오에 대해서 살펴보자.

❖ 표 8-1   텐센트의 서비스 목록. 텐센트 서비스들은 대부분 QQ라는 브랜드를 사용한
다.

서비스	분류	월 사용자
위챗	소셜 네트워크	8.4억 명
QQ	소셜 네트워크	5.4억 명
텐센트 비디오	비디오	2.5억 명
쿠고 뮤직(Kugou 뮤직)	모바일 뮤직	2.4억 명
QQ 브라우저	브라우저	2.4억 명
텐센트 매니저	보안	2억 명
텐센트 앱스토어	앱스토어	1.9억 명
큐큐 뮤직	모바일 뮤직	1.7억 명
텐센트 뉴스	뉴스	1.6억 명
익스프레스 에브리데이 (Express everyday)	뉴스	0.7억 명
와이파이 키퍼	와이파이	0.6억 명
QQ 리더	리딩	0.4억 명
QQ 스페이스	소셜 네트워크	0.4억 명
내셔널 K-song	모바일 뮤직	0.4억 명
QQ 메일박스	이메일	0.4억 명

자료: Analysys.cn 2017년 8월

텐센트의 전략 ①
: 핵심 고객을 위해 모든 UX와 UI를 바꾼다

텐센트 비디오의 장점은 무엇보다 이용자층이 젊다는 것이다. 텐
센트 비디오는 바이두와 마찬가지로 텐센트의 미래다. 중국의 젊은

세대들, 특히 90년대에 태어난 주링허우(90년생)와 주우허우(95년생)를 잡느냐 못 잡느냐가 앞으로 미디어 비즈니스의 승패가 될 것으로 보고 있다.

중국은 쇼핑, 게임 등의 모든 서비스를 비디오로 시작한다. 옷이 팔리려면 드라마에서 주인공이 입어줘야 한다. 성공한 드라마가 게임으로 나오는 것은 이제 당연한 흐름으로 인식되고 있다.

현재 중국에서 가장 인기 있는 미국 스포츠는 NBA다. 그런 NBA를 실시간으로 중계하고 게임으로 서비스하는 회사도 텐센트다. 텐센트 비디오의 TV 시리즈 첫 화면을 보면 1위 사업자인 아이치이와 무엇이 다른지 확연히 드러난다.

〈그림 8-2〉에서 보듯이 텐센트 비디오의 TV 시리즈 메인 화면에서는 콘텐츠와 배우를 위주로 탐색이 가능하다. 배우 얼굴의 오른쪽 상단에 있는 불꽃 표시는 가장 '핫하다'는 의미다. 텐센트 비디오는 현재를 소비하는 것에 집중하고 있다.

중국 젊은 세대들은 과거를 바라보지 않는다. 방영이 끝난 지 3개월만 되어도 조회수의 증가세는 매우 느려진다. 과거 콘텐츠의 감상에 젖지 않고, 지금 어떤 콘텐츠가 가장 뜨거운지 알고 싶어 한다. 중국에서 넷플릭스가 출시된다면 이 부분부터 해결해야 한다. 중국의 젊은 세대들은 한국보다 콘텐츠를 소비하는 속도가 무척이나 빠르고, 그만큼 빨리 잊어버린다. 그래서 텐센트 비디오는 콘텐츠 디스커버리Content Discovery에 있어서 트렌드와 인기 스타를 가장 중요한 요소로 선정하여 UX/UI를 구성한다.

✿ 그림 8-2　텐센트 비디오의 TV시리즈 메인 화면

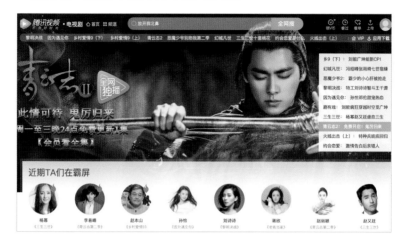

자료: 텐센트

✿ 그림 8-3　아이치이의 TV시리즈 메인 화면

텐센트의 분류 기준은 당시 인기 절정의 연예인이다. 반면
에 아이치이의 콘텐츠 분류 기준은 시간과 장르다. 텐센트
는 지금 가장 「핫한 콘텐츠」를 중시하는 반면에 아이치이는
소비자가 현재와 함께 과거도 소비하도록 유도한다는 차이
가 있다.

VIP 콘텐츠를 볼 수 있다는 것과 광고 뛰어넘기, 그리고 영
화라는 장점을 강조하고 있다.
출처: 텐센트

텐센트의 전략 ②
: 자체제작과 네트워크 영화로 고객과 리스크를 모두 잡아라

바이두의 아이치이와 마찬가지로 텐센트도 2016년 11월 VIP 가
입자가 2,000만 명을 돌파했다. 2017년에는 3,000만 명 가입자도
돌파할 것으로 예상된다. 참고로 중국에서 VIP 서비스라고 부르는
VOD 형태는 넷플릭스나 아마존 프라임 비디오와 같은 SVOD 서
비스와 같은 뜻이다. 다시 말해 텐센트의 SVOD 고객이 3,000만 명
을 넘었다는 것인데, 한국을 기준으로 봤을 때 무척 큰 규모지만 아

〈재견미인어〉는 주성치의 〈미인어〉 후속작이 아니다. 그러
나 〈미인어〉 이후로 2016년 상반기에 인어 관련 영화·드라
마가 쏟아지기 시작했다. 물론 그 안에는 〈푸른 바다의 전설〉
도 있다.

이치이의 이용자 규모에 비하면 여전히 크지 않다. 하지만 텐센트의 이용자 규모를 결코 무시할 수 없는 이유가 있다. 그것은 바로 텐센트의 성장 속도와 아이치이와의 차별화된 콘텐츠 성향이다.

현재 텐센트 비디오는 아이치이보다 비중이 훨씬 적긴 하지만, TV 시리즈의 자체제작 드라마 비중을 높이고 있어 곧 격차가 줄어들 것이다. 두 업체의 투자 수준은 비슷한데, 텐센트가 아이치이보다 영화와 예능 분야에 집중적으로 투자를 하고 있다. 텐센트는 아이치이가 네트워크 드라마에 투자할 때 영화에 투자했기 때문에 아이치이보다 영화 라이브러리가 많다. 텐센트 비디오는 미국의 넷플릭스처럼 영화와 드라마의 밸런스가 좋은 편이다. 또 자체제작 콘텐츠에서도 선전했다. 아이치이에 〈노구문〉이 있었다면 텐센트에는 〈재견미인어再见美人鱼〉가 있었다.

〈재견미인어〉는 2016년 초에 주성치의 〈미인어〉가 역대급으로 히트하자 발 빠르게 만든 네트워크 영화로, 상·하로 나누어져 있으며 각각 60분씩, 총 2시간으로 구성되어 있다. 광고로는 시청이 불가능한 VIP 전용 영화임에도 2억5,000만이라는 조회수를 기록하여 웹 영화의 선두 주자가 되었다. 반면에 아이치이에는 2016년부터 2017년까지 조회수가 1억을 넘긴 네트워크 영화가 없다.

네트워크 영화의 장점은 드라마에 비해 비교적 심의에서 자유롭다는 것이다. 무분별한 콘텐츠가 난입하면서 2016년 11월부터 폭력물·동성애 등의 표현이 과한 네트워크 드라마는 모두 삭제되었고 TV드라마와 동일한 심의 수준을 거치게 되었다. 또한 네트워크 드라마가 TV드라마를 위협하는 수준으로 올라오면서 제작비도 덩달

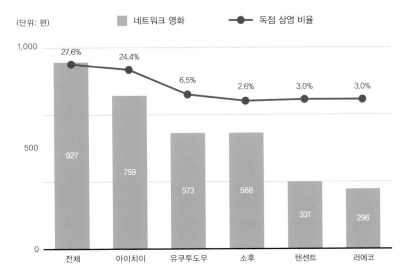

✿ 그림 8-6   2016년 상반기 각 플랫폼에 올라와 있는 네트워크 영화 수량과 독점 방영
수량의 비중

(단위: 편)   ▮ 네트워크 영화   ━●━ 독점 상영 비율

1,000

27.6%

24.4%

6.5%   2.6%   3.0%   3.0%

500

927

759

573   568

331   296

0

전체   아이치이   유쿠투도우   소후   텐센트   러에코

텐센트는 가장 히트한 영화를 제작했고 영화 부문에서 최고
조회수를 기록하기도 했다. 그런데도 네트워크 영화 부문에
서 4위에 그친 이유는 대부분의 네트워크 영화들이 다양한
플랫폼에서 상영되었기 때문이다.

자료: goo.gl/Cz9MO0)

아 상승했는데, 이에 네트워크 영화가 네트워크 드라마의 대안으로
떠올랐다.

네트워크 드라마 한 시즌을 제작할 수 있는 비용으로 20편 이상
의 네트워크 영화를 제작할 수 있게 된 것이다. 보통 40분을 기준
으로 40편 분량을 1,600분 정도로 제작하는 드라마에 비해 네트워
크 영화는 짧게는 60분, 길게는 두 편으로 나누어 120분 정도로 되
어 있다. 리스크를 분산한다는 측면에서 영화는 드라마보다 나은 선

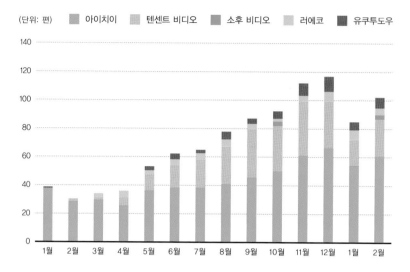

❖ 그림 8-7   2016~2017년 2월 각 플랫폼별 네트워크 영화 독점 방송 수량

(단위: 편)   ■ 아이치이   ▨ 텐센트 비디오   ■ 소후 비디오   ▨ 러에코   ■ 유쿠투도우

전체 상영 분량에서 아이치이보다 못 미치고 있지만 텐센트
는 독점 콘텐츠를 꾸준히 제작하고 있다.
자료: http://mt.sohu.com/20170311/n483035708.shtml

택이 될 수 있다. 그렇다면 과연 텐센트가 네트워크 영화도 많이 제
작·투자하는지 궁금해진다. 답은 '물론 그렇다'이다. 〈그림 8-6〉을
보면 2016년 상반기 네트워크 영화는 아이치이가 꽉 잡고 있었다.
하지만 텐센트가 무척 빠른 속도로 아이치이를 추격하고 있다. 〈그
림 8-7〉을 보면 실감이 날 것이다.

텐센트는 할리우드 영화를 많이 수급하면서 영화 카테고리에서는
누구도 따라올 수 없는 조회수를 기록하고 있다. 네트워크 전체 영
화 규모로만 본다면 여전히 아이치이가 높지만, 조회수만 본다면 텐
센트를 아이치이가 뒤쫓고 있는 형국이었다. 2017년 2월에 VIP 전

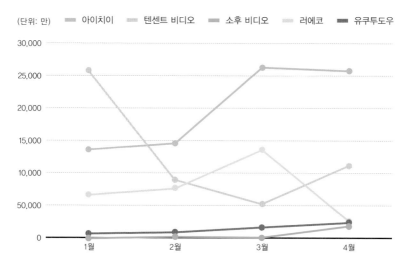

❖ 그림 8-8 각 플랫폼의 네트워크 영화 총 조회수

(단위: 만) ━ 아이치이   ━ 텐센트 비디오   ━ 소후 비디오   ━ 러에코   ━ 유쿠투도우

참고: 2017년 1분기 기준
아이치이가 2월 이후부터 조회수 면에서 앞서고 있으나 VIP
전략으로 선회한 텐센트 비디오는 아이치이의 네트워크 드
라마만큼 조회수가 중요한 것이 아니다.

략을 강화하기 전까지, 또 콘텐츠 검열이 강화되기 전까지 텐센트
비디오는 조회수에서 2016년 네트워크 영화 시장의 1인자였다. 네
트워크 영화는 극장과 네트워크 드라마의 상향평준화라는 효과를
내는 촉매제임이 분명하다. 앞서 아이치이 편에서 언급했던 〈노구문
〉의 경우 2016년 10월에 네트워크 영화로 특별판이 제작되기도 했
다. 기존 〈노구문〉의 조회수를 견인하기 위한 새로운 콘텐츠를 만든
것이고, 〈노구문〉 2편을 기다리는 시청자들의 기대감을 높이기 위
한 것이었지만, 2017년부터는 이런 즉각성이 떨어질 가능성이 높
다. 이제는 네트워크 영화도 네트워크 드라마와 같은 기준의 검열을

받게 되었기 때문이다.

　그러나 텐센트 비디오에는 네트워크 영화만 있는 것이 아니다. 앞서 이야기한 것처럼 최신 할리우드 영화를 볼 수 있는 곳은 단연 텐센트이며 특히 파라마운트의 영화는 텐센트 비디오에서 봐야 한다. 파라마운트는 미국에서 힘을 잃고 있지만, 중국에서만큼은 디즈니 못지않은 영화사로 자리 잡고 있다. 중국 내 개봉작인 〈트리플 엑스 리턴즈〉는 중국에서 미국 대비 4배가 넘는 매출을 기록했으며, 중국 역대 해외 영화 3위는 〈트랜스포머: 사라진 시대〉로 중국에서만 북미 흥행을 뛰어넘는 3억 2,000만 달러(약 36,000억 원)을 넘게 벌었다. 미국에서는 여전히 흥행 보증 수표나 한국에선 힘이 떨어진 톰 크루즈의 〈미션 임파서블〉 시리즈도 중국에서는 크게 흥행하는 콘텐츠 중 하나다. 전 세계에서 망해도 중국에서만 성공하면 제작비를 뽑을 수 있다. 대표적으로 〈워크래프트〉, 〈레지던트 이블: 파멸의 날〉, 〈그레이트 월〉 등을 꼽을 수 있다. 〈트랜스포머: 최후의 기사〉를 가장 빨리 온라인에서 보고 싶다면 텐센트 비디오로 가면 된다.

　2016년 4월, 텐센트는 파라마운트 영화를 독점 상영할 수 있는 권리를 얻었고 소니와 MGM이 소유하고 있는 〈007〉 시리즈까지 확보했다. 2016년 가장 많은 네트워크 영화를 확보하는 데에는 실패했지만 최신 할리우드 영화를 확보하는 데 성공한 것이다. 이런 독점 콘텐츠 확보는 텐센트가 가장 잘하는 분야다. 2017년에 아이치이가 넷플릭스나 워너 브라더스와 협약을 맺은 이유도 이 때문이다. 이에 더해 아이치이가 텐센트 비디오를 따라잡을 수 없는 분야가 있다. 바로 스포츠 스트리밍 서비스다.

텐센트의 전략 ③
: 스포츠 스트리밍 서비스로 광고 시장을 장악하라

경기 대부분이 실시간으로 방송되는 미국을 제외하고 NBA를 가장 많이 시청하는 국가는 어디일까? 바로 중국이다. 텐센트는 2012년 미국에서 인기 있는 스포츠 게임 제작사 중 하나인 2K Sports와 함께 〈NBA2K ONLINE〉이라는 게임을 제작해서 서비스하고 있다. NBA는 중국 전역에서 흥행한 게임이고 국가적으로도 많이 시청하는 스포츠다. NBA의 중국인 선수로는 일곱 시즌밖에 뛰지 않았지만 올스타 경기와 휴스턴 로케츠의 명예의 전당에 오른 야오밍이 있으며, 대만계 미국인이지만 중국에서 활동하는 제레미 린이 현재 NBA에서 스타플레이어로 뛰고 있다. 야오밍이 은퇴한 휴스톤 로케츠는 여전히 중국에서 가장 인기 있는 팀이다. 휴스턴 로케츠의 제임스 하든을 모델로 내세우고 있는 아디다스는 중국 내 매출이 매년 30% 가까이 성장하여 2015년에는 미국 매출을 위협하는 수준에 이르렀다. 아디다스 외에도 NBA 스타를 후원하고 있는 나이키와 언더아머의 중국 매출은 매년 가파르게 성장하고 있다. 많은 매출을 올리는 지역에 많이 광고하는 것은 당연하다. 2015년 이전 NBA 경기를 중계하는 플랫폼은 웨이보weibo.com로 유명한 시나Sina.com와 텐센트, 그리고 러에코 이 세 곳이었다. 시나는 2010년부터 3년간 NBA에 매년 700만 달러(약 80억 원)를 지불하고 매일 경기를 중계했고 텐센트는 매주 두 번, 러에코는 특정 경기만을 중계하는 구도였다.

2015년, 텐센트는 큰 투자를 하게 된다. 텐센트 스포츠만을 통해

텐센트는 NBA의 온라인 게임을 서비스하는 동시에 NBA를
독점 중계한다.
자료: 텐센트

서 NBA를 보게 만드는 전략을 세운 것이다. NBA에게 5년간 5억
달러(약 5,600억 원)을 지불한 뒤 '텐센트 스포츠는 곧 NBA'라는 공
식을 완성했다. NBA와 계약이 성사된 지 2년이 지난 2017년에 텐
센트가 발표한 자료에 따르면, 2015년부터 2016년까지 텐센트로
NBA를 시청한 누적 이용자 수는 4억 명에 달한다고 한다. 전체 하
이라이트까지 포함한 조회수는 200억 회가 넘어갔고, 그 수치는 앞
으로 더욱 증가할 것이다.

북미 다음으로 가장 큰 시장이 되어버린 스포츠 어패럴 시장의 광
고는 텐센트 스포츠로 몰릴 것이다. 텐센트는 광고 수익만으로 투자
금을 회수할 수 있겠지만 2016~2017 시즌에 앞서 텐센트 스포츠
의 NBA 중계를 월 30위안(약 5,000원)의 금액을 내야 볼 수 있도록
유료화했다.

텐센트 스포츠는 글로벌 서비스를 제공하고 있는 NBA 리그패스
의 절반 가격이지만 연간 1,230 경기를 하는 NBA 경기를 기존 4억

플랫폼	제공 내용	가격
텐센트(Sports.qq.com)	하루에 한 경기만 시청 가능	월 30위안 (약 5,000원)
텐센트(Sports.qq.com)	모든 경기 시청 가능	월 90위안 (약 1만5,000원)
NBA 리그패스(글로벌)	하루에 한 팀의 경기만 시청 가능	월 8.99 달러 (약 1만1,000원)
NBA 리그패스(글로벌)	모든 경기 시청 가능	월 22.99 달러 (약 2만8,000원)

명이 본다고 하면 경기당 평균 시청자 수는 32만 명이다. 6개월간 시청자 수는 2,880만 명인데, 약 5달러라는 최저 기준을 가정하여 계산하면 1억4,400만 달러라는 매출이 나오게 된다.

2017년 중국의 춘절은 NBA가 공식적으로 춘절을 기념하여 이벤트를 연 지 6년째 되는 시기다. NBA.com의 2017년 3월 1일 자료를 참고하면 2017년 중국 춘절 이벤트는 1월 27일부터 2월 12일까지 진행되었는데, 매우 의미 있는 기록들이 여러 개 나왔다. 이번 2017년 춘절 기념 이벤트는 모든 부문에서 2016년 대비 20% 이상을 상회하는 결과를 낳았으며, 중국 내 온라인 몰Tmall.com, JD.com, NBAStore.cn에서는 판매가 전년 대비 14% 증대됐다. 디지털 광고의 승자는 단연 텐센트 비디오였다.

중국 내에서 NBA를 가장 좋아하는 세대는 역시 90년대에 태어난 이들이다. 텐센트 비디오의 스포츠 콘텐츠 전략은 다른 비디오 플랫

◆ 그림 8-10　텐센트와 NBA 계약 기념사진

광고를 포함한 NBA2K ONLINE과 부가 수익까지 고려해보면, 텐센트가 NBA와 맺은 5년에 5억 달러 계약은 무척 저렴하다. 향후 3년간 텐센트의 이 계약은 신의 한 수라는 평가를 받을 것이다.

자료: 텐센트

폼 사업자들에 비해 명확하고 강력하다. 마이클 조던 이후 유례없는 포인트가드 천하가 생겨나면서 중국·필리핀·일본 시장으로 국한되었던 농구가 전 세계적으로 인기를 끌기 시작했다. 3점슛과 드리블의 마법사 스티븐 커리, 매일 트리플더블을 만드는 러셀 웨스트브룩, 유로 스텝의 완성형이라 불리는 수염 난 에이스 제임스 하든이 전 세계적인 관심을 일으키고 있다. 세계적인 인기를 구가하는 NBA를 농구의 나라 중국으로 끌어들인 텐센트의 전략은 그야말로 신의 한 수로 평가된다.

242

2017년 NBA
중국 춘절 이벤트의 기록들

12억6,000만 개의 해시태그(#)   17일의 진행 기간 동안 #NBACNY 해시태그가 소셜 미디어 포스트는 12억6,000만 개에 이르렀다. 전년 대비 75%가 상승했다.

8억5,500만 건의 스트리밍   중국에서 재생된 비디오 스트리밍의 건수는 유료 전환에도 불구하고 전년 대비 35%가 상승했다. 일평균 5,000만 건의 조회가 있었다는 이야기다.

3억100만 건의 TV 시청자 수   텐센트는 NBA의 디지털 스트리밍만을 독점하고 있으며 물론 TV로도 NBA 중계 방송은 시청할 수 있다. 일평균 1,700만 명이 시청했다는 것인데, 이 숫자는 평균 1,000만 명인 미국 전국 방송 시청자 수를 상회하는 수치다.

1억2,700만 건 페이지 뷰   전년 대비 20% 이상 상승했으며, 1억 2,700만 건의 페이지 뷰가 발생했다고 한다.

　상대적으로 한국에서도 인기가 높아지긴 했지만 어느 순간 스포츠는 틈새시장으로 변하고 있다. 한국에선 네이버가 NBA 농구를 중계하고 있지만 무료 중계인 만큼 모든 경기를 볼 순 없다. 물론 NBA 리그패스를 글로벌 가격으로 구입하는 것은 가능하지만, 국내에서 텐센트와 같은 서비스를 기대하긴 힘든 것일까?

　아이치이, 러에코와 달리 텐센트 비디오나 텐센트 스포츠는 글로벌 확장에 조용한 편이지만 방심은 금물이다. 텐센트가 함께 글로벌

NBA중계를 보면 심심치 않게 'Sports.QQ.com'이라는 문구를 볼 수 있다. 휴스턴 로키즈, 골든 스테이트 워리어스 등 중국에서 특히 인기 있는 팀의 백보드 위에 표기되어 있다. 이 문구는 텐센트 미디어의 두 번째 핵심 중추인 텐센트 스포츠의 도메인 주소다. 경기 중 리바운드 싸움이나 득점 리플레이 화면에서 시청자에게 꾸준히 노출되어 각인 효과를 준다.

확장에 나설 경우 한국 기업에게는 가장 무서운 경쟁 상대이자 가장 적극적으로 협력해야 할 대상이 될 것이다.

앞서 설명했듯이 텐센트는 자체적으로 완벽한 에코 시스템을 갖추고 있다. 결제 시스템부터 게임·영화·드라마·스포츠, 그리고 중국 내에서 가장 인기 있는 QQ MusicY.qq.com과 Kugou Music까지 전부 서비스하고 있다. 경쟁자인 샤오미의 MIUI Music의 경우, 2017년 3월 워너뮤직과 음원 계약을 맺었지만 여전히 중국 내에서 3인자로 고전 중이다. 중국 내 경쟁자가 없는 텐센트의 뮤직 서비스는 이미 세계 시장을 향해 가고 있다.

텐센트의 전략 ④
: 뮤직 플랫폼에 비디오를 얹어라

홍콩·말레이시아·인도네시아·태국에서 가장 인기 있는 음악 스트리밍 서비스는 애플 뮤직이나 스포티파이, 구글이 아닌 텐센트의 JOOX이다.

JOOX는 텐센트 뮤직, 즉 QQ Music의 글로벌 브랜드다. 재생 UX도 크게 다르지 않지만 영어권 사용자에게 최적화된 느낌이다. 보통 한국에서는 서비스 업계 1위를 달성하면 '한국은 좁으니 아시아 진출을 하겠다'는 선언을 많이 하며, 실제로 몇몇 기업은 그런 포부를 가지고 있다. 그러나 홍콩, 말레이시아, 인도네시아, 태국에서 뮤직 스트리밍 서비스를 꿈꾸고 있다면 다시 생각해보는 것이 좋을 것이다. 인터넷 기반 서비스가 폭발적으로 성장하고 있기 때문이다. 예를 들어 비디오 서비스의 경우 뷰(PCCW; 홍콩 사업자), 아이플릭스(호주 자본), 훅(싱가폴 1위 모바일 사업자인 싱텔과 타임워너, 소니 합작) 등이 넷플릭스와 치열하게 경쟁하고 있다.

뮤직 서비스는 앞서 이야기한 텐센트가 시장을 장악했다. 홍콩은 로컬 사업자인 PCCW의 MOOV가 기존 뷰의 성공 사례를 바탕으로 동남아시아 시장을 목표로 하고 있다. 하지만 2016년 말을 기준으로 위의 네 개 지역에서 승리한 것은 2,500만 가입자를 확보한

JOOX다. 2017년 3월 기준으로 60개국에서 1억 명이 넘는 사용자와 5,000만 유료 가입자를 확보한 스포티파이도 월 순수 이용 사용자는 QQ Music의 절반 수준으로 예상된다.

텐센트는 음악 서비스를 이용해 중국을 넘어 해외 진출을 꾀하고 있다. 중국 시장보다 해외 시장의 성장 속도가 더 빠르기 때문이다. 특히 앞서 언급했던 홍콩, 말레이시아, 인도네시아, 태국 외에 베트남은 중국의 영향력이 가장 높고 한·중 뮤직을 사랑하는 국가다. 텐센트의 QQ가 그렇듯, JOOX는 YG엔터테인먼트와 같은 한류 아티스트들이 타깃이다. 독점하고 있는 중국 시장은 성장 속도가 더디다. 7억 인터넷 인구 중에 5억 명이 가입해 있다. 무료로 가입할 사람은 이미 다 가입했다는 의미다. 유료 가입자는 1,000만 명 수준이다. 이 때문에 이미 본인들이 내고 있는 라이선스 비용에 다른 지역을 추가해도 큰 문제는 되지 않는다. 오히려 라이선서들은 그런 계약을 선호한다. 또 앞서 얘기했던 애플 뮤직처럼 JOOX에 텐센트 비디오가 들어가 뮤직 플랫폼에 비디오를 얹을 가능성도 있다. 한국에서도 벅스뮤직과 푹(Pooq; 지상파 연합이 만든 동영상 스트리밍 서비스)의 결합 모델이 소개되기도 했는데, 한국은 비디오 서비스보다는 뮤직 서비스가 더 유료화하기 좋다. 동남아에서는 둘 다 성장하고 있는 중이지만 음악 서비스의 강력한 선두 주자는 없다. 그런 상황에서 JOOX가 출시되고 텐센트 비디오가 유료 모델로서 결합한다면 지금 동남아에서 활동하는 온라인 비디오 플랫폼 서비스들은 모두 물러나야 할 것이다.

한국 기업을 위한 조언
: 텐센트와의 경쟁은 피하라

텐센트는 이 책의 핵심인 '글로벌 콘텐츠를 만들고 배급하기 위해서 무엇을 해야 하는가'와 관련하여 우리가 꼭 고민해보고 도전해봐야 할 기업이다. 하지만 사드의 영향이 사라진 뒤 한중 관계가 회복되어 처음으로 한국 콘텐츠를 중국에 팔고 싶은 사업자라면, 텐센트나 아이치이와 맞붙는 것은 피하는 게 좋다. 그들은 이미 한류가 아닌 자신들만의 투자 로드맵이 정해져 있으니 말이다. 2017년 4월, 프랑스 밉티비 마켓에서 본 유일한 중국 비디오 플랫폼 업체는 텐센트와 아이치이였다. 그들은 콘텐츠를 팔기 위해 나왔다. 과거 텐센트와 아이치이는 중국의 유튜브라고 불렸지만 이제는 중국의 넷플릭스로 성장했다. 콘텐츠를 만들고 공급할 곳을 찾는 플레이어이며, 공급할 곳이 없다면 대만과 동남아시아처럼 자신들이 차릴 수도 있다. 러에코는 무리하게 미국을 향해 도전했지만 동남아시아는 여전히 중국에게 기회의 땅이다.

그러기 위해서 우리가 준비해야 할 것은 무엇일까? 한한령 이후 중국에는 과연 한류가 존재하는가? 중국의 콘텐츠 성장은 앞으로 우리를 어떻게 위협할 것이며 만약 그렇다면 우리는 어디를 타깃으로 해야 하는지에 대해서 논해야 한다. 우리는 한국 콘텐츠의 현실을 냉철하게 이해하여 앞으로의 콘텐츠 전략을 짜야 하며 향후 어떤 국가 전략이 필요한지에 대해서도 생각해야 한다.

영화·드라마 제작사가 반드시 알아야 하는
넷플릭스의 선호 콘텐츠: BM KST

Binge Watching _ 몰아보기

Multi Genre _ 장르·프로그램 특징

Korean Dramas _ 한국 드라마

Season _ 드라마 시즌제

Trend - SVOD _ 트렌드 - 구독 주문형 비디오 서비스

동남아에 뜨는 별

뷰 Viu _ 넷플릭스가 아시아에서 먼저 넘어야 할 산

아이플릭스 iflix _ 공식적으로 아시아의 넷플릭스 대항마로 선택되다

훅 Hooq _ 한류는 없다. 할리우드와 현지 콘텐츠만 있을 뿐이다.

비키 Viki _ 넷플릭스가 먼저 글로벌 서비스를 시작한 기업

3부

한국의 미래 전략

Q

한한령이 해제되면
한국 드라마가
중국에서 다시금
한류를 일으킬 수 있을까?

2016년에 한국 드라마는
정말 중국에서 임팩트가 있었을까?

한국 콘텐츠가 살아남기
위해서 무엇을 해야 할까?

9장

중국에서 한류는
생존할 수 있는가

Korean
Wave

한국 플랫폼·미디어·콘텐츠 기업들의 헛된 환상

2부에서는 미국과 중국의 비디오 플랫폼 사업자들에 대한 이야기를 했다. 그러나 사실 실시간 방송은 미국과 중국뿐 아니라 유럽에서도 온라인 비디오 플랫폼으로 빠르게 전환하고 있다.

프랑스는 넷플릭스 같은 해외 OTT 사업자들과 상생할 방법을 도모하면서 자국 내 미디어 서비스 발전 방안도 진지하게 고민하고 있다. TV방송을 실시간으로 온라인에서 볼 수 있게 해주는 모로토브.tvMolotov.tv는 프랑스에서 시작되어 현재 가입자 수가 100만 명을 돌파했다. 모로토브.tv는 현재 유럽의 실시간 OTT 서비스를 이끌고 있으며 서비스를 유럽 전 지역으로 넓히는 것을 심각하게 고민하고 있다. 또한 넷플릭스 같은 해외 서비스가 제공하는 실시간 자국 콘텐츠 방영 및 투자에 대해서 강력하게 대응 중이다. 프랑스의 영화 시장은 한국보다 크긴 하나 격차가 큰 편은 아니며 IPTV 중심의 방송 시장은 오히려 한국과 매우 흡사하다. 그 때문에 프랑스의 플랫폼·미디어·콘텐츠 기업의 전략은 우리에게 매우 중요한 시사점으로 작용한다.

한국 미디어 기업들은 여전히 중국을 기회의 땅으로 보고 있으며, 한한령으로 꽁꽁 얼어 있는 시점에도 중국 시장에 콘텐츠를 팔려고 많이 노력했다. 그러나 반대로 생각해보면 콘텐츠를 팔려는 노력에도 불구하고 그 시장의 콘텐츠에 관심을 기울이고 연구하는 일은 도외시했다.

할리우드가 어떤 국가에 콘텐츠를 팔 때, 그 구매 국가의 콘텐츠를 사려고 하진 않아도 해당 국가에 어떤 콘텐츠가 필요한지 분석한다. 한국 역시 중국 시장에서 우리의 위치는 앞으로도 굳건할 것인지, 그들의 콘텐츠는 어떻게 성장하고 있는지, 또 향후 그들이 어떤 콘텐츠를 필요로 할 것인지에 대해 의문을 가지고 행동해야 한다. 만약 그들이 우리와 경쟁을 시작하려 한다면 우리는 어떻게 해야 할까? 넷플릭스나 아마존만 바라보고 있어야 할까? 그렇지 않다. 아시아에서도 성장하는 업체들이 많다. 〈쓸쓸하고 찬란하神 도깨비〉도 중국 없이 아시아에서 돈을 벌었다. 한국 콘텐츠가 갖고 있는 장점에 대해서도 생각해봐야 한다. '명품' 콘텐츠인지 아니면 적은 투자에 효율을 얻을 수 있는 콘텐츠인지에 대해서 말이다. 그리고 해외 흐름에 맞춰 케이블TV와 같은 유료방송 플랫폼이 가야 할 방향 제시도 필요하다. 해외의 OTT 플랫폼과 한국 IPTV 공세에 무릎을 꿇어야 할 필요가 없다고 생각한다.

〈3부 한국의 미래 전략〉에서는 필자가 생각하는 한국 콘텐츠와 플랫폼의 미래 전략에 대한 이야기를 다뤄보고자 한다.

한류의 냉정한 현실과
넥스트 제너레이션의 부재

한류를 존속시키기 위해서 우리는 어떻게 해야 할까? 어느 정도의 위력을 내야 한류가 인기 있다고 할 수 있는 것인가? 이 책을 쓰고 있는 2017년 현재 한국과 중국의 콘텐츠 비즈니스 진행 상황을 보면 중국에 한류 콘텐츠를 수출하는 길은 막힌 거나 다름없다. 하지만 이건 현재 상황으로 판단한 단기적인 예측일 뿐, 앞으로 어떻게 될지는 쉽게 확신할 수 없다.

2016~2017년 CJ E&M이 소유하고 있는 케이블 채널 tvN에서 사상 처음으로 20%의 시청률(닐슨 기준)을 기록했던 〈쓸쓸하고 찬란하神 도깨비〉와 같은 콘텐츠를 중국에서 볼 수는 없을 것인가? 〈사임당, 빛의 일기〉처럼 다분히 중국을 겨냥하고 제작했던 콘텐츠가 한국의 영등위와 같은 중국의 국가신문출판광전총국国家新闻出版广电总局(이하 광전총국)의 심의를 받지 못하는 일은 계속 벌어질 것인가? 국가 간의 정치적 관계가 회복된다면 이 모든 것이 해결되나?

사실 심의 이슈가 풀리더라도 중국 콘텐츠 시장과 그 시장을 주도하는 미디어 플랫폼에서 한국 콘텐츠는 점점 불청객이 되고 있다. 개인적으로 한한령은 중국 미디어 업계에서는 좋은 핑계가 되는 것이 아닌가 싶다. SNS나 몇몇 언론은 중국에서 한국 콘텐츠들의 조회수가 수십억에 달하고 한국 배우와 가수의 인기가 높다며 한국 콘텐츠는 대박 나는 시장이라고 말한다. 하지만 당연하게도, 한국 콘텐츠보다 중국 내에서 생산한 현지 콘텐츠의 인기가 더 많다. 언론에서는 중국 내에 한국 콘텐츠가 인기 있다는 근거로 무수히 많은 불법 복제를 거론하지만, 실상 중국 콘텐츠는 한국 콘텐츠보다 더욱 거대한 규모로 불법 복제되고 있다.

중국에서의 성공은 우리가 생각하는 스케일에서 차이가 난다. 한 가지 예를 들자면, 중국의 위성방송인 후난위성에서 2017년 1월 2일부터 2월 10일까지 방송했으며 러에코에서 비디오 스트리밍으로 즐길 수 있는 〈고방부자상: 적국의 연인孤芳不自賞〉의 경우 1월부터 약 45일간 171억 조회수를 기록했다.

62편으로 구성된 이 드라마는 중국 진나라 시대를 배경으로 두 남녀 주인공의 러브스토리를 다루고 있다. 〈인디펜던스 데이〉의 속 편인 〈리서전스〉에 출연하여 우리에게도 알려진 배우인 안젤라 베이비가 주연으로 출연하고 중국 내 인기 배우이자 가수인 종한량이 상대 배역으로 나온다. 171억은 적은 숫자가 아니다. 그렇다면 이 드라마가 최고 조회수를 기록한 드라마인가? 그렇지는 않다.

중국은 지역마다 다른 위성방송국이 존재해서 상대적으로 시청률이 적어 보일 수 있다. 즉 2%의 시청률을 기록해도 동시간대 시청률 1위 프로그램이 될 수 있는 것이다. 광전총국에 따르면 중국 채널 수는 1,357개이며, 공영 방송인 CCTV를 비롯한 상하이 지역의 동방위성, 장쑤 지역의 장쑤위성, 후난위성, 저장위성, 북경 BTV 등이 대표적인 중국 채널이다. 물론 지역마다 재전송이 존재해 모든 방송을 한꺼번에 볼 수 있지만 채널이 너무 많다. 현재까지 최고의 조회수를 기록한 콘텐츠는 2017년 1월, 중국에서 가장 잘 나간다는 후난위성에서 방송한 〈삼생삼세 십리도화三生三世十里桃花〉다. TV로도 큰

❂ 그림 9-1 〈고방부자상: 적국의 연인〉

한국에서는 네이버 엔스토어로 시청이 가능하며 중국 현지
에서 큰 성공을 거두었다.

❂ 그림 9-2 〈삼생삼세 십리도화〉

〈삼생삼세 십리도화〉는 2017년에 중국에서 조회수 270억
회를 기록하며 전체 1위를 차지하는 등 크게 흥행했다. 이
작품 또한 후난위성에서 제작되었다.

인기를 끌었지만 유쿠투도우Youku.com/ Tudou.com, 텐센트 비디오v.qq.com 그리고 후난위성의 온라인 비디오 플랫폼인 망고TVmgtv.com 등을 통해서 총 270억 회라는 엄청난 조회수를 기록했다. 총 62편으로 구성된 이 드라마는 편당 조회수가 4억3,000만 회인데, 중국 인구의 3분의 1이 온라인을 통해 봤다는 뜻이다. 참고로 구글의 온라인 비디오 서비스인 유튜브에서 2017년 10월까지 가장 많이 본 영상은 31.6억 회를 달성한 위즈 칼리파의 〈씨유어게인〉인데, 이 동영상은 4분짜리 영상이지만 〈삼생삼세 십리도화〉는 편당 45분짜리다. 또한 〈삼생삼세 십리도화〉는 방송으로만 공개된 것이 아니라, 온라인 선공개 후 후난위성방송에 상영하는 온라인 퍼스트(또는 OTT 퍼스트) 방식으로 공개되었다.

〈별에서 온 그대〉가
〈태양의 후예〉로 바뀌는 시간

〈별에서 온 그대〉가 〈태양의 후예〉로 바뀌는 동안 중국의 웹 비디오 시장도 부쩍 성장했다. 〈태양의 후예〉는 3년 만에 〈별에서 온 그대〉를 능가했지만, 그 사이 중국에서는 네트워크 드라마 시장이 열렸고 한국을 포함하여 많은 스태프가 넘어간 덕분에 한국 시장이 타깃으로 잡고 있는 다른 해외 채널에 공급할 수 있을 정도로 완성도도 상승했다. 이미 동남아를 비롯한 글로벌 OTT 서비스에서 중국 콘텐츠도 또 하나의 트렌드가 되었다.

2016년 KBS에서 방영했던 송중기·송혜교 주연의 〈태양의 후예〉가 중국 아이치이에서 성공하며 우리는 한국 드라마가 중국에서 인기를 끌고 있다는 것을 언론을 통해 알게 되었다. 〈태양의 후예〉는 한국 드라마 역사상 공식적으로 단일 웹 비디오 플랫폼으로 45억 회(편당 2억8,000만 회, 총 16부작)를 기록한 작품이 되었다. 한국 국민이 다섯 번씩 보더라도 나오기 어려운 조회수이나 앞서 이야기했듯이 정도의 조회수는 중국 드라마에서도 나오고 있다. 물론 우리는 그 전에 〈별에서 온 그대来自星星的你〉가 시험 문제에도 출제되는 등, 중국에서 신드롬을 일으킨 것을 인지하고 있었다.

SBS에서 방영됐던 이 드라마는 한국에서도 28.1%의 시청률로 인기를 끌었지만 중국에 단돈 5억에 판매된 뒤 다양한 온라인 비디오 플랫폼에서 재생되었으며 공식적으로 서비스하고 있는 아이치이에서는 현재까지 40억 재생을 기록하며 〈태양의 후예〉 전까지 한국 콘텐츠 중 가장 크게 성공한 콘텐츠로 각광을 받았다. 〈별에서 온 그대〉는 사회적 현상으로 이어졌던 것이 맞고, 실제로 2013년에 최초로 100억 클럽에 비공식적으로 가입했을 가능성이 있다.

하지만 그때와 달리 상황이 바뀌었다. 당시만 해도 〈별에서 온 그대〉는 TV 방송을 거치지 않고 바로 웹으로 송출한 드라마로 상당히 흥행한 콘텐츠로 평가받았다. 드라마가 TV로 나오기 전에 먼저 온라인에 공개되고 TV로 송출되는 성공 모델 중 하나가 된 것이다. 이때부터 중국은 온라인 비디오가 돈이 된다는 것을 인지하고 더 많이 투자하기 시작했다. 그리하여 3년 사이 중국의 온라인 비디오 시장은 2.5배 가까이 성장했다. 2016년만 해도 중국에서 100억 회를 기록한 드라마는 11편이나 된다.

중국 내 동영상 플랫폼의 경쟁이 심화되자 온라인 배포를 위한 한국이나 미국의 TV 시리즈가 많이 수입되고, 심의를 받지 못한 중국 드라마가 웹에서 인기를 끌기 시작했다. 그러자 2015년부터 광전총국에서 TV 방영 시에만 적용하던 사전심의 제도를 웹 드라마에까지 적용하는 결정을 내렸다. "모든 콘텐츠를 방영 6개월 전에 대본을 심의받아야 하고, 3개월 전에 완성된 작품을 심의받아야 한다."

한국이 원인인 것처럼 보일 수 있지만 실상은 그렇지 않다. 우리가 한국 콘텐츠만 보기 때문에 이런 오해가 생긴 것이다. 중국 내에서 자체제작하는 네트워크 드라마가 성공하고 중국 TV 방영 심의를 통과하지 못한 콘텐츠가 네트워크에서 인기를 끌자 이런 분위기가 생겨났다고 보는 것이 더 정확하다. 중국에서 방송할 수 있는 메이저 방송국은 정해져 있는데 자체제작하는 콘텐츠는 쏟아져 나오니, 네트워크 드라마 비중이 높아질 수밖에 없는 것이다.

놀라운 점은 네트워크 드라마로 제작된 콘텐츠의 조회수가 2015년 250억 회에서 2016년에는 378억 회로 50% 가까이 성장했다는 것이다. 2017년에는 조회수가 더욱더 늘어날 것으로 전망된다.

앞서 언급했듯이 엑소의 레이가 출연하여 화제가 되었던 중국 아이치이의 오리지널 네트워크 드라마 〈노구문〉은 아이치이 단독으로 비디오 서비스를 했음에도 불구하고 114억의 조회수를 기록했다. 네트워크 드라마는 저예산으로 제작되어 재미가 없다는 인식은 2016년을 기점으로 바뀌었다. 하지만 네트워크 드라마 순위에서 2위를 기록했던 〈여죄〉는 광전총국에서 폭력성을 이유로 온라인에

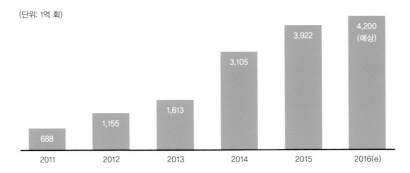

✿ 그림 9-3   중국 모바일 비디오 플랫폼 총 조회수

(단위: 1억 회)

					4,200 (예상)
				3,922	
			3,105		
		1,613			
	1,155				
688					
2011	2012	2013	2014	2015	2016(e)

✿ 그림 9-4   중국의 네트워크 드라마 방송 수 상위 10개

(단위 : 억 회)

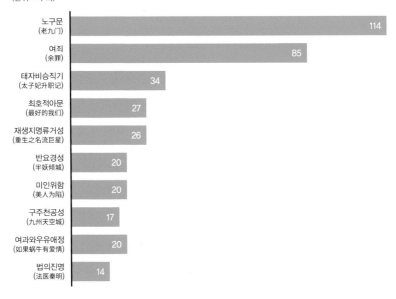

노구문 (老九门)	114
여죄 (余罪)	85
태자비승직기 (太子妃升职记)	34
최호적아문 (最好的我们)	27
재생지명류거성 (重生之名流巨星)	26
반요경성 (半妖倾城)	20
미인위함 (美人为陷)	20
구주천공성 (九州天空城)	17
여과와우유애정 (如果蜗牛有爱情)	20
법의진명 (法医秦明)	14

참고 : 방송 수 총계에서 〈미인위함〉은 1, 2, 3시즌을 합산한 수치임.
기간: 2016년 1월 1일~12월 18일
자료: 이언즈쿠

서 삭제하라고 명령했으며, 향후 온라인 시청 관리 프로그램 관리사인 뤄제후이는 방송국에서 상영할 수 없는 콘텐츠는 온라인에서도 서비스할 수 없다고 밝혔다. 〈여죄〉는 〈배트맨〉의 프리퀄 드라마인 〈고담〉을 모티브로 만든 시리즈로 상대적으로 잔인한 장면이 많이 연출되었지만, 결국 시즌 1, 2 모두 광전총국의 재심의 후에 다시 서비스할 수 있었다.

이러한 분위기가 한국 드라마에도 영향을 끼쳤다. 지속적으로 심의 항목들이 점점 추가되어, 드라마 중반부터는 거의 실시간으로 제작되는 한국 드라마가 중국 시장을 타깃으로 하기 어려워진 것이다. 그럼에도 2016년에는 한국에서도 사전 제작 드라마가 많이 만들어졌다. 〈태양의 후예〉, 〈함부로 애틋하게(수지, 김우빈 주연, 유쿠투도우)〉, 〈달의 연인 보보경심: 려(이준기, 아이유 주연, 유쿠투도우)〉, 그리고 〈안투라지(서강준, 조진웅, 이광수 주연, 텐센트)〉 등의 콘텐츠가 사전 제작되어 중국 온라인 비디오 플랫폼에서 서비스되었다. 그러나 안타깝게도 〈화랑 더 비기닝(박서준, 박형식, 고아라 주연, 러에코)〉의 경우 심의 통과 후 3화까지 방영하다 러에코에서 돌연 방영을 중지하는 사태가 발생했다. 엄청난 제작비를 들여 만든 이영애의 복귀작 〈신사임당〉의 경우 역시 사전 심의를 계속 통과하지 못해 한국에서만 방영할 수밖에 없었다.

게다가 한한령의 여파로 현재 한국 드라마는 중국 수출이 끊긴 것이나 마찬가지다. 한국 스태프만 있어도 심의가 되지 않는다는 이야기가 업계에서 흘러나오고 있으며, 최근 중국 활동을 활발하게 한 장동건, 비(정지훈)의 경우도 중국 드라마 촬영이 끝났지만 심의 이슈로 방영 자체가 불투명하다. 투자 제작을 한 중국 업체들도 골머리를 앓는 건 마찬가지다.

한국 드라마, 2016년에 정말 중국에서 임팩트가 있었을까

2016년, 〈태양의 후예〉를 비롯하여 많은 드라마들이 중국 시장에 진출하려 노력했다. 〈함부로 애틋하게〉, 〈달의 연인 보보경심: 려〉의 경우 한국에서는 흥행에 실패했지만 중국에서는 나름 선전했다는 평가를 받고 있다. 〈태양의 후예〉는 편당 3억 원에 수출되어 편당 2억8,000만 조회수를 기록했다. 중국은 60초간 생략할 수 없는 광고를 시청해야 드라마 한 편을 볼 수 있는데, 1~3성 도시에 따라 다르지만 편당 평균 8원 정도로 광고료를 계산한다면 아이치이는 〈태양의 후예〉를 통해 적어도 투자 대비 6배에 달하는 돈을 벌었다고 볼 수 있다. 〈함부로 애틋하게〉의 경우 두 주연 배우의 인기로 40억 조회수를 기록했다. 초기부터 적극적인 홍보를 한 것이 성공 요인이었다고 볼 수 있다. 2016년도 하반기에 방영했던 〈보보경심: 려〉와 〈안투라지〉처럼 사전 제작한 콘텐츠의 가격에 많은 프리미엄이 붙었던 시기였다.

그러나 〈보보경심: 려〉(8/29~11/1, 90억 원에 유쿠투도우에 판매)와 〈안투라지〉(11/14~12/24, 30억 원에 텐센트 비디오에 판매)는 중국에서 부진한 결과를 보여줬다. 기존 프리미엄 콘텐츠보다 50% 이상 더 주고 산 〈보보경심: 려〉는 26억 뷰를 기록하여 전작 〈함부로 애틋하게〉보다 37% 이상 시청률이 감소했다. 중국 원작인 〈보보경심〉과 비교되기 시작하면서 원작보다 못하다는 평가를 받기도 했다. 심지어 〈안투라지〉는 이광수가 출연했음에도 불구하고 텐센트 비디오에서 8,000만 회밖에 기록하지 못했다. 보통 한국 콘텐츠는 〈태양의 후예〉처럼 구독자를 모집하는 간판 모델로도 활용된다. 실제로 아이치이는 유료 가입자를 늘리는 데 〈태양의 후예〉의 도움을 받았다는 이야기를 하기도 했지만, 〈안투라지〉는 무료임에도 불구하고 시청자들의 주목을 끌지 못했다. 〈보보경심: 려〉와 〈안투라지〉는 한국에서도 성공을 거두지 못했지만 한국에서 성공했던 〈치즈 인 더 트랩(유쿠투도우에 20억에 판매)〉도 2억4,000만 조회수밖에 기록하지 못했다.

현재 미국은 한 해에 너무 많은 드라마가 제작된다며 '투 머치 티비Too Much TV' 시대가 온 것이 아니냐는 말이 있는데 중국도 크게 다르지 않다. 네트워크 전용 드라마, 영화들이 많이 생산되고 있어 자국 내 콘텐츠도 들어갈 자리가 없을 만큼 경쟁이 치열한 상황이다.

한국 드라마와
중국 드라마의 성적표

2016년 한국 드라마는 아이치이, 유쿠투도우, 러에코, 텐센트 비디오, 소후TV, 이상 5개의 플랫폼에서 37편이 서비스되어 총 136억 조회수를 기록했으며 평균 3억7,000만 조회수를 달성했다. 가장 많은 드라마를 서비스한 아이치이의 경우 총 250편의 드라마에서 총 1,430억 조회수를 기록했으며 평균 5억7,000만 조회수를 달성했다. 사전 제작 드라마가 아닌 한국 드라마는 국내 성공에 힘입어 수출된 경우가 대부분인데 중국 드라마 전체와 비교해도 열세다. 상위 10%를 비교하면 더욱 차이가 큰데, 중국의 경우 평균 35억 조회를 기록한 것에 반해 한국 드라마는 평균 12억밖에 되지 않는다. 인기를 끈 콘텐츠가 있었던 것은 사실이지만 모든 비디오 콘텐츠에 한류가 존재하는 것은 아니다. 그저 인기 있는 외산 콘텐츠 중에 하나일 뿐이다.

결국 재미가 있어야 하지만 마케팅도 수반되어야 하는 것이다. 중국 드라마는 지난 3년 동안 꾸준히 성장했으며 그 와중에 웹 드라마 평균 제작비도 4억~8억 원 수준으로 상승했다. 제작비가 올라가니 성공하는 콘텐츠가 늘어나고, 성공하는 콘텐츠는 다시금 TV로 나간다. 웹 드라마가 아니더라도 온라인에서 선공개 후 TV에 방영하는 방식이 인기를 끌고 있으며(OTT 퍼스트), 매일 방송하는 일일 방영 포맷이 중국에서 하나의 트렌드로 자리 잡았다. 이것은 한국의 일일 드라마와는 다르다. 중국 드라마의 경우 40부작에서 60부작 사이로 제작 중인데 이런 콘텐츠들은 한국처럼 일주일에 두 번 방영할 경우 반년이나 걸린다. 하지만 일일 방영을 할 경우 한 달에서 한 달 보름 사이에 전 편 방영이 가능하고 빠른 호흡으로 시청률을 견인할 수도 있다. 인기가 없다면 바로 내리면 되는 것이다. 일일 방영 포맷은 월요일부터 목요일까지 매일 2편씩 방영하고, 금·토·일은 1편만 방영하는 방식이다. 이렇게 하면 일주일에 11편을 소화할 수 있다. 놓쳤다면 온라인으로 시청하면 된다. 몰아보기 트렌드는 벌써부터 중국에서 시행 중이다. 한국 드라마의 경우 주간 방영 드라마가 여전히 메인 포맷이다. 월화, 수목, 금토 드라마가 주간 방영 드라마인데, 엄청난 흥행을 하는 드라마가 아니라면 중국 시청자들은 일주일을 기다리지 않는다. 그것 말고도 볼 게 너무 많기 때문이다.

　참고로 네트워크 전용 드라마의 시청자 수 중 88%가 80~90년대에 태어난 밀레니얼스Millennials이며 그중 70%가 여성이다. 반대로 이야기하면 한국 드라마는 젊은 여성 위주의 콘텐츠가 아니면 향후 길이 다시 열리더라도 수출하기 어려울 수 있다는 얘기도 된다. 한류는 다양한 세대에게 두루 인정받는 콘텐츠가 아니다. 그렇기 때문에 콘텐츠의 내용보다도 배우의 역할이나 외모가 더 중요하다고 생각할 수도 있다. 한한령 이후의 한류 방향은 제작사를 거치지 않고 한국 배우를 활용하는 쪽으로 바뀔지도 모른다.

❖ 표 9-1 　2016년 한국 콘텐츠의 중국 비디오 플랫폼 성적

(단위: 만)

타이틀	방영 플랫폼	에피소드 숫자	전체 재생 수	편당 재생 수
태양의 후예	아이치이	16	450,000	28,125
함부로 애틋하게	유쿠투도우	20	408,000	20,400
달의 연인 보보경심: 려	유쿠투도우	20	259,000	12,950
W(两个世界)	텐센트	16	54,000	3,375
마음의 소리	소후	10	17,000	1,700
치즈인더 트랩	유쿠투도우	16	24,000	1,500
돌아와요 아저씨	유쿠투도우	16	21,000	1,313
그녀는 예뻤다(她很漂亮)	러에코	16	20,336	1,271
시그널	텐센트	16	20,000	1,250
클릭유어하트	텐센트	3	2,861	954
안투라지	텐센트	16	8,067	504
순정에 반하다	아이치이	16	6,558	410
마담 앙트완	아이치이	16	6,096	381
운빨로맨스	아이치이	16	5,823	364
두근두근 스파이크	소후	20	5,881	294
또!오해영	텐센트	18	5,289	294
고호의 별이 빛나는 밤에 (评价女王)	소후	20	5,546	277
굿바이 미스터블랙 (再见布莱克先生)	러에코	20	5,523	276
사랑하는 은동아	아이치이	16	4,363	273
발칙하게 고고	소후	12	3,213	268
디어마이프렌즈	텐센트	16	3,255	203
두근두근 스파이크 2	소후	20	3,780	189
대박	유쿠투도우	24	4,317	180
동네의 영웅	유쿠투도우	16	2,700	169
뱀파이어 탐정	유쿠투도우	12	1,841	153
사랑하면 죽는 여자 봉순이	유쿠투도우	12	1,418	118
미스터캅2	유쿠투도우	20	2,289	114
검은 달빛 아래서	소후	9	956	106
순정에 반하다	소후	16	1,327	83
기억	텐센트	16	1,088	68
도루묵	텐센트	8	530	66
28개의 달	소후	8	522	65
마법의 핸드폰	소후	10	564	56
복면술사	소후	16	660	41
38사 기동대	텐센트	16	657	41
닥터스	유쿠투도우	20	497	25
연애세포	텐센트	12	123	10

1   동시 방영이 아닌, 먼저 송출하는 방식도 고려하라.

김종학 프로덕션에서 한중 합작으로 제작한 〈두근두근 스파이크〉는 소후
TV를 통해 먼저 공개했다. 편당 20분짜리의 짧은 콘텐츠에 인기 배우가
출연하지 않았는데도 메인스트림이 아닌 소후TV에서 편당 300만 회의 조
회수를 기록했다. 이는 텐센트 비디오의 〈또! 오해영〉보다 높다. 인기에 힘
입어 〈두근두근 스파이크〉는 시즌2로 연결되기도 했다.

또한 중국의 동영상 플랫폼들은 해외 진출과 IPO를 준비하고 있다. 개인적
으로 글로벌 미디어를 꿈꾸는 회사라면 아이치이에 투자하는 것도 방법이
다. 넷플릭스나 아마존의 대항마는 중국에서 나올 가능성이 크다. 아이치
이에 비해 텐센트 비디오, 유쿠투도우는 IPO 가망성이 낮아 보인다.

✿ 그림 9-6   〈두근두근 스파이크〉

2 사드 때문에 방영이 취소된 중국 드라마를 수입하라

앞서 이야기했던 것처럼 사드 여파로 가장 큰 피해를 본 것은 한국 제작사지만, 한국 배우에 투자한 중국 드라마도 피해를 입었다는 사실을 잊으면 안 된다. 대표적으로 SM 소속인 장동건이 출연한 30부작 드라마 〈사랑했던 널 생각하면 마음이 아파我曾爱过你想起就心酸〉는 중국 후난위성에서 방영될 예정이었으나 현재로선 기약이 없다. 2016년 5월 제작에 들어갔고 시기상 심의가 끝났어야 하나 방영에 대한 어떠한 계획도 공개되지 않았다. 이 드라마의 경우 당예흔이 여자 주인공으로 출연하는데, 당예흔은 2016년에 가장 많은 조회수를 기록한 〈주선청운지〉에 출연하기도 한 중국 내의 떠오르는 스타이기도 하다.

〈팔월미앙八月未央〉은 50부작으로 2017년 1월에 방영할 예정이었으나 현재 불투명한 상태다. 만약 사드 때문에 방영이 불가해진 중국 드라마를 수입하면 어떨까? 예를 든 것이지만 한국에서도 보기 힘든 장동건, 비와 같

✿ 그림 9-7   장동건의 첫 번째 중국 드라마 진출작 〈사랑했던 널 생각하면
　　　　　마음이 아파〉, 비와 빅토리아가 출연해 화제를 모은 〈팔월미앙〉

은 스타 배우들이 주연으로 나온 중국 드라마를 저렴한 비용으로 한국에 유통한다면, 중국에서 한류를 이용할 수는 없어도 한국에 중국·한국의 문화가 혼재된 새로운 콘텐츠를 소개할 수는 있을 것이다. 실제로 이종석이 출연한 33부작 드라마 〈비취연인翡翠恋人〉의 경우 안후이위성TV에서 2016년에 방영하려 했으나 늦춰지면서 한국에 먼저 방영할 것이라는 이야기도 있다. 〈비취연인〉은 중국 내 방영에 대한 의지 표현처럼 보이는 57분짜리 초장편 예고편을 선보였는데, 향후 〈비취연인〉이 어떻게 방영되는가에 따라 한국 배우가 출연한 드라마의 중국 내 전략 방향이 결정될 것으로 보인다. 한국의 플랫폼 사업자로서는 큰 제작 비용을 들이지 않고도 새로운 콘텐츠를 한국에 갖고 올 수 있는 것이다.

3 한국도 IP 확보에 전념하라

〈팔월미앙〉은 리메이크 드라마여서 중국에는 이미 스토리가 알려져 있다. 중국이 콘텐츠 투자에서 가장 중요하게 보는 것은 출연 배우 외에도 콘텐츠에 대한 IP(Intellectual Property Rights, 지적재산권)가 존재하는지, 또 지속 가능한 것인지에 대한 것이다. 때문에 중국에서 가장 많이 보는 비디오 플랫폼인 아이치이를 비롯한 대부분의 플랫폼 회사들은 인기 있는 콘텐츠의 IP를 확보하기 위해 콘텐츠 제작에 직접 개입하고 투자하고 있다. 현재 중국은 IP 확보 전쟁 중이다. 한국도 알맞은 투자를 해야 한다. 이미 온라인 콘텐츠가 TV를 이끌어가는 형국으로 바뀌면서 한국에도 미국이나 일본과 같은 시즌제 드라마가 자리를 잡았다. 이미 일본은 오랫동안 시즌제를 고수하고 있다. 후속 시즌을 바로 제작하거나 다른 게임·책·음악과 같은 크로스 플랫폼에 활용하기 위해 IP 확보는 필수다. 2017년 초 한국에 수입된 온라인 게임인 〈무신 조자룡〉만 해도 중국에서 크게 흥행한 드라마를 기반으로 만든 작품이다. 중국 내 멀티 플랫폼에서 150억 조회수를 기록한 흥행 콘텐츠 중 하나다. 드라마 콘텐츠 IP를 기반으로 게임을 제작하

여 중국에서 성공했고 다시 한국에 수입되고 있는 것이다. 〈무신 조자룡〉
은 이미 시즌2가 제작 중이다. 재미있게도 중국은 출연료가 안 맞거나 지
금처럼 윤아, 김정훈이 시즌2에 참여할 상황이 아니어도 사전 제작을 한
다. 작품의 스토리가 중요하지 배역이 바뀌는 것은 중요치 않다고 생각하
는 것이다.

열악한 제작 환경에서 꾸준히 작품을 제작하는 것이 힘들다는 것은 알고
있지만, 향후 중국 시장을 넘어 글로벌 비즈니스를 완성하기 위해서는 배
우나 작가에 의존하는 기존 모델을 탈피하여 IP 중심의 콘텐츠를 개발 및
육성하는 것이 중요하다.

디즈니의 사례를 보자. 디즈니는 파라마운트와 함께 중국 시장에서 불패
를 달성하고 있는 영화사로 2016년에는 미국 영화계 사상 최초로 미국 내
에서만 30억 달러(3조6,000억 원)를 벌어들였다. 전 세계로 보자면 중국을
비롯한 다른 국가에서는 여전히 영화 시장이 성장하고 있지만 미국 영화
시장은 정체 중이다. 2013년은 미국 영화사에서 가장 많은 수입을 올린 해

로 기억되지만, 미국 가정에서 TV를 시청하는 시간은 2013년을 기점으로
줄어들었다. 때문에 극장에서 상영되는 영화 시장은 티켓 값을 올리는 일
을 제외하면 달리 방법이 없어 보였다.

한국 기업들이여, IP(지적재산권) 투자만이 살길이다

사실 디즈니가 갖고 있는 IP라고는 애니메이션 기반 캐릭터와 〈캐리비안의 해적〉뿐이었다. 그랬던 디즈니가 IP 확보를 위해 2006년 픽사를 74억 달러(8조2,000억 원), 2009년 마블 스튜디오를 40억 달러(4조5,000억 원), 2012년 루카스 필름을 40억 달러(4조5,000억 원)에 구매하지 않았다면, 그렇게 해서 그들의 IP를 가지지 않았다면 이 정도의 성장은 힘들었을 것이다.

이 세 기업을 인수함으로써, 디즈니는 안정적으로 연간 두 편의 마블 대작 시리즈와 한 편의 픽사 작품, 그리고 한 편의 스타워즈 작품을 손에 넣을 수 있게 되었다. 2016년만 보더라도 3개 스튜디오에서 만든 〈도리를 찾아서〉, 〈스타워즈: 로그 원〉, 〈캡틴 아메리카: 시빌 워〉, 〈닥터 스트레인지〉로만 미국에서 17억 달러(약 2조 원)를 벌어들였으며 전 세계적으로는 4조 원 이상 되는 돈을 벌었고, 디즈니에서 직접 만든 〈주토피아〉, 〈정글북〉, 〈모아나〉 등으로도 제법 재미를 보았다.

한류를 수출하는 영화·드라마 제작사는 IP를 가지고 있는가? IP를 가지고 있더라도, 그것을 키우고 더 투자하는 데 인색하지는 않은가? 콘텐츠라고 하면 아직까지 영상물만 기억하는 것은 아닌가? 우리는 〈태양의 후예〉의 송중기와 같은 스타를 키우는 것이 아니라 〈태양의 후예〉에서 송중기가 맡았던 유시진 대위의 캐릭터를 키워서 다음 시즌이나 관련 상품 등을 더 개발했어야 했다. 그러면 중국

⚙ 그림 9-8 북미 영화관 매출 추이

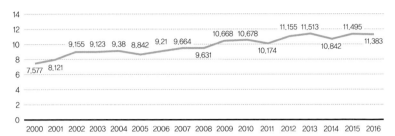

(단위: 10억 달러)

⚙ 그림 9-9 디즈니의 북미 매출 추이

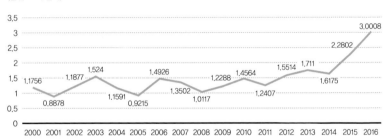

(단위: 10억 달러)

만 바라보며 발만 동동 구르지 않아도 되었을 것이고, 한류가 존재한다는 이야기를 당당하게 할 수 있었을 것이다. 〈무신 조자룡〉 시즌2는 나오는데 왜 우리에겐 〈태양의 후예〉 시즌2가 없는가? 왜 브랜드가 작가, 제작사, 배우에만 있는가? 온라인 비디오 시대에는 작품 그 자체에 브랜드가 있어야 한다.

Q

중국은 한국의 어떤 콘텐츠를
좋아하는가?

사드 경제보복 이후
중국의 미디어 시장은 어떻게 변했는가?

사드 경제보복이 끝나면
한국은 다시 중국에 진출할 수 있을까?

10장

한국에게 중국은
시장이 아닌 경쟁자다

China
Rises

화웨이, 샤오미, 레노버, DJI, 러에코, 하이얼 등 중국 ICT(정보 통신 기술, Information&Communication Technology) 기업은 전 세계에 서서히 이름을 알리고 있으며 모바일, 드론, 텔레비전 부문에서는 전체 물량만 본다면 한국을 이미 뛰어넘거나 위협할 수준이다.

콘텐츠 분야는 어떨까? 〈쓸쓸하고 찬란하神 도깨비〉, 〈태양의 후예〉와 같은 콘텐츠가 한국을 넘어 아시아에서도 큰 인기를 끌었다. 〈태양의 후예〉의 경우 사드 여파 전까지 아이치이에서 흥행하여 약 40억 후반의 시청 횟수를 기록했다. 하지만 한한령 이후 한국 콘텐츠의 중국 수출은 거짓말처럼 멈춰버렸다.

한국도 과거에
중화권 콘텐츠를 사랑했다

과거 한국이 중화권 콘텐츠를 사랑했던 때도 있었다. 그러나 홍콩 콘텐츠가 중국으로 흡수되면서 거짓말처럼 한국 내 인기도 사라졌다. 요즘에는 극장에서 좀처럼 성룡을 볼 수 없는 것처럼 말이다. 하지만 우리가 모르고 있을 뿐, 중국에서 성룡은 여전히 많은 콘텐츠를 만들고 활동하고 있다. 마찬가지로 한국에서 큰 흥행을 하지 못한 주성치 감독의 2016년 개봉작인 〈미인어〉는 중국에서만 5억 2,000만 달러(5,800억 원)를 벌었으며 중국 영화 역사상 두 번째 흥행작이 되었다. 현재 중국 영화 시장은 세계 2위 영화 시장으로, 미국 영화 시장의 80% 수준에 근접한다. 중국 완다에 팔린 레전더리 픽처스가 만든 〈그레이트 월〉(한국 관객 50만 명, 전 세계 3,500억 흥행)과 〈콩: 스컬 아일랜드〉(한국 관객 170만 명, 전 세계 5,500억 흥행)도 한국 시장에서 밀리지 않고 있다. 〈그레이트 월〉은 영화관에서 성공하진 못했지만 IPTV와 같은 VOD 서비스에서는 선전했다. 이 영화들이 아니더라도 최근 개봉하는 영화에는 중국 배우가 자주 등장한다. 〈스타워즈: 로그 원〉, 〈트리플 엑스 리턴즈〉의 견자단이 대표적이다. 앞서 설명한 것과 같이 외산 영화의 중국 개봉을 위해서는 중국 배우, 문화 반영, 합작이라는 세 가지 조건을 만족시켜야 하기 때문이다.

지난 2017년 4월 초 프랑스에서 열린 밉티비는 세계에서 가장 큰 콘텐츠 마켓 플레이스 행사다. 얼마 전까지 중국에서는 한국의 〈런닝맨〉이나 〈아빠! 어디가?〉 등 다양한 콘텐츠가 성공했고 포맷도 한국에 많이 의지했다. 중화 콘텐츠는 아직 한국에 비해 발전이 더디지 않을까? 아니면 중국 TV 콘텐츠 시장에 대한 고정관념이 남아 있는 것은 아닐까? 밉티비에서 접한 중화 콘텐츠들은 이런 고민에 대한 대답을 어느 정도 제시해주었다.

✿ 그림 10-1 밉티비 레드카펫 광경과 KOREA PAVILION 부스 전경

왼쪽 사진은 KBS가 오랫동안 차지하고 있는 밉티비 레드
카펫에서 홍보 중인 〈완벽한 아내(Ms. Perfect)〉, 〈김과장
(Good Manager)〉, 오른쪽은 KBS, MBC, SBS가 kOREA
PAVILION이라는 연합 부스로 콘텐츠를 전시한 부스 전경.

✿ 그림 10-2 밉티비 행사장 전면에 등장한 중국 저장위성방송의 대표 예능인 〈왕패대
왕패2〉

밉티비 행사장에 들어서자마자 우측 입구에서 중국의 위성방송
중 하나인 저장위성의 대표적인 예능이자 2017년 4월에 방송이 끝

난 〈왕패대왕패2王牌对王牌, Best of The Best2〉의 홍보 간판과 마주쳤다. 좌측 입구에는 KBS의 〈김과장〉, 〈완벽한 아내〉의 대형 포스터가 있었다. 관계자에 따르면 KBS가 지급하는 간판 광고료는 1억 원에 달한다고 한다. 대부분의 사람들이 알지 못하는 저 콘텐츠를 홍보하기 위해 중국 저장위성도 그만큼의 비용을 썼을 거라고 생각하니 전략이 존재하는지에 대한 의문이 들었다. 행사장에서 흔히 볼 수 없는 낯선 광경이기도 했다.

저장위성의 부스에서 본 콘텐츠들은 한국 시장과 경쟁할 만큼의 능력이 있다는 생각이 들었다. 물론 그들의 마케팅 전략은 아직 갈 길이 멀어 보였지만, 콘텐츠는 그렇지 않았다. 콘텐츠만 좋으면 시장에서는 언제든지 통하게 마련이다. 한국이 중국 시장을 위해 수출했던 콘텐츠와 PD, 작가 및 그 외 스태프들이 지금 중국 TV 콘텐츠의 밑거름이 되어 부메랑으로 돌아오고 있는 것이다. 그들이 가지고 나온 콘텐츠는 한국 포맷을 수입한 것이 아니라 자신들이 투자해서 만든 오리지널 콘텐츠들이었다. 이제 중국은 그것들을 가지고 냉정한 시험대에 오르려고 하고 있다.

중국에서 왜
콘텐츠를 가지고 나온 것일까

중국의 TV 광고 시장은 한국보다 더 심각한 위기를 맞고 있다. 상하이, 저장, 장쑤 등 1, 2선 도시들의 TV 시청률은 지속적으로 떨어지고 있고 오히려 인터넷을 통한 온라인 콘텐츠 소비를 더 많이 하고 있다. 그나마 3, 4선처럼 발달이 덜 되어 있는 지역에서 TV 시청률을 견인하는 중이다. 예를 들어 중국의 인기 프로그램 중 〈나는 가수다〉의 코미디 버전 〈환락희극인欢乐喜剧人〉의 시청률은 3.1% 정도다. 그중에서 광고주들이 선호하는 월 5,000위안(82만 원) 이상 되는 시청자 수는 8.57% 수준이다. 이것은 10억 명을 기준으로 봤을 때 시청자 3,100만 명 가운데 실제로 광고주가 타깃으로 하는 시청자 수는 265만 명에 불과하다는 의미다.

2017년 봄 중국 드라마 중 1% 이상의 시청률을 기록한 작품은 8편으로, 5년 전의 20편에 비해 60% 이상 감소된 수치다. 콘텐츠가 많아져서 줄어든 것이라고 이야기할 수도 있지만 인터넷에서 같은 기간 동안 20억의 조회수를 넘은 드라마는 20편으로 5년 전에 비해 2,000% 이상 성장했다. TV 시청률이 의미가 없어지고 온라인이나 1, 2선 도시의 엘리베이터 같은 광고 수단이 더 효과적일 수 있다는 뜻이다. 온라인에서 경쟁하기 위해서는 중국의 3대 메이저 플랫폼인 아이치이, 텐센트 비디오, 유쿠 내에서 경쟁해야 한다. 그러나 중국 미디어 시장도 녹록치 않다. TV처럼 채널과 시청 시간을 보장해주지 않는다. 온라인 비디오 플랫폼이야말로 철저한 약육강식으로 움직인다. 2진에 포진되어 있는 후난 위성의 망고TV와 러에코의 LeTV와 소후의 소후TV도 처절하게 경쟁하고 있다. 2017년 1월 후난위성과 러에코의 LeTV에서 동시 방영한 〈고방부자상〉은 LeTV에서 187억 뷰라는 엄청난 히트를 기록했다. TV 콘텐츠가 온라인 비디오 플랫폼에서 사랑받는 시대는 끝났다. 중국의 비디오 플랫폼은 다른 플랫폼과의 경쟁을 위해 자체 오리지널 콘텐츠인 네트워크 드라마나 영화를 직접 투자하고 제작하기 시작했다. 이렇게 중국의 3대 플랫폼이 제작한 오리지널 콘텐츠의 숫자는 넷플릭스의 오리지널 콘텐츠 숫자보다 많다. 중국 시장의 콘텐츠 생산 속도는 상상 그 이상이다. TV 콘텐츠를 만드는 업체들은 높아지는 배우들의 몸값에 대응하기 위해 비디오 플랫폼과 TV에 동시 방영하는 전략을 세우고 있다. 앞서 이야기했듯 TV와 온라인 비디오를 시청하는 시장이 완전히 분리되어 있어 매출을 극대화하기 위한 것인데, 성공하면 큰 이익을 보장하지만 실패할 경우 온라인에서 회수할 기회조차 없어지기 때문에 점점 더 치열하게 바뀌고 있다. 그러나 이런 분위기가 콘텐츠의 질을 높이는 계기가 되고 있다. 오히려 콘텐츠 업체들은 수익을 더 내기 위해 웹툰·소설·게임·공연 등으로 IP를 극대화하는 전략을 세우게 되었다. 이 때문에 재미있는 콘텐츠라면 주연 배우가 바뀌더라도 시즌2를 찍는 분위기가 생긴 것이다. 엄청난 제작비 증가를 해외 콘텐츠 판매로 충당하는 미국 방송사와 비슷하게 흘러가고 있다고 볼 수 있다. 이제 중국도 콘텐츠의 세계화를 바라볼 수밖에 없게 된 것이다. 중국 온라인 비디오 플랫폼의 시장을 가속화하고 있는 아이치이와 텐센트 비디오도 그들이 제작한 오리지널 콘텐츠를 팔기 위해 들고 나왔다.

즉, 중국에의 수출이 막힌 것보다도 사실 중국 콘텐츠의 세계 시장 진출을 더 걱정해야 하는 상황이 도래한 것이다. 당장 지금, 우리가 시청하고 있는 애니메이션 등의 콘텐츠 중에서도 중국에서 제작된 것들이 있을 수 있다.

넷플릭스 콘텐츠에서
가장 유명한 콘텐츠는 무엇일까

넷플릭스에서 서비스하고 있는 콘텐츠 중 2016년 전 세계에서 가장 많은 시청 횟수를 기록한 콘텐츠는 무엇일까? 작년의 구글 트렌드 검색을 뜨겁게 달구었던 〈태양의 후예〉나 〈기묘한 이야기Stranger Things〉를 떠올린 이도 있겠지만, 가장 많은 시청 횟수를 기록한 콘텐츠는 중국의 〈환성Ice Fantasy〉이다.

〈환성〉은 중국 후난위성에서 2016년 7월부터 11월까지 방영했고 대부분의 중국 OTT에서 서비스했던 콘텐츠다. 총 62부작으로 구성되었던 이 드라마는 한국에도 잘 알려진 아이돌 그룹 에프엑스 출신의 연기자 빅토리아가 주연을 맡고 김희선이 조연으로 나온 중국판 〈왕좌의 게임〉이다. 중국에선 아직 〈왕좌의 게임〉이 정식으로 서비스되지 않고 있다.

누적 조회수만 약 140억이며 편당 2.5억 명 이상이 온라인으로 시청했다. 후난위성에서 방영했음에도 불구하고 온라인에서도 이만큼의 사람들이 시청한 것이다. 중국의 1, 2선 도시 내 얼마나 많은 인구가 온라인으로 시청하는지를 잘 보여주는 데이터라 볼 수 있다. 7억 명의 중국 네티즌 중 35% 가까이가 본 셈이며, 2016년 온라인으로 가장 많이 본 드라마/영화 Top 5에 들었다. 물론 앞에서 언급했던 〈주선청운지〉가 250억 뷰로 1위를 했기에 〈환성〉은 1위를 하지 못했다. 〈태양의 후예〉는 Top 10에 들지 못했다. 그런데 이런 콘텐츠가 넷플릭스를 통해 199개국에 서비스되고 있으며, 한국에서는

텐센트 비디오는 월 2억6,000만 명이 시청한다. 한편 아이치이는 BAT(바이두, 알리바바, 텐센트 비디오) 가운데 기업 규모는 가장 작지만 월 2억7,000만 명이 사용하는 동영상 비디오 플랫폼 아이치이를 보유하고 있다. 특히 애니메이션 콘텐츠는 준수한 완성도를 자랑한다.

케이블 채널인 CNTV에서 방영됐다.

앞서 이야기한 것처럼 중국 시장이 막혀서 한국의 콘텐츠 시장이 골머리를 앓고 있는 것은 사실이다. 하지만 그사이 〈무신 조자룡(김정훈, 윤아 주연)〉, 〈주선청운지〉, 〈노구문(엑소의 레이 주연)〉 등 중국에서 검증된 콘텐츠들이 후속 시즌을 준비하면서 세계 진출을 고려하고 있다. 그리고 많은 이들이 이 콘텐츠들을 프랑스 밉티비에서 직접 확인했다. 물론 아직 한류보다는 인지도가 미비한 편이지만, 중국 콘텐츠가 정말 무서운 점은 해외에 살고 있는 중화권 인구를 무시할 수 없다는 점이다.

또 다른 하나는 홍콩이나 일본이 아시아의 콘텐츠 흐름을 이끌던 시절, 한국 드라마들이 세계에 도전하던 때와는 스케일이 다르다는 것이다. 중국 드라마 제작비는 이미 한국에서 2016년 말 가장 히트한 콘텐츠인 〈쓸쓸하고 찬란하神 도깨비〉의 수준을 넘어섰다. 편당 제작비의 2~10배까지도 올라가고 있으며, 넷플릭스도 그런 콘텐츠를 주목하고 있다.

넷플릭스, 중국에 고개를 숙이다

2017년 4월 24일, 각 언론을 통해서 넷플릭스가 오랫동안 숙원이었던 중국 시장에 진출한다는 이야기가 전해졌다. 넷플릭스를 사용할 수 없는 국가였던 중국, 북한, 이란에서 이제 중국이 빠지는 것이다. 이 사실은 인도네시아에서 있었던 APOS2017에서 넷플릭스 콘텐츠 수급 임원VP인 로버트 로이를 통해 알려졌다.

넷플릭스는 중국의 유튜브이자 넷플릭스인 아이치이에 콘텐츠를 공급하는 라이선싱 계약을 맺은 것이다. 넷플릭스와 아이치이를 어떻게 보아야 할까? 단순히 넷플릭스가 중국에 진출한 것으로 여기기엔 애매하다. 중국 1위 미디어 플랫폼인 아이치이의 입장에서 보면, 2017년 3월 말 이루어진 할리우드 영화사 워너 브라더스와의 계약에 이어 넷플릭스가 아이치이의 콘텐츠 파트너로 들어오게 된 것이다. 한국과는 달리 중국에서는 특정 해외 콘텐츠를 어디서든지 볼 수는 없고, 독점계약을 통해 특정 비디오 플랫폼에서만 시청이 가능하다. 즉, 넷플릭스는 중국에 넷플릭스 브랜드를 서비스하는 것

그림 10-8 〈환성〉의 조회수 분포

(단위: 조 원)

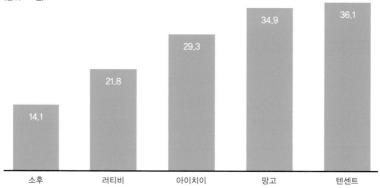

14.1	21.8	29.3	34.9	36.1
소후	러티비	아이치이	망고	텐센트

❘ 〈환성〉은 대부분의 플랫폼에서 조회수 10억을 넘어섰다.

이 아니라, 워너 브라더스처럼 콘텐츠 공급자 입장으로서의 중국 진출을 이루어낸 것이다. 이런 계약 형태는 넷플릭스 사상 처음인데, 넷플릭스는 2016년 10월의 3분기 실적 발표 당시 중국 진출에 대해 콘텐츠 라이선싱을 통해서 진출하겠다고 발표한 것을 지킨 것이다. 이에 따라 넷플릭스는 중국 내에서 당분간 혹은 오랫동안 자체 브랜드로서 비디오 서비스를 운영하지는 못할 것으로 보인다.

넷플릭스에게는
여전히 새로운 시장인 중국

넷플릭스의 중국 진출이 현실화되면서, 그들은 광전총국의 칼 같

〈외과풍운〉은 저장위성과 동시방영 중인 프로그램이다. 넷
플릭스도 이러한 형태로 공급될 것이다. VIP 모델로, 유료
가입자는 최근 에피소드를 좀 더 빠르게 시청할 수 있다.

은 심의를 벗어날 수 없게 되었다. 앞으로 아이치이를 통해 중국에
출시할 콘텐츠는 방영 6개월 전에는 스크립트 사전 심의를 받아야
하고, 3개월 전에는 완성본을 가지고 와서 다시 심의를 받아야 한다.
방송 불가 소재도 무수히 존재하여 모든 콘텐츠를 방영할 수도 없
다. 또한 넷플릭스가 제작하거나 독점계약한 콘텐츠만이 중국의 심
의 과정을 거쳐서 방영되는 것이다. 대부분의 한국 사전 제작 드라
마들은 이런 과정을 피할 수 없었다. 넷플릭스도 마찬가지다.

　바이두 산하의 동영상 미디어 플랫폼인 아이치이는 젊은 중국 여
성들이 빠뜨리지 않고 보며, 5억 명 이상의 가입자가 있고 한 달 사
용자Monthly Active User만 2억6,000만에 이르는 중국 최대 동영상 플
랫폼이다. 참고로 중국에서는 유튜브를 볼 수 없다. 이런 중국 비디

오 플랫폼의 최근 화두는 광고 기반 동영상 플랫폼AVOD, Advertisement Video On Demand에서 넷플릭스와 같은 월 가입자 기반의 플랫폼SVOD, Subscription Video On Demand로 전환하는 것이다. 넷플릭스 콘텐츠는 위와 같이 플랫폼 독점 공급 방식(중국은 SVOD 서비스를 VIP 서비스라 부른다)을 통해 유료 가입자를 얻는 방식을 취할 것으로 보인다. 현재 방영 중인 콘텐츠는 심의 때문에 최소 3개월 후에 릴리스가 가능하지만 어차피 중국 내에서는 공식적으로 시청이 불가하기 때문에 큰 문제가 되지는 않는다.

넷플릭스와 손을 잡은 중국, 이제 한국에게 기회는 없는가

아이치이가 넷플릭스와 손잡은 이유는 바로 강력한 경쟁자인 텐센트 비디오 때문이다. 텐센트 비디오는 아이치이와 마찬가지로 중국에서 가장 많이 보는 비디오 플랫폼으로, 월 사용자가 2억5,000만에 이르고 HBO, 파라마운트, 바이아콤, MGM 등을 비롯한 북미 콘텐츠는 텐센트 비디오가 주도하고 있는 상황이다. 그러나 아이치이는 중국 콘텐츠에서는 강력하나 한한령 이후 눈에 띄는 해외 콘텐츠는 적은 편이고, 특히 네트워크 영화 쪽은 텐센트 비디오의 적극적인 투자로 경쟁이 치열해지고 있는 상황이었다. 아이치이가 워너브라더스 같은 할리우드 스튜디오와 계약하려 노력하는 이유도 이 때문이다. 게다가 텐센트 비디오는 가장 인기 있는 미국 스포츠인

NBA와 NFL의 중계권도 가지고 있다. 게임 간 종횡 IP도 텐센트 비디오가 아이치이를 앞서고 있다.

아이치이와 넷플릭스의 계약은 단순히 중국이라는 새로운 시장을 연 데 그치는 것이 아니다. 이제 중국은 거대한 공급 시장에 그치지 않고, 우리와 경쟁해야 할 오리지널 콘텐츠 생산국으로 우뚝 선 것이다. 아이치이가 제작하는 오리지널 콘텐츠의 수는 넷플릭스와 비교될 정도다. 올해 아이치이가 제작하겠다는 오리지널 콘텐츠의 투자 비용은 15억 달러의 규모로, 넷플릭스의 오리지널 콘텐츠 제작비에 맞먹는 수치다. 아이치이와 계약을 맺으면서 넷플릭스는 중국에 콘텐츠를 공급하는 채널을 만든 것뿐만 아니라 안정적으로 중화권 오리지널 콘텐츠를 공급받을 수 있는 길이 생긴 것이다. 물론 아이치이가 글로벌 진출을 한다면 넷플릭스에 콘텐츠를 공급할 일은 없을 것이지만, 당장은 그런 일이 일어날 것 같지 않다. 그렇게 되면 한국은 다소 불리한 입장이 된다. 그런 면에서 넷플릭스와 조기에 공급 계약을 맺은 JTBC의 전략은 유효했다. 한국의 콘텐츠 업체들은 넷플릭스 안에서 중국 콘텐츠와 경쟁을 시작해야 한다. 단순히 이번 이슈를 넷플릭스의 중국 진출 성공으로만 받아들이면 안 되는 이유다. 넷플릭스가 중국에서 성공하는 드라마를 찾고 활용하고 있다는 것에 주목해야 한다. 넷플릭스가 중국 시장을 완벽히 이용하지는 못해도 콘텐츠를 이용할 수는 있는 것이다. 한국에서 그다지 큰 성공을 거두지 못하고 있는 넷플릭스가 한국 콘텐츠에 투자하는 것과 같은 의미다. 이제 중국은 우리에게 시장이 아닌 경쟁자가 된 것이다. 우리는 그 점을 제대로 이해해야 한다.

문화는 가질 수 없고 누릴 수 없어야 신비로운 것이다. 우리의 다음 세대는 우리가 홍콩을 선망했듯 중국 문화를 선망하게 되지 않을까? 그러기 위해서는 더욱더 투자해서 이겨낼 수 있는 전략을 세워야 한다. 중국이 어렵다고 발만 동동 굴리기만 해서는 아무것도 이룰 수 없다. 한국 기업들은 아시아에 아직 기회가 있다는 사실을 잊지 말아야 한다.

Q

동남아시아는
인터넷 인프라가 열악하고
소득수준이 한국보다 낮은데
굳이 진출해야 할까?

동남아시아의
미디어 시장 규모는 얼마나 큰가?

동남아시아에 진출한
한국 미디어 기업은 어디 있는가?

11장

동남아에 뜨는 별

아시아도 기회다

South-East Asia

Named
New Market

중국 대신 동남아시아로 진격하라

　중국 시장에 한국 콘텐츠가 더 이상 설 자리가 없다 해도 아시아의 인구는 중국 외에도 30억 명이 넘고 아세안 10개국에는 6억 명이 살고 있다. 홍콩, 싱가포르, 중국, 호주 자본은 인도와 아세안 10개국을 잡기 위해서 한류 콘텐츠를 활용하고 있다.

　해외 시장에서 잘 팔린 콘텐츠의 예로 〈보보경심: 려〉가 있다. 한국에서는 흥행에 성공하지 못했으나 편당 50만~60만 달러(6~7억 원)에 중국에 수출되었고 다른 여러 OTT 기업들과 편당 수억 원에 계약을 하면서 큰 매출을 올렸다. 제작비 150억 원을 투자했으나 본국에서 큰 성공을 거두지 못한 콘텐츠가 전 세계에서 약 300억 원 수준을 벌어들인 것은 큰 시사점이 있다. 〈표 11-1〉에서 보듯이 유니버셜, YG엔터테인먼트, 바람이 분다 제작사가 공동투자하여 제작된 〈보보경심: 려〉는 설령 중국에 수출되지 않았어도 결코 실패한 콘텐츠가 아니라는 점이다. 전 세계에서 올린 매출 외에도 한국 내 VOD 판매와 폭스, SBS FunE, SBS플러스, 드라마 H, 채널 칭에 판

국가	서비스 OTT 플랫폼	편당 계약금
중국	유쿠, 망고(이상 OTT)	편당 6~7억 원(전체 120~140억)
한국	넷플릭스(OTT), SBS(채널)	광고 수입 편당 3억 원(전체 60억)
홍콩	러에코(OTT)	편당 1억 원 이하
일본	KNTV(채널)	편당 2억 원(전체 40억 원)
싱가포르, 말레이시아	ONE TV ASIA(채널)	편당 1억 원 이하
전 세계	드라마 피버(OTT)	편당 2억 원(약 40억 원)
전체		약 300억 원(제작비 150억 원)

매되면서 발생한 매출도 무시할 수 없는 수준이다. 한편 tvN에서 방영한 스튜디오 드래곤의 〈쓸쓸하고 찬란하神 도깨비〉는 애초에 중국은 핵심 타깃도 아니었다. 그럼에도 세계 시장에서 성공한 예다.

한국 플랫폼 기업들은 동남아시아 플랫폼 시장을 두고 '향후에 뛰어들 시장'이라고 평가하고 있지만 〈표 11-2〉에서 알 수 있듯이 이미 폭발적으로 성장하고 있으며 넷플릭스뿐 아니라 앞서 언급했던 여러 OTT 기업들이 치열하게 경쟁하고 있는 곳이다. 예를 들어 바이두의 아이치이는 이미 대만에 진출했고 넷플릭스와 가입자 확보 전쟁을 벌이고 있다. 현지 OTT 기업으로 캐치플레이Catchplay가 있으나 가격경쟁력과 콘텐츠 규모에서 넷플릭스와 아이치이에게 뒤져 있다.

결론적으로 한국은 동남아시아에서 적극적으로 전선을 만들어야 한다. 그 이유는 세 가지가 있다. 첫째, 중국 시장을 대체할 새로운

❖ 표 11-2 〈쓸쓸하고 찬란하神 도깨비〉

국가	서비스 OTT 플랫폼	방영 기간
브루나이, 홍콩, 인도네시아, 말레이시아, 싱가포르	Oh!K(채널)	2016년 12월 3일 (방영 후 1일 후) ～ 1월 22일 종방
스리랑카, 브루나이, 말레이시아, 몰디브	아이플릭스(OTT)	2016년 12월 3일 (방영 후 1일 후) ～ 서비스 중
일본	Mnet Japan(채널)	2017년 3월 방영
홍콩, 싱가포르, 인도네시아, 말레이시아	뷰(OTT)	2016년 12월 3일 (방영 후 1일 후) ～ 서비스 중
아시아 외 전 지역	드라마피버, 비키(OTT)	2016년 12월 3일 (방영 후 1일 후) ～ 서비스 중
태국	True4U(채널)	2017년 초
대만	아이치이(OTT)	2016년 12월 3일 (방영 후 1일 후) ～ 서비스 중

시장으로 삼을 수 있다. 둘째, 콘텐츠가 강점인 한국 기업과 제휴를 맺을 기업이 많다. 셋째, 한류 이후 한국 기업에게 우호적인 분위기가 유지되고 있다.

한국은 우수한 콘텐츠를 만들어 동남아시아 현지 OTT 기업과 제휴할 필요가 있다. 그러기 위해서 넷플릭스나 아마존 같은 플랫폼 사업자와 경쟁하고 있지만 콘텐츠 사업자들에게는 파트너인 기업이 누구인지 알아야 한다.

앞으로 살펴볼 뷰, 훅, 아이플릭스, 비키, 드라마피버는 한국의 파트너로 손색이 없는 기업이다. 이들만큼 한류에 우호적인 기업도 없으며 〈보보경심: 려〉와 〈쓸쓸하고 찬란하神 도깨비〉를 성공으로 이 끈 경험도 있다. 우려스러운 점은 동남아시아를 비롯해 전 세계에서 한국의 콘텐츠 시장이 중국 콘텐츠에게 서서히 침식당하고 있다는 점이다. 한국 콘텐츠가 생존하기 위해서는 더 이상 중국에게 세계 시장의 주도권을 빼앗기지 않아야 한다.

뷰 Viu
: 넷플릭스가 아시아에서 먼저 넘어야 할 산

뷰에 대한 평가는 '넷플릭스가 아시아에서 가장 먼저 넘어야 할 산'으로 압축된다. 그만큼 동남아시아에서 가장 많은 가입자를 보유 하고 있는 기업이다. 뷰라는 OTT 기업을 알기 위해서는 우선 뷰의 모기업인 PCCW를 알아야 한다. PCCW는 홍콩의 모바일과 인터넷 네트워크 사업자다. 홍콩 시장의 특징은 세계 최초로 IPTV 서비스 를 시작했으면서도 전체 가구 가입자가 많지 않다는 것이다. 총 가 구 수가 250만에 불과하지만 PCCW의 IPTV 가입자도 94만 명에 정체되어 있었다. 그 원인은 PCCW가 무리한 마케팅 비용을 소요하 면서까지 적극적으로 고객을 유치하는 정책을 펴지는 않았기 때문 이다. 참고로 유선 인터넷 시장점유율 1위는 아이케이블i-Cable이라 는 기업이었지만 PCCW과 큰 차이가 없었다. 홍콩인들은 인터넷 네 트워크를 중시하되 TV는 일부만 보고 있었던 것이다.

PCCW는 IPTV에서 고전하고 있었지만 인터넷 네트워크 시장에

넷플릭스가 아시아에서 먼저 넘어야 할 산
PIP (Platform In Platform)의 아시아 선두 주자

홍콩 최대 IPTV 사업자 PCCW의 글로벌 OTT 서비스
가입자   1,000만 명 이상(무료 서비스 이용자 포함)
월평균 사용자   400만 명(2016년 12월 기준)
향후 전망   2017년 유료 가입자 1,000만 명 돌파(유료 고객 기준)
특징   한국 드라마를 24시간 이내, 특정 프로그램은 4시간 이내에 서비스, 자막 서비스에서 한국 드라마가 가장 빠름
콘텐츠   한국, 일본, 대만 드라마 위주(중동은 중동 콘텐츠 위주)
서비스 국가   홍콩, 싱가포르, 말레이시아, 인도, 인도네시아 등 13개국
글로벌 서비스   2017년 2월 중동 서비스 시작(UAE, 사우디아라비아, 쿠웨이트, 바레인, 카타르, 오만, 요르단, 이집트)

서는 선전했고 총 250만 가구 중 총 150만 가구를 점령한 상태였
다. 시장 규모는 한국은 물론 대만보다도 작지만 모든 가구는 인터
넷 네트워크가 필요하고 시장의 60%를 차지하고 있었으니 비교적
안정적인 가입자 구도라고 볼 수 있었다. PCCW는 유료방송 시장에
크게 투자하기보다는 가입자별 평균 매출ARPU, Average Revenue Per User
에 집중했는데 결국 거대한 변화를 맞이해야 했다. 그 시작은 중국
기업 러에코였다.

2014년 8월, 러에코가 홍콩에 투자하기 시작하면서 나비 효과
가 시작되었다. 러에코는 홍콩에 스마트TV를 팔기 시작했는데 중
국에서 서비스하던 콘텐츠들을 그대로 가져왔다. 홍콩에서 80만 명
의 인터넷 네트워크 가입자를 보유하고 있던 HKBN(홍콩 브로드밴드

네트워크, Hong Kong Broadband Network)는 러에코와 제휴를 맺고 PCCW에 대항하면서 홍콩의 플랫폼 시장은 혼돈으로 빠져들고 말았다. 러에코의 전략은 IPTV를 무력화하는 것이었다. 우선 러에코는 홍콩 현지의 IPTV나 케이블TV와 완전히 다른 VOD 서비스를 전면에 내세웠다. 그리고 스마트TV만 구매하면 2년간 콘텐츠를 무료로 이용할 수 있는 쿠폰을 증정했다. 러에코의 전략에 따라 홍콩에서 IPTV 서비스는 이제 필요가 없게 된 것이다.

PCCW도 반격을 준비했다. 2015년 3월, PCCW는 동남아시아의 VOD 서비스 기업인 뷰 클립VuClip의 지분을 대부분 확보하고 독자적인 OTT 서비스를 개시할 준비를 마쳤다. 러에코의 홍콩 진출이 IPTV의 종말과 VOD의 시작을 가져왔고 넷플릭스가 넘어야 할 산인 PCCW의 뷰를 탄생시킨 것이다.

2015년 10월, 러에코와 HKBN이 인터넷 서비스 합작 벤처기업을 설립하자 PCCW는 바로 그 달부터 뷰Viu라는 OTT 서비스를 개시했다. 뷰는 PCCW의 IPTV 서비스와 완전히 별개의 서비스로서 초기 전략은 한류 콘텐츠를 적극적으로 활용하는 것이었다. 실제로 당시 뷰의 서비스는 한국 서비스로 오해받을 정도였다.

뷰는 2017년에 15개국에서 400만 명의 유료 가입자와 1,000만 명의 무료 가입자를 보유할 정도로 성장했다. 넷플릭스가 호주와 뉴질랜드에서 선전하고 있지만 동남아시아 국가에서는 뷰가 유료 가입자 기준으로 선두를 달리고 있다. 아직 흑자 서비스 플랫폼이 되지는 못했지만 한국 드라마를 본 방송 이후 12시간 내에 영어·현지어 자막과 함께 시청할 수 있기 때문에 아시아 지역에서 인기가 높다.

뷰는 한국에서 본방송이 공개되고 8시간 이후에 바로 시청
할 수 있다는 점을 강조한다.

　　뷰의 전략 가운데 하나는 PIP(플랫폼 인 플랫폼, Platform In Platform)
라는 개념의 서비스를 제공하는 것이다. PIP란 현지 통신 기업이나
지역 플랫폼에 기생하는 서비스를 말한다. 예를 들어 뷰는 싱가포르
에서 싱텔Singtel의 모바일 서비스에서 따로 앱을 설치하지 않아도 이
용할 수 있다. PIP 서비스의 장점은 두 가지가 있다. 첫째는 타국에
서 브랜드 파워가 약해도 현지의 브랜드 파워에 기댈 수 있다는 것
이고, 둘째는 기존 모바일 가입자를 이용할 수 있다는 것이다. 2016

1 실시간 방송을 VOD로 전환하는 데 강점이 있다.
2 자사의 주된 콘텐츠가 웹 영화와 같은 단편이라면 뷰와의 제휴는 적절하지 않다. 반대로 말하면 콘텐츠의 시즌 전체의 길이가 길다면 제휴를 고민하라.
3 뷰의 고객은 콘텐츠의 업데이트에 익숙하다.
4 한국에서 방송된 콘텐츠를 좋아한다.
5 뷰는 콘텐츠에 대한 거대 규모의 투자에 관심이 있다.

년 기준으로 전 세계에서는 유명하되 한국에서는 아직 인지도가 높지 않은 넷플릭스가 CJ헬로비전의 셋탑박스에 내장되어 서비스된다면 이것도 PIP라고 볼 수 있다.

뷰의 미래는 밝다. 2018년 이후에는 가입자 기반이 안정되어 영업이익이 흑자로 전환될 것으로 보인다. 또한 2020년에는 모기업 PCCW 매출의 절반을 차지할 것으로 예상된다. PCCW에 인수되었으며 뷰Viu의 모회사인 뷰클립은 터키와 중남미를 비롯한 여러 국가에서 숏 클립(짧은 영상) 위주로 시장 확장을 테스트하고 있다. 이 테스트가 끝나면 기존 뷰와 통합될 것이다.

뷰의 선전은 넷플릭스 킬러가 아시아에서 나올지 모른다는 기대를 품게 한다. 세계 시장에서 2위를 달리는 아마존이 아니고 말이다. 2017년에 뷰는 홍콩, 싱가포르, 인도네시아에서 강점을 보이고 있으며, 이 지역을 타깃으로 서비스 중이거나 진출을 계획하고 있는 기업은 뷰와의 제휴를 진지하게 고민해야 한다.

아이플릭스 iflix
: 공식적으로 아시아의 넷플릭스 대항마로 선택받다

아이플릭스라는 이름을 들어본 독자는 많지 않을 것이다. 하지만 이 기업은 '말레이시아의 넷플릭스 카피캣'이라는 별명답게 말레이시아 현지에서는 인지도가 높다. 아이플릭스는 2015년 4월에 서비스를 시작했는데 그 전부터 필자는 파트너로서 함께 일했기에 이 기업을 잘 알고 있다.

아이플릭스는 말레이시아에서 첫 서비스를 시작했지만 국적은 호주다. 호주의 인터넷 기업으로 잘 알려진 카챠그룹Catcha group이 모회사이며 인도네시아보다 호주에서 최초의 넷플릭스의 카피캣으로 인지도를 쌓기 시작했다. 아이플릭스는 호주에서 넷플릭스와 대결했던 퀵플릭스Quickflix의 인력이 이동해서 패자부활전을 꿈꾼 서비스다. 출시 초기에는 퀵플릭스의 최고기술경영자CTO, Chief Technical Officer를 컨설턴트로 영입하고 1년 남짓 동영상 스트리밍 서비스를 준비한 바 있다.

아이플릭스는 서비스 현지화에 강점을 보이는 기업 중 하나다. 그리고 여전히 최고의 현지화를 목표로 서비스를 제공하고 있다. 호주

아시아의 넷플릭스를 꿈꾸는 유럽의 알박기
퀵플릭스에 이은 카피캣, 저렴한 가격이 매력 포인트

2014년 말레이시아에서 창립, 호주의 인터넷 기업 카차 그룹 산하
가입자   400만 명 이상(유료 Only)
특징1   아이플릭스 팀(셀럽들이 좋아하는 영화·드라마 공유)
특징2   아이플릭스 익스클루시브라는 독점 라벨 유지
가격   모든 서비스 지역에서 월 3달러 이하의 가격을 유지
콘텐츠   넷플릭스가 서비스하지 않는 영화·드라마가 위주
투자   아시아에서 가장 많은 펀딩, 글로벌 최대 유료방송 사업자들의 투자, 리버티 글로벌, 스카이 등(2,800억 원 이상)
서비스 국가   말레이시아, 미얀마, 필리핀, 태국, 인도네시아, 스리랑카, 몰디브, 파키스탄, 베트남 등 총 19개국

자본과 기술로 시작했지만 말레이시아에서 마케터, 디자이너, 개발자를 채용하고 자사를 말레이시아 기업으로 홍보한 이유도 완벽한 현지화가 최우선 목표였기 때문이었다.

아이플릭스라는 이름이 한국에 본격적으로 알려지기 시작한 것은 아이플릭스 필리핀에서 온라인 투표로 진행한 'Best Actor of 2016'에서 배우 이민호가 선정된 것이 결정적이었다. 이 이벤트는 아시아 스타이자 한류를 대표하는 배우를 뽑아 아이플릭스 필리핀이라는 브랜드를 알리기 위한 전략적인 행사였다.

아이플릭스의 또 다른 전략은 현지 인지도를 적극적으로 활용해 자신의 브랜드 파워를 강화하는 것이다. 필리핀에서는 SNS에 수십만 명의 팔로워를 보유하고 트렌드를 선도하는 연예인들을 주주로

참여시켜 자사 브랜드 파워를 강화하는 인플루언서 마케팅 전략을
폈다.

앞서 초기 인력이 대부분 퀵플릭스에서 왔다고 했는데, 아이플릭
스는 지금도 넷플릭스와 더욱 치열하게 경쟁하기를 원하고 있다. 넷
플릭스가 오리지널 콘텐츠로 승부하는 것처럼 아이플릭스도 아이플
릭스 익스클루시브iflix exclusive라는 이름의 지역독점 콘텐츠를 수급
하여 현지 고객을 유치하고 있다. 한 예로 아마존 프라임 비디오가
USA네트워크의 최고 히트작 〈미스터 로봇Mr. Robot〉을 북미 독점으
로 서비스하여 넷플릭스와 경쟁하듯이, 아이플릭스도 〈미스터 로봇〉
을 독점하여 말레이시아에서 넷플릭스와 경쟁하고 있다.

아이플릭스가 한류를 활용하고 있다는 점도 눈여겨봐야 한다. 여
러 콘텐츠를 계약해서 양으로 승부를 보기보다는 핵심 콘텐츠에 크
게 투자해서 확실한 효과를 보고 있기 때문이다. 〈쓸쓸하고 찬란하
神 도깨비〉, 〈푸른 바다의 전설〉, 〈태양의 후예〉, 〈응답하라 1988〉

을 포함해 모두 19개의 한국 콘텐츠를 독점 공급하여 넷플릭스와의 전면전에서 승기를 잡기 위한 무기로 쓰고 있다. 물론 독점 시리즈는 계속 확장하고 있으며 콘텐츠 규모도 다른 기업과 경쟁하기에 충분한 수준이다.

아이플릭스의 최대 장점은 바로 가격이다. 경쟁사들이 월 구독료로 10달러부터 5달러를 받는 반면에 아이플릭스는 월 3달러 이하다. 이처럼 매우 저렴한 월 구독료 때문에 출시 초기부터 2016년까지 업계에서는 아이플릭스가 조만간 파산할 것이라는 전망이 우세했다. 하지만 2017년에는 누적 투자금이 2억5,000만 달러에 달할 정도로 전도유망한 서비스로 성장했다.

아이플릭스의 기업가치는 4억5,000만 달러(약 5,060억 원)를 넘어섰다. 아이플릭스가 급격히 성장한 이면에는 네 개 거대 기업의 투자가 있었다. 매출이 20조 원이자 전 세계 5,000만 케이블TV 고객을 보유한 영국의 리버티글로벌, 매출이 17조 원이자 연간 콘텐츠 구입비가 60억 달러에 달하고 영국·독일·이탈리아 등에 2,200만 명의 고객을 보유한 스카이, 중앙아시아와 아프리카에만 4,700만 가입자를 가진 중앙아프리카 최대 모바일 기업인 자인, A+E 네트웍스와 ESPN의 지분을 가지고 있는 미국의 미디어 그룹 허스트가 그 주인공이다. 흥미로운 것은 리버티글로벌은 넷플릭스와 협력한 가장 최대 규모의 케이블TV 사업자인데도 중앙아시아에서 넷플릭스와 일전을 벌일 아이플릭스를 키우고 있다는 사실이다. 또한 자인역시 중앙아시아에 새로운 OTT 서비스를 출시할 예정인데 그 파트너로 아이플릭스를 선택했다. 이들 네 개 기업의 투자 규모는 2억

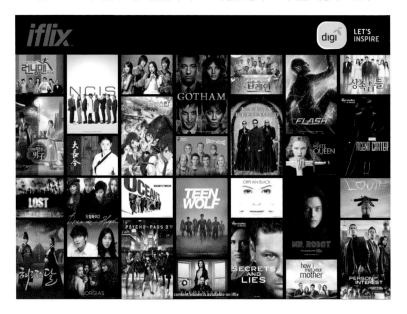

2,000만 달러에 달한다.

2017년 4월, BBC는 아이플릭스 서비스 지역에 자사의 콘텐츠를 독점 공급하는 신규 계약을 맺었다. 아이플릭스는 세계 굴지의 콘텐츠 제작사들에게서 공식적으로 아시아의 넷플릭스 경쟁자로 인정을 받은 것과 같다.

아이플릭스는 넷플릭스와 경쟁하려면 넷플릭스가 할 수 없는 것을 할 수 있어야 한다는 사실을 행동으로 보여주고 있다. 아마존이 NFL을 전 세계에 생중계하겠다고 발표한 지 얼마 안 있어 아이플릭스는 인도네시아의 스포츠 및 뉴스 전문채널인 tvOne과 계약을 맺고 1, 2부 프로축구리그를 자사 플랫폼에서 실시간으로 볼 수 있는

1 아이플릭스와의 계약은 넷플릭스와 계약하지 않겠다는 뜻이라는 점을 명심
하라.
2 '뷰' 같은 다른 OTT 서비스에 동시 방영 기록이 있어도 상관없다. 왜냐하면
저들은 윈도우가 느리다.
3 뷰와 달리 반드시 한국에 방송된 콘텐츠를 수급할 이유는 없다.
4 향후 유럽과 아프리카 시장에 진출할 계획이라면 아이플릭스는 든든한 아
군이 되어줄 것이다.
5 한국의 뉴미디어 콘텐츠에 관심이 많다.

서비스를 실시했다.

아이플릭스는 한국 콘텐츠 계약에 여전히 열을 올리고 있다. FOX
네트워크 그룹에서 수석부사장EVP, executive vice president을 역임한 LYD
의 이준희 대표를 상임 자문위원으로 위촉하여 한국을 비롯해 아시
아 콘텐츠를 제작·수급하는 데 박차를 가하고 있다.

투자자 유치, 넷플릭스와 전면 대결, 아시아 시장 전략은 아이플
릭스가 곧 파산할 기업이 아니라 아시아의 떠오르는 콘텐츠 사업자
로 등극했다는 반증이다. 한국은 아이플릭스를 동남아시아의 작은
기업이 아니라 파트너로 삼아야 한다는 뜻이기도 하다.

○ 그림 11-7   훅

우리에게 한류란 없다
할리우드와 현지 콘텐츠로 승부한다.

통신사 주도의 서비스, 소니와 워너의 콘텐츠 영화는 덤으로.

2015년 1월 아시아 최초 넷플릭스 대항마로 부상

서비스 출범   싱가포르의 싱텔, 소니 픽처스, 워너 브라더스의 조인트벤처로 시작

특징   월정액 위주의 시장과 다양한 정액제 모델 그리고 7일간의 무료 서비스

강점   2만여 개의 콘텐츠, 할리우드와 발리우드에서 강점

콘텐츠   아시아의 거대 미디어 기업인 싱텔과 HBO의 워너가 만남

현재 상황   망할 수 없는 조합이되 소극적인 서비스 국가 확대, PIP에 뒤늦게 적극적인 행보

서비스 국가   싱가포르, 필리핀, 인도네시아, 인도, 태국

훅 Hooq

: 한류는 없다. 할리우드와 현지 콘텐츠만 있을 뿐이다

훅Hooq은 소니와 타임워너 그리고 싱텔이 합작해 만든 넷플릭스의 또 다른 대항마다. 훅은 한국 지상파 연합이 서비스하는 푹Pooq의 카피캣이라는 오해를 사기도 하지만 두 서비스는 전혀 다르다. 우선 푹은 지상파(MBC, KBS, SBS)의 실시간 스트리밍 서비스와 유료 VOD 서비스가 주력인 반면에 훅은 할리우드 영화·드라마와 현지 VOD 서비스를 제공한다.

훅의 가장 큰 강점은 어떤 서비스보다도 할리우드와 소니 그리고 워너브라더스의 영화를 많이 보유하고 있다는 것이다. 또한 방송사와 상관없이 많은 미국 드라마를 제공하고 있다는 점도 특징이다.

한편 아시아 OTT 서비스 가운데 유일하게 한국 드라마를 수급하지 않는다는 점은 놀라울 정도다. 한국 영화는 100여 편 정도 있지만 검색도 쉽지 않고 최신 영화는 아예 없다. 그 이유는 훅이 보유하고 있는 콘텐츠의 출처, 그리고 한류를 선점한 경쟁자와의 차별화 때문이다. 훅이 서비스하고 있는 영화의 40%와 드라마의 50% 이상은 미국 콘텐츠다. 따라서 콘텐츠를 수급하고 관리하는 주체가 타임워너와 소니 픽처스인 할리우드기 때문에 한류를 적극적으로 활용하지 않는 것이다.

훅은 한류 대신 할리우드(미국), 발리우드(인도), 피노이(필리핀), 타밀(인도) 등의 드라마와 영화의 수급에 공을 들인다. 서비스 대상 지역인 싱가포르, 필리핀, 인도는 할리우드 콘텐츠와 TV시리즈가 인기있기 때문에 총 보유 콘텐츠에서 큰 비중을 차지하고 있다. 동남아시아에서는 한국 콘텐츠도 인기지만 할리우드 채널의 인기도 무척이나 높다.

또한 훅은 대부분의 서비스 지역에서 아이플릭스, 뷰와 콘텐츠를 동시에 서비스하고 있는데 한국 방송이 핵심 경쟁력인 뷰나 한국 드라마를 독점으로 활용하는 아이플릭스와 대결하기 위해서는 한국 콘텐츠보다 미국 콘텐츠를 독점하는 편이 이득이라고 생각하고 있다. 결과적으로 이 전략은 옳았다.

텐센트 비디오를 위시한 중국 업체가 기존의 월정액 모델과 다른

❖ 그림 11-9   훅의 월정액 계약 옵션

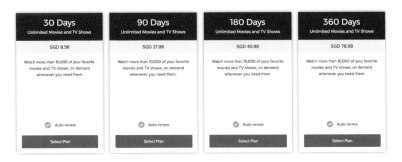

> 훅 서비스는 1개월, 3개월, 6개월, 12개월 계약에 따라 다양
> 한 옵션을 제공한다. 다만 한 달에 최저 4.5달러에서 최고
> 8.9달러 수준이니 결코 저렴한 편은 아니다.

그림을 가지고 서비스하듯이, 훅 역시 월정액 모델에서 탈피한 전략
을 세웠다. 훅은 고객들이 매달 월정액 결제하는 것을 귀찮아한다고
여겼고 약정 기간을 길게 하되 월평균 이용료를 낮추는 방안을 세웠

다. 장기 계약 모델의 장점은 해지 예상 구간을 늘려서 사업을 안정적으로 진행할 수 있다는 것이다. 이러한 계약 모델은 한국의 여러 뮤직 스트리밍 업체도 채택하고 있다.

훅은 한국의 이동통신사나 방송사가 세계 시장으로 진출할 경우 가장 우선적으로 벤치마킹해야 할 기업이다. 그 이유는 훅의 서비스 구성 방식이 매우 인상적이기 때문이다. 훅을 벤치마킹한다면 한국 기업을 잘 모르는 고객에게도 익숙하고 편리한 서비스를 제공할 수 있을 것이다. 훅이 뛰어난 서비스 경험을 제공할 수 있는 원동력은 철저한 외부 솔루션을 적극적으로 활용했기 때문이다. 싱텔의 기술력과 할리우드의 배급 능력에 의존한다는 평가를 내릴 수도 있지만 싱텔은 동남아시아 통신 시장의 강력한 영향력을 필두로 PIP 비즈니스, 즉 영업과 운영만 책임지고 있다. 또한 할리우드는 싱텔과 함께 영화 판권 문제를 해결해주고 미국 드라마를 가져오는 일에만 몰두하고 있다.

그러면 훅의 플랫폼은 누가 만들까? 바로 OVP(온라인 비디오 플랫폼, Online Video Platform)가 만든다. OVP는 콘텐츠를 보유하고 있는 콘텐츠 오너에게 동영상 스트리밍 서비스를 구축해주는 기업을 말한다. 설명은 간단하지만 상당히 어려운 일이며 완성한 동영상 스트리밍 서비스를 기업이 내재화하는 과정에도 보통 수십억 원이 필요하다. 훅의 동영상 서비스 플랫폼은 퀵플레이QuickPlay가 책임졌다. 세계적으로 유명한 OVP로는 NBA, NFL 등 스포츠 분야 OTT의 강자인 뉴라이온Neulion과 컴캐스트 테크놀로지 솔루션Comcast Technology Solutions, 칼투라Kaltura, 우얄라Ooyala, 브라이트코브Brightcove 등이 있다.

❖ 그림 11-10　합병하는 인터넷 괴물과 미디어 괴물 그리고 퀵플레이의 파트너들

퀵플레이의 파트너들의 서비스도 내재화보다는 유망한 해외
솔루션에 투자하는 것이 유리하다고 생각하는 것이다.

　퀵플레이는 미국의 AT&T, 버라이즌, 악큐웨더를 비롯해 캐나다
의 벨Bell과 로저스Rogers, 영국의 보다폰Vodafone, 싱가포르의 싱텔
Singtel 등에 서비스를 구축하고 제공하고 있다. 한국의 유료방송 사
업자는 일반적으로 많은 돈을 들여 자체적으로 동영상 스트리밍 서
비스를 구축하지만, OVP를 활용하면 다양한 미디어 기업의 서비스
를 구축한 경험을 취하면서 상대적으로 적은 비용으로 신속하게 서
비스를 구축할 수 있을 것이다.

퀵플레이이는 전문 메타데이터 업체를 이용하여 차별화된
포스터를 제공한다.

OVP를 활용하지 않는 기업은 넷플릭스과 아마존뿐이다. 세계 시
장으로 눈을 돌려봐도, 북미 케이블TV의 1위 기업인 컴캐스트도 컴
캐스트 테크놀로지 솔루션의 전신인 더플랫폼ThePlatform에게 자사의
플랫폼 설계를 맡겼다.

한편 훅의 플랫폼을 만든 퀵플레이와 훅의 합작사인 워너의 인연
은 주목할 만하다. 2016년 5월에 AT&T는 글로벌 비디오 플랫폼
사업에 대한 투자의 일환으로 퀵플레이를 인수하고 2016년 10월에
는 미국 미디어 기업인 타임워너를 854억 달러(약 96조1,600억 원)에
인수한다고 발표하면서 결국 퀵플레이와 워너는 하나의 기업이 될

훅과 파트너십을 맺고 싶다면
반드시 다음 사항들을 고려하라

1   현지 콘텐츠는 훅과 합작하여 제작하라.
2   웹 영화 같은 단편으로 시장을 공략하라.
3   훅의 플랫폼에 PIP 형태로 입점하라.
4   타임워너와 소니 픽처스와 손을 잡아라. 합작 영화와 드라마 제작을 시도하라.

전망이기 때문이다. 타임워너와 AT&T 합병은 연방통신위원회의 승인만을 앞두고 있으며 연방통신위원회는 별도의 심사는 없다고 밝혀 두 기업의 합체는 기정사실이라고 볼 수 있다.

훅은 인도네시아와 인도 시장에서 공세를 펴고 있다. 인도네시아에서는 1억3,000만 명이 이용하는 텔콤인도네시아Telkom Indonesia에 세 번째 PIP 사업자로 합류하여 가입자 확대를 노리고 있고 인도에서는 콘텐츠 수급에 이전보다 더욱 적극적으로 나서고 있다. 특히 최근에는 여성 인권이 신장되고 있는 인도의 국가 분위기에 발맞춰 여성의 독립과 자유가 주제인 콘텐츠를 수급하기 위한 전략을 펴고 있다.

반드시 세계 시장으로 진출해야 한다면 먼저 훅의 전략을 공부해야 한다. 이유는 두 가지다. 첫째, 훅은 아시아에서 성공하기 위한 열쇠가 반드시 한류 콘텐츠에 있지는 않다는 사실을 증명했다. 이는 한국 기업이 한국 콘텐츠가 아닌 다른 국가의 콘텐츠로 동남아시아를 공략할 수도 있다는 뜻이다. 둘째, AT&T와 타임워너가 합병하기 때문에 향후 AT&T가 아시아 미디어 산업의 첨병으로 훅을 전면에 내세울 가능성이 있다. 아시아 시장에서 승리하려거든 훅이 간 길을 되짚어봐야 할 것이다.

드라마피버 Dramafever
: 미국 한류 드라마의 첨병

미국에서 드라마피버는 한류 드라마의 첨병으로 꼽힌다. 드라마 피버는 타임워너가 조인트벤처인 훅 외에 공식적으로 보유하고 있는 스트리밍 웹사이트이며 뉴욕 출신의 한인 1.5세인 박석 대표와 백승곤 대표가 2009년에 설립했다. 2016년 2월에는 워너 브라더스에 인수되었다.

미국에서 한류 드라마의 브랜드 파워가 무척 강하기 때문에 워너 브라더스도 드라마피버의 가치를 높이 평가했겠지만, 만약 AT&T 와 타임워너의 합병이 조금만 더 늦게 진행되었다면 타임워너의 자회사인 워너 브라더스가 드라마피버를 인수하지 않았을 수도 있다. 왜냐하면 워너 브라더스의 모기업이 될 AT&T는 드라마피버를 사는 대신 퀵플레이로 다른 플랫폼을 구축하기를 바랐을지 모르기 때문이다.

드라마피버는 북미를 중심으로 모두 20개국에 서비스를 하고 있으며 한국 드라마를 전면에 내세워 콘텐츠를 공급하고 있다. 미국

✿ 그림 11-12　드라마피버

✿ 그림 11-13　드라마피버의 요금 정책

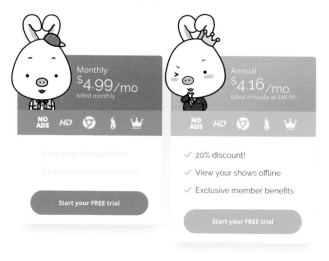

> 드라마피버는 광고를 본 후 콘텐츠를 무료로 시청할 수 있
> 다. 반면에 정액제로 전환하면 광고 없이 다양한 혜택을 즐
> 길 수 있다. 과거에는 연간 0.99달러만 지불하면 모든 콘텐
> 츠를 광고 없이 즐길 수 있었으나 지금은 사라졌다.

에 한국 콘텐츠를 공급하는 또 다른 기업인 온디맨드코리아ODK, On Demand Korea와 함께 한국 사업자가 북미에서 가장 많은 거래를 하는 사업자다. 필자는 부산콘텐츠마켓 2017BUSAN Contents Market 2017에서

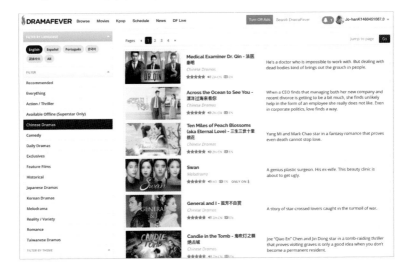

드라마피버에서는 중국 드라마도 한국 드라마같이 최신 에
피소드를 시청할 수 있다.

박석 대표와 만나 드라마피버의 구독자에 대해 이야기할 기회가 있
었는데, 시청자의 70% 이상은 아시아 문화를 사랑하는 여성이라고
한다. 중국이든 아시아든, OTT 시청자의 대부분은 여성이라는 경향
이 있다. 이 점을 반드시 기억하자.

　한편 드라마피버는 새로운 경쟁에 접어들 것이다. 푹의 글로벌 서
비스 개념인 한국 지상파 연합KCP, Korea Content Platform이 북미에 진출
한다고 선언하여 한국 드라마를 놓고 드라마피버와 온디맨드코리아
가 KCP와 PIPPlatform In Platform 협력을 해야 하기 때문이다. 지상파
수급 경쟁이 평준화되어도 당장 위험에 처하지는 않을 것이다. 그동
안 북미에 한국 드라마를 서비스해왔던 드라마피버는 최신 중국 드

✿ 그림 11-15   비키

넷플릭스보다 먼저 글로벌 서비스에 도전하다
사용자가 먼저 콘텐츠를 요청하고, 자막도 만들어서 본다

서비스 출범   2007년 Video와 WIKI의 합성어로 시작
특징 1   호창성, 문지원 대표가 설립, 2013년에 2억 달러 규모로 라쿠텐에 매각
특징 2   클라우드소스 섭타이틀이라는 개념을 창시
콘텐츠   중국, 한국, 미국 등 다양한 콘텐츠 파트너, 자체 오리지널 "드라마 월드"를 제작하고 넷플릭스에 판매
한국과의 관계   한국의 인기 드라마를 가장 적극적으로 제공
중국과의 관계   미국 내 중국 드라마 인기의 선봉장
서비스 국가   전 세계

라마도 수급했고 시청률이 10%까지 상승하며 인기를 끌고 있기 때문이다. 아쉽게도 워너미디어에서 2018년 10월 서비스를 종료했다. 하지만 드라마 피버는 워너미디어의 새로운 서비스 안에서 다시 시작될 가능성이 있다. (타임워너는 워너미디어Warner Media로 사명이 변경되었다.)

비키 Viki
: 넷플릭스보다 먼저 글로벌 서비스를 시작한 기업

비키를 동남아시아의 지역 사업자로 보기는 어렵지만 훅, 아이플

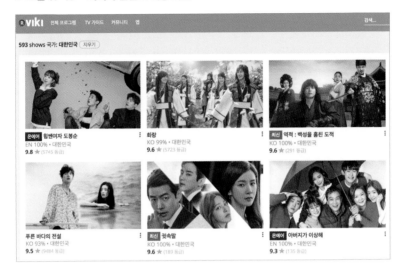

릭스, 뷰와 경쟁하는 동남아시아 OTT 사업자인 것은 분명한 사실
이다. 비키는 정확히 말하자면 넷플릭스와 같은 글로벌 플레이어다.
한국에서 유명한 엔젤투자자이자 벤처캐피털의 대표로 알려진 호창
성 대표가 설립했으며 이름을 비디오Video와 위키피디아Wikipedia에서
따왔다고 한다.

출시 초기에는 저작권 비용이 거의 들지 않는 콘텐츠를 사들이
고 번역할 수 있는 팬들이 자막을 제작해 올리기도 했다. 2013년
은 비키에게 역사적인 해였다. 일본 전자상거래 업체인 라쿠텐에 약
2,200억 원에 인수된 것이다. 이후 글로벌 비디오 플랫폼으로 자리
매김하기 위해 한국, 중국, 일본, 대만의 드라마를 적극적으로 계약
하기 시작했다.

비키는 앞서 이야기한 〈쓸쓸하고 찬란하神 도깨비〉, 〈힘센 여자

도봉순〉, 〈사임당: 빛의 일기〉, 〈푸른 바다의 전설〉, 〈화랑 더 비기닝〉 등을 정식으로 계약해서 글로벌 서비스를 제공하고 있다. 단, 한국은 계약이 되어 있지 않아 비키에 접속은 가능하지만 콘텐츠 리스트는 확인할 수 없다.

비키에 등록된 콘텐츠의 특징은 보고 싶은 콘텐츠의 커뮤니티를 팬들이 등록하여 비키가 콘텐츠 계약을 하도록 유도하거나 이용자들이 팀을 짜서 자막을 직접 만든다는 것이다. 다만 콘텐츠가 인기 없거나 번역 인력이 모자랄 경우 자막 등록을 오랫동안 기다려야 하는 문제점도 있다. 이용자가 직접 자막을 만들 경우 자막의 품질이 낮은 경우가 발생해 지속적으로 문제가 되지만 참여형 콘텐츠라는 새로운 개념은 전 세계적으로 상당한 반향을 일으켰다. 게다가 드라마 월드처럼 비키가 직접 제작하는 오리지널 콘텐츠도 있어서 브랜드 가치는 계속 올라가고 있다. 다른 플랫폼에 비해 여전히 떨어지는 콘텐츠 품질을 개선하면 더욱 많은 고객을 유치할 수 있을 것이다.

이 장에서 소개한 플랫폼은 넷플릭스에 대항하고 있는 곳 혹은 넷플릭스보다 먼저 서비스를 시작한 곳이다. 뷰, 아이플릭스, 훅, 드라마피버, 비키 등 어떤 기업도 넷플릭스를 그대로 베끼거나 개성이 없지는 않다. 이들은 경쟁자와 싸워서 이기기 위해서는 약점을 파고 들어야 한다는 사실을 잘 알고 있고 그에 기초해 전략을 세우고 실행해 지금까지 살아남은 것이다.

아이플릭스처럼 콘텐츠 소싱 전략을 파고들거나, 뷰처럼 누구보다 빨리 콘텐츠를 가져오는 전략은 시장을 선점하기 위해 반드시 필

1 웹 드라마라도 괜찮으니 독점계약을 유도하라. 심지어 비키는 한국 MCN 채널인 다이아TV 채널도 소유하고 있다.

2 저예산의 오리지널 드라마를 꿈꾸고 있다면 비키는 최고의 파트너!

3 아이돌을 내세운 드라마를 제작해도 좋다.

4 넷플릭스와 글로벌 계약이 힘들다면 아이플릭스, 비키와 제휴하여 만회할 수 있다. 단, 다른 곳과 계약하고 남는 국가가 있다면 말이다.

요하다. 또한 훅처럼 타사가 강점을 보이는 부분을 피하는 대신 로컬 콘텐츠와 할리우드에 최선을 다하거나, 드라마피버처럼 아시아 콘텐츠의 대명사로 자사 브랜드를 구축하는 전략은 브랜드 이미지 각인과 차별화에 도움이 될 것이다. 비키처럼 콘텐츠로 커뮤니티를 만드는 참신한 시도는 성공할 경우 적은 자본으로 많은 이용자를 끌어모으고 투자를 유치하는 데 도움이 될 것이다.

이들 플랫폼의 존재 자체가 한국 플랫폼 혹은 콘텐츠 사업자들에게는 쓴소리와 같다. 그동안 한류에 취한 한국 기업들은 자신들이 가지고 있는 무기를 어떻게 쓸지 궁리를 하지 않았다. 그 결과가 한류의 소멸이고, 한류 다음 세대의 부재다. 물론 콘텐츠 유통에 정답은 없다. 하지만 특정 국가의 시장에 모든 걸 바치기보다는 플랜B를 준비해야 한다. 중국 정부의 한한령 때문에 수출길이 막혀 좌절했다면, 넷플릭스나 아마존과의 계약이 어려워졌다면, 이제 아시아 사업자로 눈을 돌려라. 그리고 다시 플랜을 짜면 된다. 한국 콘텐츠의 수명은 아직 끝나지 않았다. 정말 늦은 때는 해외 시장 진출 계획도 못 세우고 국내 방영부터 시작하는 그 순간이다.

Q

한국의 넷플릭스 오리지널 작품들은
무엇이 있는가?

한국의 넷플릭스 오리지널은
어떻게 계약되는가?

넷플릭스는 한국 콘텐츠 시장에
어떤 득과 실이 있는가?

12장

한국 콘텐츠

높은 가격경쟁력과 글로벌 마켓의 가능성

Content & Platform

한국 콘텐츠가
글로벌 서비스에 적합한 이유

넷플릭스는 전 세계 플랫폼 시장을 장악한 듯 보이지만 아직 갈 길이 멀다. 넷플릭스의 가장 큰 고민은 오리지널 콘텐츠가 수출하기는 편하지만 결국 현지화하지 않으면 현지 고객을 붙잡지 못한다는 점이다. 불과 몇 년 사이에 서비스 대상을 190개국으로 확대했으면서 가입자 규모를 함께 불리지 못한 이유가 바로 까다로운 현지화 때문이라고 볼 수 있다. 그렇다면 왜 현지화가 쉽지 않을까? 가장 큰 이유는 여러 국가의 시청자들이 한국과 달리 영어가 아닌 자국 언어를 선호하기 때문이다. 예를 들어 한국 시청자는 대개 영화든 드라마든 더빙보다 한글 자막을 선호한다. 하지만 영어 대사에 자국 언어 자막이 붙는 걸 좋아하지 않는 국가도 분명히 있다. 이에 따라 넷플릭스는 더빙의 나라로 불리는 일본을 포함해 폴란드, 터키, 태국에 콘텐츠를 현지화하여 공급하는 일에 무척 신경을 쓰고 있다.

특히 폴란드는 유별난 곳이다. 넷플릭스와 제휴를 맺은 기업의 관계자에 따르면, 폴란드에서는 성우 한 사람이 모든 배우의 대사를 단조로운 목소리로 녹음한다고 한다. 억양이나 감정 전달은 폴란드 더빙에서 사치다. 문화적 차이가 아닐 수 없다.

넷플릭스의 현지화가 늦고 또 까다로운 이유는 돈과 시간이 많이 들기 때문이다. 2017년까지 넷플릭스가 제공하는 아시아 국가의 언어는 한국어, 일본어, 힌디어, 태국어, 중국어뿐이다. 다른 아시아 국가의 언어를 지원하지 않는 이유는 일일이 더빙하면 돈이 너무 많이 들고, 기존 자막의 저작권을 구입하거나 아예 새로 만드는 일도 시간과 투입되는 것은 마찬가지기 때문이다. 넷플릭스는 주요 유럽 국가에게는 여러 언어의 자막을 제공하지만 그 외에 폴란드나 터키 등에는 기존에 제공하던 영어와 현지 언어를 제외하고 다른 언어를 제공하지 않는다. 인도에서도 현지 자막을 지원하기보다는 발리우드 콘텐츠를 늘리는 방법을 쓰고 있다. 인도는 힌디어 자막을 꾸준히 늘리고 있지만 영어 자막을 충분히 이해하는 이용자도 많다. 덕분에 넷플릭스는 인도 오리지널 드라마와 영화도 제작할 예정으로 알려져 있다. 그 경우 인도 오리지널은 전 세계에 배포된다. 멕시코에서 제작되어 전 세계적으로 성공한 넷플릭스의 오리지널 〈나르코스〉도 좋은 예다.

아시아와 유럽의 넷플릭스 오리지널은 앞으로도 많이 제작될 것이다. 새로운 콘텐츠를 수급하지 않고, 오히려 콘텐츠 규모를 줄이며, 그 대신에 오리지널 콘텐츠를 확장하는 것은 어쩔 수 없는 선택이다. 다만 오리지널 콘텐츠의 영원한 생명력은 분명히 넷플릭스의 매력이 될 것이 분명하다. 물론 오리지널 콘텐츠를 확장한다고 모든 문제가 해결되는 것은 아니다. 오히려 새로운 문제가 불거지기도 하는데, 대표적으로 오리지널 콘텐츠 가운데 외면받는 작품이 늘고 있는 점을 꼽을 수 있다.

한편 넷플릭스는 시즌 제작 콘텐츠처럼 기존 고객에게 잘 알려진 콘텐츠를 확장할 가능성도 높아지고 있다. 오리지널 콘텐츠를 늘려야 한다는 넷플릭스의 생각과 달리 일부 유럽 지역 실무자들은 방송사 콘텐츠를 늘려야 한다고 주장하기 시작했기 때문이다.

그렇다면 넷플릭스는 앞으로 오리지널 콘텐츠를 늘려야 할까, 아니면 방송사 콘텐츠를 늘려야 할까? 넷플릭스는 한쪽으로 치우치기보다는 라이선스드 오리지널 전략Licensed Original Strategy에 나서기로 했다. 라이선스드 오리지널 전략이란 제작에 참여하지 않았지만, 콘텐츠의 결과물을 보고 권리를 사는 것으로 오리지널 확장과 방송사 콘텐츠 확장이라는 두 마리 토끼를 모두 잡을 수 있을 것이다.

'판도라'의 상자를 연 넷플릭스, 한국 시청자들은 '불야성'에 몰아보기를 하게 될까

넷플릭스가 라이선스드 오리지널 전략을 펼 것으로 전망하는 이유가 있다. 넷플릭스가 한국 드라마와 영화의 판권을 구입해 '넷플릭스 오리지널'을 붙여 190개국 모두에게 공개하기로 했기 때문이다. 2016년 11월에 이미 MBC에서 방송되었던 드라마 〈불야성〉과 2016년 12월에 개봉한 영화 〈판도라〉는 넷플릭스의 선택을 받았다. 또한 2017년 6월에 tvN에서 방영한 〈비밀의 숲〉은 방영한 그 주에 바로 넷플릭스에도 업로드되었다. 물론 이 콘텐츠들은 넷플릭스가 자랑하는 오리지널 시리즈로 홍보될 예정이다. 지상파 콘텐츠의 점유율은 지속적으로 하락하고 있고 IPTV의 유료 콘텐츠 가격이 결코 저렴하지 않은 상황에서 넷플릭스가 한국의 인기 콘텐츠를 지속적으로 수급한다면 한국 시청자들은 넷플릭스에 가입하는 것을 긍정적으로 생각할 것이다. 또한 한류 콘텐츠를 무기로 동남아시아 시장을 공략하는 넷플릭스의 전략에 큰 도움이 되기도 한다.

한편 똑같이 넷플릭스 오리지널이라는 타이틀을 달면서도 제작과 수급 과정이 전혀 다른 콘텐츠로는 〈옥자〉가 있다. 2017년 6월 28일에 전 세계에 공개된 영화 〈옥자〉는 봉준호 감독의 SF 영화로서 〈설국열차〉에서 호흡을 맞추었던 배우 틸다 스윈턴, 〈워킹데드〉 시리즈로 유명한 한국계 배우 스티븐 연, 〈브로크백 마운틴〉의 제이크 질렌할 등이 출연했다. 제작비는 5,000만 달러이며 한국, 미국 등 일부 국가를 제외하고 극장 개봉 없이 넷플릭스로 직행했다. 이 외에도 천계영 작가의 웹툰을 원작으로 2018년에 공개할 예정인 드라마 〈좋아하면 울리는〉, 〈터널〉과 〈시그널〉을 맡았던 김은희 작가의 〈킹덤〉이 오리지널 콘텐츠로 넷플릭스가 계약한 바 있다. 〈판도라〉, 〈불야성〉, 〈비밀의 숲〉은 라이선스드 오리지널 전략으로 수급한 콘텐츠다.

많은 한국 드라마들이 해외 시장의 판로를 찾고 있는 상황에서 넷플릭스가 한국 콘텐츠에 관심을 보이는 것은 반가운 일이다. 중국이 한국의 사드 배치에 따른 경제보복을 가한 후 제작비가 200억~300

억 원에 이르는 대작 드라마가 중국의 투자를 받거나 중국에서 매출을 올리지 못하게 되었기 때문이다. 이들 대작 드라마는 지상파나 CJ E&M의 광고 매출만으로 수백억 원의 투자금을 회수할 수는 없다. 중국의 유쿠, 소후, 아이치이, 러에코 등에서 디지털 방영이 가능하다면 손익분기점을 무난히 넘길 수 있겠지만 2017년까지 그 가능성은 거의 없다. 일본으로 눈을 돌려봐도 이제 한류는 더 이상 존재하지 않는다. 한국의 영화와 드라마 제작사들은 앞으로 넷플릭스를 협상 파트너로 볼 것이다. 세계 시장에 통하기만 한다면 넷플릭스는 영화 한 편 혹은 드라마 한 개 시즌에 최소 1억 원, 최대 500억 원을 투자한다. 바야흐로 넷플릭스는 한국 콘텐츠 제작 시장에서 태풍의 눈이 될 것이다. 또한 앞으로 콘텐츠 확보에 연간 8조 원 이상을 투입할 것이라는 전망은 한국 제작사들을 더욱 설레게 하고 있다.

또한 넷플릭스는 영화나 드라마에만 관심이 있는 게 아니다. 일본 방송사에서 이미 방영되었던 애니메이션 〈아인Ajin〉과 〈쿠로무쿠로 Kuromukuro〉는 넷플릭스 오리지널이라는 타이틀을 달고 해외에 공개되었다. 이 두 콘텐츠도 넷플릭스가 제작하지는 않았지만 서비스 국가에서의 독점권을 획득했으며 이런 전략은 앞으로도 넷플릭스가 자주 활용할 것이다. 한편 〈아인〉과 〈쿠로무쿠로〉가 NBC의 〈블랙리스트〉나 폭스의 〈고담〉보다 비싼 가격에 팔린 것은 아니라는 사실을 명심해야 한다. 이 두 콘텐츠는 넷플릭스가 제작하지 않았지만 스트리밍 권리를 획득했기 때문에 필요하다면 지역에 따라서 오리지널 타이틀을 달 수 있다. 미국에서 〈블랙리스트〉나 〈고담〉을 비싼 가격에 미국 판권을 인수했어도 글로벌 서비스로 가져가기 위해서

〈옥자〉가 개봉하자 10만 명 수준이었던 넷플릭스의 한국 가
입자가 20만 명 이상으로 급증했다. 〈비밀의 숲〉은 라이선
스드 오리지널 전략에 따라 수급한 콘텐츠지만 전 세계 190
여 개 나라에 넷플릭스 오리지널로 수출되며 전체 36억 원
에 계약한 것으로 알려져 있다.

는 많은 장벽이 존재한다. 〈고담〉의 제작사인 폭스나 〈블랙리스트〉
의 제작사 NBC도 넷플릭스 외에 각 국가의 유료방송 사업자들, 다
시 말해 넷플릭스의 경쟁자들에게 더 많은 돈을 받고 팔 수 있기 때
문이다. 문제는 콘텐츠만 제작하는 이들은 세계 시장에서의 영업에
능숙하지 않다는 점이다. 많은 투자자들에게 투자를 받고 제작된 콘
텐츠의 경우 투자자들은 빠르게 투자비와 이윤을 확보하려 한다는
사실을 한국 기업들은 알아야 한다.

넷플릭스가 수급한 드라마 가운데 JTBC 산하의 드라마하우스가 제작한 〈청춘시대〉를 주목할 만하다. 이 드라마는 넷플릭스에서 인기가 높은 'Korean TV Dramas'라는 카테고리에 속해 있다. 참고로 'Korean TV Dramas'는 넷플릭스의 정식 장르이며 문자 그대로 한국 TV드라마를 말한다.

〈청춘시대〉는 한국 콘텐츠를 넷플릭스에 수출하려는 제작사들에게 좋은 사례가 될 것이다. 왜냐하면 인기를 끌 요소가 다분하며 무엇보다도 넷플릭스가 선호하는 조건을 갖추고 있기 때문이다. 그 조건이란 첫째, 개성 넘치는 여배우들이 열연하고 여러 일상적인 이야기들이 억지스럽지 않게 흘러간다. 둘째, 총 12편이라 '몰아보기'도 어렵지 않으며 줄거리는 시즌2 제작을 기대하게 한다. 실제로 후속작은 〈청춘시대2〉라는 제목으로 2017년에 방영을 마쳤다. 셋째, 3~4년이 지난 후 다시 봐도 세련미를 느낄 수 있는 스토리다.

〈청춘시대〉처럼 넷플릭스가 선호하는 콘텐츠는 분명히 존재한다. 만약 넷플릭스와 계약하고 싶은 제작사라면 'BM KST'를 반드시 염두에 둬야 한다.

넷플릭스가 선호하는 콘텐츠

: BM KST

Binge Watching(몰아보기)

미국 시청자들은 재미있는 콘텐츠라면 밤을 새서라도 끝까지 본다. 넷플릭스는 1개 시즌에 12개 에피소드를 선호한다. 40분 분량의 12개 에피소드라면 모두 8시간 길이이며 밤을 새서 볼 수 있다. 반면에 1개 시즌을 23개 에피소드로 만들면 몰아보기 어려운 콘텐츠가 된다. 23~25개 에피소드보다 12개 에피소드가 넷플릭스에 더 적합한 콘텐츠라는 말이다. 넷플릭스는 최근 자사의 테마를 '몰아보기'라고 말한다. 다만 한국 드라마는 드라마 시장이 장편 에피소드를 선호하기 때문에 넷플릭스가 원하는 12개 에피소드로 제작하기 힘들다. 케이블TV나 종편에서는 가능하다.

Multi Genre(장르·프로그램 특징)

〈청춘시대〉는 장르를 규정하기 어려운 드라마다. 그래서 넷플릭스의 입맛에 맞는 콘텐츠였다. 넷플릭스는 독자적인 추천 시스템으로 고객에게 콘텐츠를 제안하는데 그 장르만 7만6,000개가 넘는다. 따라서 여러 장르가 혼합된 콘텐츠만큼 잘 팔리는 것은 없다. 취향이 서로 다른 여러 고객의 카테고리에 동시에 추천될 가능성이 높기 때문이다.

다시 말하지만 〈청춘시대〉의 장르를 특정하기 어렵다는 것은 상식적으로 단점에 가깝지만 실제로 고객에게 추천되는 경로가 다양해지기 때문에 장점으로 작용했다. 실제로 넷플릭스에서는 'TV프로그램', '한국 TV프로그램', '로맨틱 TV프로그램', 'TV코미디' '프로그램 특징: 감성적', '프로그램 특징: 낭만적'이라는 장르 항목이 〈청춘시대〉에 뒤따른다. 프로그램 특징이 적어도 2개는 붙어야 많은 노출을 기대할 수 있다.

Korean Dramas

〈커피 프린스〉 이후 넷플릭스에서 한국 드라마는 큰 성공을 보장하지는 못
하지만 세계적으로 독특한 테마를 구축하고 있고 고객의 시간을 충분히
뺏을 수 있는 콘텐츠로 자리 잡았다. 이는 한국 드라마가 소위 볼 만하다
는 좋은 경험을 고객에게 지속적으로 제공한 덕분이다.

한국 드라마의 장점 가운데 '고객의 시간을 충분히 뺏을 수 있는가'는 넷플
릭스가 콘텐츠를 평가할 때 반드시 고려하는 부분이다. 왜냐하면 넷플릭
스는 월정액 서비스기 때문에 고객은 콘텐츠를 선택할 때 돈을 지불하느
냐 하지 않느냐 대신에, 자신의 시간을 소비할 것인지 아닌지를 고민하기
때문이다. 한국 드라마의 선전은 아시아에서 미국 TV시리즈보다 한국 TV
드라마가 더 유명하다는 주장의 근거가 된다. 이에 더해 아시아에서 아직
인기가 많은 배우가 드라마에 출연하는 영향도 무시할 수 없다. 물론 한국
배우가 미국 배우보다 유명하지는 않다. 다만 유명한 할리우드 배우가 미
국 TV시리즈에 등장하는 경우가 많지 않은 데 반해 한국 TV드라마 출연
진은 한국 영화배우보다 인지도가 더 높은 이들이 등장하는 경우가 많다.

Season

미국 콘텐츠에 익숙한 시청자는 시즌이 연속되는 콘텐츠를 선호한다. 미국
방송 콘텐츠의 90% 이상은 2개 이상의 시즌으로 제작된다. 나머지 10%도
처음부터 단일 시즌으로 기획된 게 아니다. 그저 인기가 없어서 사라진 것
뿐이다. 엄청난 인기를 끌지는 못했지만 마니아층이 있었던 〈청춘시대〉는
팬들에게 두 번째 시즌을 만들어줄 것을 요청받았고 실제로 제작되었다.
시즌1의 이야기가 열린 결말이었던 점도 새로운 시즌을 제작하는 데 힘을
보탰다. 해외 작품을 살펴보자면 폭스TV는 〈엑스파일〉의 열 번째 시즌을
제작했는데, 그 이유는 넷플릭스와 계약을 연장할 때 더 높은 계약금을 받
으려는 것이었다고 풀이된다. 즉, 잘 만든 드라마의 생명력을 더 키우고 싶

을 때 가장 먼저 할 일은 무조건 시즌 2를 제작하는 것이다.

Trend – SVOD

넷플릭스는 월정액 요금제이며 한 달에 7.99~13.99달러를 내면 무제한으로 볼 수 있다. 계약을 유지할 경우 넷플릭스의 모든 콘텐츠를 영원히 보유한다고 해도 과언이 아니다. 여기서 주목할 점은 이용자들이 늘 최신 콘텐츠를 쫓아다니지는 않는다는 것이다. 콘텐츠가 배포되자마자 바로 볼 가능성이 항상 높지는 않다. 하지만 3~4년 안에 볼 가능성이 충분히 높다. 그렇다면 수년이 지난 콘텐츠를 봤을 때, 재미있을까? 넷플릭스에 공급할 콘텐츠는 재미있어야 한다. 넷플릭스 콘텐츠에서 중요한 것은 시간이 지나도 재미를 유지할 수 있는 콘텐츠의 생명력이다. 이는 최신 트렌드만을 따라가면 독이 될 수 있다는 뜻이기도 하다.

현재 한국 콘텐츠의 경쟁력은 곧 가격경쟁력이다. 중국 영화는 이미 편당 제작비가 할리우드 영화에 근접했으나 한국 콘텐츠는 여전히 저렴하기 때문이다. 넷플릭스는 미국 NBC의 〈블랙리스트〉를 한 편에 250만 달러(약 28억 원)로 구입할 정도였으니 완성도 높은 한국 드라마는 더욱 경쟁력이 높다고 판단할 것이다. 미국을 대표하는 코미디 배우 케빈 제임스의 넷플릭스 오리지널 무비 〈가짜 암살자의 진짜 회고록〉은 약 4,000만 달러(약 450억 원)의 제작비로 만들어졌고 애덤 샌들러의 오리지널 영화들과 함께 넷플릭스의 별점이 사라지게 한 장본인이라는 혹평을 들었다. 반면에 〈옥자〉의 제작비는 5,000만 달러였다. 두 작품은 제작비에서 1,000만 달러가 차이 나지만 전자는 '믿고 거르는 넷플릭스 오리지널 코미디 무비'라는 말을 만들어낸 주범이 되었고 후자는 칸 영화제의 레드카펫을 밟았다.

넷플릭스는 아직 한국 시장에서 성공을 거두지 못했지만 반드시 가입자를 더 확장하기 위해 한국에 진출한 것은 아니다. 그렇다면 한국에 진출해 한국 콘텐츠를 구입한 이유는 무엇일까? 그에 대한 답은 아시아 미디어 산업의 분석기관인 《MPAMedia Partners Asia》가 2017년 5월에 내놓은 시장 분석에 잘 나타나 있다. "(아시아에 유통되는) 모든 콘텐츠 가운데 할리우드 콘텐츠는 80%를 점유하고 있었고 나머지 20%는 한국 콘텐츠와 기타 아시아 국가의 콘텐츠였다. 하지만 지금은 할리우드가 50%, 한국 콘텐츠가 30%, 기타 아시아 콘텐츠가 20%를 차지하고 있다." 즉, 넷플릭스는 아시아 비디오 스트리밍 플랫폼이 한류를 중심으로 성장하고 있는 상황에 주목했으며 한국의 팔릴 만한 콘텐츠를 수급해 아시아 시장에 내놓기 위해 한국에 진출했다고 볼 수 있다. 아시아에서 한국 콘텐츠가 호황인 흐름을 글로벌 플랫폼 사업자들이 모를 리가 없기 때문에 향후 한국 콘텐츠에 더 적극적으로 투자할 것이다.

한국 드라마가 넷플릭스에 매력적인 이유는 또 하나가 있다. 미국 드라마의 1개 시즌과 비교했을 때 한국 드라마의 1개 시즌은 제작비가 무척 저렴한 편이라는 점이다. 12편을 1개 시즌으로 계산했을 때 한국 드라마는 총 제작비가 평균적으로 10억~120억 원이며 〈태양의 후예〉 같은 대작도 130억 원이다. 반면에 넷플릭스 오리지널인 〈하우스 오브 카드〉는 시즌1이 1억 달러 이상, HBO의 〈고담〉은 5,000만 달러 이상, 〈워킹데드〉는 4,000만 달러이며 특별히 CG나 촬영 세트가 필요하지 않은 〈빅뱅이론〉도 5,000만 달러가 들었다. 다시 말해 한국 드라마는 미국 드라마에 비해 큰 부담이 없기 때문에 웰메이드 아시아 콘텐츠 수급과 배급을 위한 유통 경로로 활용할 가능성이 높다. 한국 콘텐츠 사업자 입장에서는 중국의 콘텐츠 제재가 풀리더라도 중국 플랫폼들과의 협상이 원활하지 않을 경우 대응 방안으로써 넷플릭스에 눈을 돌릴 가능성이 높다. 왜냐하면 넷플릭스를 통하면 글로벌 배급이 가능하기 때문이다.

지금까지 살펴본 바와 같이 한국 콘텐츠는 경쟁력이 있다. 그럼 한국의 플랫폼은 어떨까? 해외 비디오 스트리밍 플랫폼이 유입되어 하락세를 면치 못하는 플랫폼이 하나 있다. 바로 케이블TV다. 한국의 케이블TV는 IPTV와의 경쟁에서도 밀리는 형국이다. 한편 2010년대에 접어들며 큰 기대를 받았으나 시장에 큰 영향을 주지 못했던 하드웨어 플랫폼도 하나 있다. 바로 스마트TV다. 다음 장에서는 케이블TV와 스마트TV가 어떻게 시너지를 내어 생명을 연장하고 또 나아가 발전할 수 있을지 구체적인 전략과 방안을 살펴보겠다.

Q

스마트TV와 OTT는
경쟁관계인가?

스마트TV는 한국만
관심을 갖고 있는 것 아닌가?

13장

한국 케이블TV여,
스마트TV에 올라타라

Korea
Cable TV

2010년, 성대하게 출시된
스마트TV 1.0

스마트TV라는 용어는 언제 등장했을까? 필자는 2010년부터 스마트TV에 대한 정보를 본격적으로 들었던 것으로 기억한다. 2010년 이전에 스마트TV는 커넥티드TVConnected TV라는 이름으로 널리 알려져 있었다. 당시에는 야후의 위젯TV가 시장을 주름잡고 있었다. 그러나 시간이 흘러 야후TV의 시대가 저물고 야후도 버라이즌에 인수되어 1990년대 후반의 인터넷 아이콘이 사라져 많이 아쉬웠다.

위에서 말했듯이 2010년에 구글TV가 출시되면서 스마트TV라는 용어가 사용되기 시작했다. 스마트TV의 1세대는 구글TV였는데 로지텍, 소니와 함께 처참하게 망했다. 미국에서는 스마트TV 이전에 DVD·블루레이 플레이어가 인터넷을 이용해 TV에서 콘텐츠를 시청하도록 이끌기도 했다. DVD·블루레이 플레이어는 출시 초기에 넷플릭스 같은 미디어 앱들을 먼저 출시하기도 했고, 조금 더 이전

으로 돌아가면 2008년에는 LG전자가 최초로 넷플릭스가 동작하는 블루레이 플레이어를 내놓기도 했다. 그때 넷플릭스의 성공 비결 가운데 하나가 TV와 연결된 기기를 매우 적극적으로 공략한 것이었다.

지금의 애플TV나 로쿠Roku도 그 시작은 2010년이었다. 로쿠는 미국에서 가장 많이 쓰이는 셋탑 형식의 인터넷 기반 스트리밍 기기다. 당시에는 TV나 블루레이 플레이어에서 볼 수 있는 콘텐츠가 많았지만 가격이 비쌌다. 항상 가격이 문제였다. 결론적으로 제조사들은 스마트TV로 성공하지는 못했다.

스마트TV는 어떤 이유로 성공하지 못했을까? 가장 큰 문제는 하드웨어 업그레이드와 소프트웨어 업데이트가 불가능한 것이었다. 스마트TV는 매년 하드웨어와 소프트웨어가 업데이트되면서 신제품을 구입해도 1년 만에 구형이 되었고, 부품을 교체해 성능을 업그레이드하는 것은 아예 불가능했다. 게다가 스마트폰처럼 운영체제를 업데이트할 수도 없었다. 따라서 스마트TV에 투자하는 것이 맞는가에 대한 논쟁도 있었다. 2013년에는 카메라를 이용한 제스처·원거리 음성 인식 UI가 인기를 끌었지만 2017년 현재에는 업데이트도 되지 않고 라인업을 찾기도 어려운 상황이다. 다만 원거리 음성 부분은 아마존 에코가 부활시켰다고 볼 수 있다.

스마트TV 2.0
: LG전자의 webOS

전자회사에서 근무하던 시절, 필자가 기억하는 2013년은 구글TV로 가야 하는지에 대한 제조사들의 고민이 있던 해였다. LG전자는 2012년까지 구글TV를 제조하던 회사 중 하나였다. 물론 2013년까지 판매를 유지했다. 스마트TV가 잘 팔리지는 않았지만 딱히 대안도 없었다. 자체 플랫폼인 넷캐스트는Netcast는 4.0까지 업데이트되었지만 가볍지 않고 OS로서 체계를 갖추지도 못했다는 평가를 받았다. LG전자의 스마트TV는 변화가 필요했다.

이때 LG전자의 선택은 넷플릭스와 구글TV였다. 2013년 2월에 LG전자는 WebOS에 대한 모든 권리를 가져오는 계약을 발표하고 CES2014에서 넷플릭스 UHD 기능과 함께 TV의 OS 시대를 열었다. 사실 그때까지 구글TV는 TV를 위한 플랫폼도 아니었고 모바일 플랫폼도 아닌 모호한 플랫폼이었다. 죽어가던 구글TV를 살려준 것은 아이러니하게도 LG 유플러스였던 것이다.

홈런처에 대한 새로운 정의는 고전하던 미국 시장에서 호의적인 반응을 가져왔다. 스마트TV에 관심을 보이지 않았던 삼성전자도 스마트TV 경쟁판에 뛰어들었다. 그리고 바로 다음 해인 2015년에 삼성전자가 타이젠 기반의 TV를 출시했다. 전문가들의 예상보다 빨리 제품을 출시한 것이 아닌가 할 정도로 삼성이 타이젠 스마트TV를 빨리 내놓아서 안정성 이슈가 있었다. 하지만 이때는 삼성전자와 LG전자의 싸움이 중요한 것이 아니었다.

이미 스트리밍 미디어 박스 시대가 와버렸다

스마트TV는 기존 비디오 스트리밍 외에도 스마트폰 게임처럼, TV에서 즐길 수 있는 앱의 시대를 불러올 것으로 기대되었다. 하지만 그런 시대는 오지 않았다. 넷플릭스 같은 OTT를 이용하는 이들은 여전히 엑스박스나 플레이스테이션과 같은 게임 콘솔을 계속 사용하고 있다. 그 이유는 스마트TV보다 게임 콘솔이 넷플릭스와 같은 비디오 스트리밍 서비스를 더 잘 구동하기 때문이다. 심지어 OTT의 새로운 UX를 테스트하는 곳은 스마트TV가 아닌 게임 콘솔이다.

OTT의 하드웨어 시장에서 스마트TV는 주도권을 상실했다. 로쿠, 애플TV 그리고 최근 자주 이름이 언급되는 아마존조차도 자체 스트리밍 기기인 2014년 4월 아마존 파이어 TV를 출시하면서, 이 시장은 더 이상 스마트TV가 주도하는 곳이 아니게 되었다.

그리고 한국에서도 많이 알려진 구글의 스마트TV 대항마인 크롬캐스트도 2013년 7월에 나오면서 새로운 국면을 맞이하게 되었다. HDMI를 지원하는 TV와 35달러만 있으면 일반 TV로도 스마트TV를 즐길 수 있는 시대가 온 것이다. 콘텐츠 업체들은 이전보다 더 많은 동영상 재생 앱들이 기존 스마트TV 제조사들보다 더 빨리 출시되고, 1년에 한 번인 신제품 출시 사이클이 아닌 매달 적극적인 업데이트를 하는 단일 소프트웨어 플랫폼의 스트리밍 미디어 셋탑박스를 선호하기 시작했다.

TV 제조사들이 만드는 스마트TV는 매년 사양이 바뀌는 '기적'이 발생하기 때문에 앱을 매년 테스트해야 하고 그에 따른 많은 비용을 부담해야 하는 문제가 있었다. 반면에 셋탑은 단일 플랫폼으로 적어도 1년 이상 판매할 수 있고, 가격도 저렴하기 때문에 일반 사용자뿐만 아니라 개발자들에게도 손쉬운 접근이 가능했기 때문에 스마

삼성 스마트TV는 크롬캐스트를 내장하지 않았어도 다이얼
기능으로 모바일에서 TV로 넷플릭스를 캐스트하는 게 가능
하다. 또한 미국의 비지오는 자사 TV에 스마트TV 기능 대
신 크롬캐스트를 내장했다.

트TV보다 경제적이고 효율적이라는 인상을 줬다. 또한 스마트TV
제조사들이 기존에 보던 콘텐츠를 모바일로 쉽게 미러링할 수 있는
크롬캐스트를 사용하기 위해서는 구글의 플랫폼을 써야 한다. 예전
구글이 오픈했던 '다이얼' 기능은 현재 기능보다 제한적이라 독자적
인 진행은 불가능했다.

비슷한 기능을 넣으려고 해도 독자적인 스펙이 될 수밖에 없는 것
이다. 결국 CES2017에서도 LG전자와 삼성전자를 제외하고 대부분
구글의 안드로이드TV, 그리고 북미에서 이제 중남미로 퍼져나가는
로쿠TV, 아마존의 파이어TV를 TV에 내장하는 분위기로 진행되었
다. 일본, 중국 TV 제조사들은 구글, 로쿠, 아마존과 협력을 강화하
는 것이 더 현실적이라고 생각하는 것이다.

국내 제조사도 자신만의 플랫폼을 강화하는 데 게으르지는 않았
다. CES2017에서 삼성전자의 QLED도 나름 화제였지만 스마트TV

도 매우 인상적이었다. 한 해 전인 2016년에 선보였던 에덴Eden이라는 이름의 콘텐츠·서비스 중심 UX가 아직 기억에 남아 있는 상황에서 바라본 2017년 삼성전자의 스마트TV는 그야말로 스마트TV UX의 완성이라는 확신을 주었다. 서론이 길었지만 스마트TV와 케이블TV의 미래의 접점이 바로 삼성전자의 스마트TV였다는 것이다.

디스커버리 플랫폼으로 진화한
스마트TV에 올라타라

1 리모컨이 파편화되는 세상

리모컨이 안방 엔터테인먼트 전쟁의 중심이라는 말이 있다. 구글이 크롬캐스트를 만든 이유도 리모컨 싸움을 스마트폰 중심으로 끌고 가고 싶었기 때문이었다.

지금까지 TV를 이용할 때 일반적으로 두 개, 많을 경우 네 개가 넘는 리모컨을 사용해야 했다. 여러 리모콘을 사용해야 하는 불편을 줄이고 싶다면 삼성전자의 2017년형 스마트TV 리모컨(원 리모트, One Remote)에 주목하기를 권한다. 이 스마트TV는 HDMI로 연결된 유료방송(케이블, 위성방송 등), 게임 콘솔(엑스박스, 플레이스테이션 등), 셋탑박스(로쿠, 애플TV, 아마존 등)를 리모컨 하나로 조작하는 기능을 지속적으로 강화하고 있다. 특히 2017년에 출시된 스마트TV는 디렉TV(위성방송), XBOX One(게임 콘솔), Roku(스트리밍 미디어 플레이어) 등을 하나의 리모컨으로 조작할 수 있다. HDMI-CEC(Consumer

Electronics Control, 스마트TV와 연결된 HDMI 기기를 컨트롤할 수 있는 기술)뿐만 아니라 기존 IRInfrared Radiation도 지원하여 TV에 연결되어 있는 대부분의 엔터테인먼트 기기를 모두 컨트롤할 수 있다. 일일이 세팅할 필요도 없다. HDMI만 꽂아도 자동으로 기기Source를 인식하니 우리는 너무 편한 세상에 살고 있는 것이 아닌가 생각도 든다. HDMI-CEC는 삼성전자뿐 아니라 LG전자의 최신 리모컨도 지원하고 있다. 여기서 알 수 있는 사실은 스마트TV 제조사들은 자사 기기를 중심으로 다른 기기들을 구동하고 조작하도록 만드는 전략을 추진하고 있다는 것이다.

2 한 화면에서 모든 콘텐츠를 컨트롤하는 스마트 허브(에덴 UI)

고객이 자사 제품을 지속적으로 구입하고 사용하기를 원하는 것은 당연한 사실이다. 모든 앱과 유료방송 서비스가 자기만의 유저 인터페이스UI, User Interface를 가지고 있는 것, 그리고 사용자가 자사의 앱 또는 서비스에 오랫동안 머무르게 하는 것 모두 고객이 자사 제품에 익숙해져서 떠나지 않도록 만들려는 전략이다.

그럼 고객을 붙잡아둘 구체적인 전략은 뭐가 있을까? 우선 미국의 1위 위성 사업자인 디렉TV로 예를 들어보자. 디렉TV와 다른 플랫폼을 한 TV에서 모두 사용하려면 꽤 귀찮은 일을 감수해야 한다. 위성 셋탑에 연결된 서비스를 이용하려면 HDMI 연결을 바꾸고 이용해야 하며 디렉TV를 보다가 로쿠나 애플TV와 같은 셋탑박스를 이용하기 위해서는 다시 HDMI 연결을 바꿔야 하기 때문이다. 이렇게 번거로운 조작은 분명 고객에게 좋은 경험은 아니다.

여러 비디오 서비스에 가입한 고객이 콘텐츠를 이용하기 위해 앱을 실행하는 경험도, 조작 대상이 TV라면 꽤 불편한 경험을 하게 될 것이다. 일단 들어가면 나오기 쉽지 않기 때문이다. 셋탑 기반의 유료방송 사업자는 편리함을 추구하기보다 불편함을 그대로 놔두는 전략으로 다른 기기와의 리모컨 전쟁에서 오랫동안 승리해왔다.

하지만 드디어 불편함을 해소해줄 기기가 나왔다. 에덴이라 불리는 삼성 스마트TV 홈 화면은 앱을 실행하지 않아도 콘텐츠를 실행할 수 있는 다이렉트 액세스 기능을 제공한다. 기기 이동이 편리해지니 사용자 입장에서는 환영할 기능이고, 올드 플랫폼 기반의 유료방송 사업자들에게도 좋은 기회가 될 수 있다.

미국의 1위 케이블 사업자 컴캐스트나 앞서 이야기한 디렉TV를 비롯해 미국의 메이저 유료방송 사업자들도 서비스 협력을 하고 있다. 미국은 한국과 달리 넷플릭스, 유튜브, 아마존, 훌루, HBO Now와 같은 OTT 서비스의 위세가 대단하기 때문에 같은 라인 선상에 있다는 것은 어찌 보면 나쁘지 않은 전략일 수도 있기 때문이다.

그럼 이제 한국에 초점을 맞춰보자. 한국 시장에서 IPTV는 지속적으로 성장하고 있고, 푹, 넷플릭스, 왓챠플레이, 아마존 비디오, 유튜브 레드 등 유료 기반 OTT 서비스가 한국 소비자들에게 인식의 폭을 넓혀가고 있다. 이런 상황에서 리모콘을 비롯한 기기 조작을 위한 액세서리들의 중요성은 더욱 강조될 것이다.

아이치나 넷플릭스가 성장하고 있으니 바야흐로 비디오 플랫폼의 시대가 열렸다고 생각할 수도 있다. 하지만 명심해야 할 것이 있다. OTT 플랫폼이 성공할 수 있던 이유는 우수한 콘텐츠 때문이다. 고객이 케이블TV의 콘텐츠를 중요하게 생각한다면 시장은 케이블TV를 스마트TV에서 사용할 수 있도록 개발하면 된다. 앱을 개발하는 것이 아니라 스마트폰 리모컨으로 채널 제어, TV 내 케이블 VOD 추천 등을 할 수 있으면 족하다는 뜻이다. 이제 모든 인터넷 사용자는 인터넷 연결만 가능하다면 언제 어디서든 더욱 편리해질 것이다. 이런 콘텐츠 중심적인 플랫폼을 콘텐츠 디스커버리 플랫폼이라고 부르는데, 고객이 원하는 것은 앱·서비스가 아닌 근본적으로 콘텐츠라는 말이다.

삼성의 스마트 뷰는 TV 화면 미러링(심지어 케이블 방송조차도), 소리만 들기 뿐만 아니라, API 연동이 되어 있다면 VOD, 채널 콘텐츠도 연동이 가능해진다.

결론적으로 삼성이 새로운 스마트TV를 출시하며 내세운 전략은 고객이 어떤 미디어를 이용하든 상관없이(심지어 실시간 TV방송 프로그램이더라도) 콘텐츠를 중심으로 탐색해서 볼 수 있도록 유도하겠다는 것이다. 케이블TV가 삼성의 스마트TV 전략에 올라타기만 하면 윈윈 전략인 셈이다.

위의 전략은 삼성전자만 떠올린 게 아니다. 구글, 애플, 아마존, 로쿠도 같은 전략을 취하고 있다. 다만 삼성전자에게 한 가지 의의가 있다면 완전히 새로운 전략은 아니되 유료방송과 협업하는 것은 스마트TV만이 할 수 있는 점이다. 이에 더해 삼성은 구글, 애플, 아마존, 로쿠와 차별화한 기능을 준비했다.

3 실시간 방송의 꽃, 스포츠를 중심으로 찾는다

❖ 그림 13-5　CES2017에서 공개된 모바일용 스마트뷰 어플리케이션

삼성의 모바일용 스마트뷰 어플리케이션은 콘텐츠 디스커버
리 플랫폼으로 진화하는 방향을 보여주는 것이다.

❖ 그림 13-7　삼성전자 스마트TV는 관심 있는 경기를 정리해서 알려주는 포털사이트
를 제공한다. 또한 즐겨찾기로 지정한 팀의 경기와 이벤트를 팝업으로 알
려주며 특수한 이벤트나 뉴스가 발생할 경우 이를 바로 화면에 띄워준다.

실시간 방송은 지속적으로 시청률이 하락하고 있다. 여러 이유 가운데 하나인 편성표 개념이 없는 미국 OTT(넷플릭스, 아마존, 유튜브) 시장의 영향력 확대는 스마트TV에 새로운 기회가 될 수도 있다. 시청자들이 실시간 방송을 보지 않게 되면서 시청률에 가장 큰 영향을 받는 프로그램·채널인 스포츠 방송도 시청률이 하락하는 반면에 유료 스포츠 스트리밍 서비스(NBA, MLB, NFL, UFC, WWE, NHL 등)를 운영하는 프로 스포츠 단체들의 유료 가입자는 꾸준히 늘고 있다. 스마트TV의 대표적인 장점은 콘텐츠 디스커버리 플랫폼이라고 앞서 설명했다. 사용자의 인구통계학적 속성과 콘텐츠 소비 패턴, 소셜미디어 활동 등 수백 개의 실시간 신호를 분석해 각 사용자에게 맞춤형 콘텐츠를 제공하는데 이것은 실시간 방송과 유료 스트리밍 서비스가 결합해 프로 스포츠로 구현된다. 이러한 기능은 애플이 2015년에 발표한 애플TV의 기능과 흡사하지만 결정적으로 다른 지점이 있다. 애플TV는 셋탑박스기 때문이다. 따라서 애플TV는 디렉TV나 컴캐스트와 별도의 셋탑이 필요한 유료방송 사업자의 콘텐츠에 액세스할 수 없다. 오직 MLB TV에서만 비슷한 기능을 사용할 수 있다. 반면에 삼성은 모든 스포츠를 지원한다는 것이 특징이다. 또한 결정적으로 애플TV는 아직 한국에 출시되지 않았다.

시청자들은 채널이 아닌 스포츠 경기를 중요하게 생각한다. 따라서 스마트TV는 '오늘의 이벤트'를 중심으로 시청자에게 정보를 제공할 수 있다. 또한 직접 앱을 개발하지 않아도 된다. API 연동을 통해서 구현할 수 있다.

스마트TV의 고객에게 스포츠 종목에서 콘텐츠 디스커버리 플랫

❂ 그림 13-8   콘텐츠 시청 중에 뮤직 앱을 포커스하면 Select to Shazam(샤잠)이라
              는 숏컷을 확인할 수 있다(위), 샤잠을 실행하면 TV 음악을 실시간으로
              찾을 수 있다(아래).

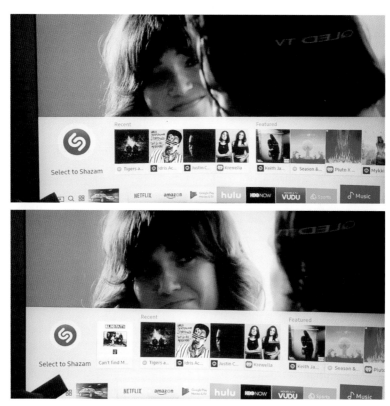

폼 기능을 제공한다는 의미는 실시간 방송에서 어떤 프로그램이 방영되든, 유료 스포츠 스트리밍 서비스가 어떤 콘텐츠를 제공하든 시청자는 고민할 필요 없이 스포츠 앱으로 좋아하는 스포츠와 팀을 선택해 언제든지 원하는 경기를 시청할 수 있게 된다는 것을 가리킨다.

스마트TV의 진정한 힘은 TV라는 하드웨어 플랫폼으로 '무엇을

하는가'가 아니다. 고객이 '무엇을 보는가'에 초점을 맞춘 서비스다. 이러한 스마트TV의 방향성은 옳지만 고객을 이해하는 서비스를 내놓는 시점이 더 빨라야 했다는 아쉬움을 남긴다. 어쨌든 스포츠 기능은 삼성 스마트TV의 대표적인 기능이 될 것이다.

4 스마트 허브: 샤잠이 내장된 TV, "지금 나오는 음악이 뭐니?"

삼성전자의 스마트TV에서 스포츠만큼이나 인상적이인 것은 뮤직이다. 스마트TV 이용자는 보고 있는 콘텐츠에서 등장하는 음악의 정보를 바로 확인할 수 있다. 콘텐츠의 미디어 플랫폼이 SVOD, TVOD, 실시간 방송 등 어떤 것이든 상관없다. 이 기능은 Audio ACR(Automatic Content Recognition, 자동 콘텐츠 인식 기능)이라고 한다. 삼성전자는 뮤직 서비스를 스마트TV에 내장하여 '거실에서 사라진 오디오'를 다시금 부활시켰다. 이 기능의 정체는 '샤잠'이다. 샤잠은 세계에서 가장 유명한 음악 검색 서비스다.

이 기능을 자신이 가입되어 있는 서비스에서 바로 음악을 들을 수 있게 해준다. 이뿐 아니라, 이번 삼성 스마트TV는 음성 명령 기능도 매우 강력해졌는데, 방금 전의 시나리오를 음성 버튼을 누르고, "지금 나온 노래가 무엇이지?"(What is this song?)하고 이야기만 하면, 아까와 같은 검색 결과를 보여준다. 훨씬 더 편하게 검색 결과를 확인할 수 있는 것이다.

음악 재생도 앱 대신 콘텐츠 중심으로 움직인다. 뮤직에서 애플 뮤직을 제외한 대부분의 뮤직 서비스를 지원한다. 삼성전자와 멜론의 제휴로 시청자는 멜론을 이용해 영상 콘텐츠에 등장하는 음악을

✿ 그림 13-9   삼성 스마트 TV의 실시간 음악검색 서비스

삼성 스마트TV는 별도의 앱 화면을 띄울 필요 없이, 원하는
음악을 바로 재생할 수 있는 UX를 제공한다.

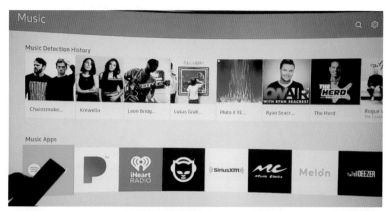

음악 서비스에 가입한 사용자는 삼성전자의 스마트TV로 음악을 들어보는 것도 좋다. 현존하는 스마트TV 가운데 이 정도로 세련된 미디어 서비스를 제공하는 TV플랫폼은 없는 것이 사실이다.

실시간으로 검색해 내려받거나 바로 들을 수 있게 되었다. 이미 음악 서비스에 가입되어 있는 사용자라면 스마트TV를 이용해 음악을 감상하는 것도 나쁘지 않은 선택일 것이다. 이 정도로 고도화된 음악 서비스를 제공하는 스마트TV 플랫폼은 2017년 기준으로 삼성 전자뿐이다.

5   스팀 링크: 스팀의 게임을 TV에서 즐긴다

'스팀 링크'는 누구보다도 PC게임 이용자들에게 반가운 소식이다. 2017년형 삼성전자 스마트TV가 제공하는 스팀 링크는 스팀 플랫폼을 스팀 링크(Steam Link, 49.99 달러)라는 기기를 통해서 즐길 수 있는 클라우드 스트리밍 기반의 게임 스트리밍 서비스다. 소니의 '플레이스테이션 나우'처럼 중앙 클라우드 데이터센터에서 게임을 송출하는 것이 아니라 사용자의 PC에 설치된 게임을 클라우드를 통해 거실에서 즐길 수 있게 해주는 게임 클라우드 서비스다.

삼성전자는 스팀 링크에 앞서 소니의 플레이스테이션 나우, 게임 플라이의 게임 플라이와 같은 클라우드 게이밍 플랫폼을 지원했다. 여기에 스팀 링크까지 무료로 지원하기 시작했으니 엔비디아의 지포스 나우를 제외한 거의 대부분의 클라우드 게임 송출 서비스를 지원하게 되었다. 큰 인기를 얻은 '배틀그라운드'도 TV에서 즐길 수 있게 되었다.

**잘 만든 플랫폼의 관건은
서비스 품질 유지다**

지금까지 삼성전자 스마트TV의 기능들을 살펴봤다. 이번 제품이 갖는 가장 큰 의미는 '고객의 필요를 고려하지 않고 그저 여러 앱을 억지로 넣었던 스마트TV'의 시대가 끝을 맞이한 것이라는 사실이다. 삼성 스마트TV 2017년 모델은 CES2017에서 접했던 수많은 하드웨어 가운데 LG OLED W7과 함께 가장 놀라운 기기였다.

스마트TV로서는 합격점을 주고 싶은 플랫폼이 아니었나 생각한다. 미국의 TV 판매사 가운데 두 번째로 큰 비지오Vizio는 2010, 2011년에 판매한 스마트TV에서 더 이상 아마존 비디오를 지원하지 않는다고 발표했다가 역풍을 맞은 바 있다. 결국 아마존에서 출시한 파이어 TV 스틱을 싸게 구매할 수 있는 쿠폰을 제공하는 것으로 사용자의 반발을 가라앉혔다. 이는 스마트TV의 서비스 퀄리티를 유지하는 것이 얼마나 어려운지 보여주는 사례다. 또한 스마트TV의 서비스 퀄리티를 유지하는 것은 지속적으로 논란의 대상이 되고 있다. 이런 일이 재발하지 않기 위해서라도 앱을 올리는 것보다, 주변 기기를 효과적으로 사용할 수 있는 플랫폼으로 진화하는 것을 꿈꿔야 한다.

TV는 휴대폰과 달리 2년마다 교체하는 제품이 아니다. TV 가격의 70% 이상을 차지하는 패널은 멀쩡한데 스마트 기능이 업데이트가 안 되거나 지원이 끊기면 고객은 결국 다른 셋탑박스를 별도로 구매해야 한다. 셋탑박스를 따로 구매해야 하는 문제를 해결하려는 움직임을 삼성에서 이번 스마트TV를 통해 보여줬다. 하지만 향후 더 중요한 것은 이런 서비스 품질을 유지하는 것이다. 고객들은 이미 학습했던 경험이 있기 때문에 쉽게 마음을 열어주지 않을 가능성이 높다. 하지만 마음을 열고, 그들의 UX를 쓰는 고객들은 예전의 서비스로 쉽게 돌아가지 못할 것이다.

한국 유료방송이여, 스마트TV에 올라타라. 잃는 것보다 얻는 것이 많을 것이다. 중국의 시장을 다시금 노리는 것도, 콘텐츠를 수출하는 것도 모두 중요하다. 하지만 이보다 더 중대한 사안은 온라인 비디오 플랫폼의 시대가 본격적으로 시작될 경우 한국의 유료방송 플랫폼들과의 경쟁에서 유리한 고지를 차지하기 위해 스마트TV 제조사와의 협업을 진지하게 고민할 것이라는 점이다.

하지만 한국 유료방송 플랫폼들이 분전함에도 불구하고 넷플릭스와 같은 해외 OTT 서비스에게 국내 시장을 점령당하는 미래도 대비해야 한다. 국내 플랫폼·미디어·콘텐츠 산업을 보호하기 위한 정부의 지원은 무엇이 있을까? 다음 장에서는 국내 플랫폼·미디어·콘텐츠 산업을 위해 반드시 풀어야 할 문제와 꼭 준비해야 할 제도적 지원, 이 두 가지를 함께 살펴보겠다.

Q

OTT 콘텐츠 쿼터란 무엇인가?

유럽연합은 OTT 콘텐츠를
어떻게 규제하고 있는가?

14장

OTT 스크린 쿼터와 디지털 라이츠 로커

OTT
Content Quota

Digital Rights Locker

OTT 콘텐츠 쿼터Content quota를 만들자

필자는 규제를 가장 싫어한다. 그 제도 밖에서 자율적으로 어떻게 움직일 것인가에 대한 이야기가 더 궁금하기 때문이다. 그럼에도 한국 시장에 미래 전략을 제시한다는 생각으로, 전 세계 콘텐츠 시장이 TV에서 온라인으로 빠르게 바뀌게 되는 시점에서 영화, 비디오물(TV)이라는 한국의 법률이 현재의 트렌드와 맞는 것인가, 우리는 무엇을 준비해야 하는 것인가라는 이야기를 하고자 한다.

2016년 5월, 유럽 출장 중에 다음과 같은 업계 소식을 들었다. "유럽연합은 넷플릭스과 아마존을 포함한 해외 OTT 서비스에도 유럽 방송 사업자에게 의무화하는 규제를 똑같이 적용해야 한다." 그 조항은 371쪽 박스와 같다.

참고로 '노출한다'는 말은 홈 화면에서 표시되어야 한다는 것이다. 유럽 연합은 이미 방송에서 콘텐츠 쿼터를 적용하고 있다. 유럽의 온라인 비디오 시장은 미국 다음으로 빠르게 성장하고 있다. 리서치 기관 SNL Kagan은 2017년 1월에 유럽의 미디어·플랫폼 산

유럽에서도 많은 콘텐츠가 제작되고 있다.

업에 대해 "서유럽 시장에서 넷플릭스 같은 월정액 요금을 지불하는 SVOD 서비스의 가입자는 2016년 기준으로 2,300만 명이며, 2020년에는 3,800만 명 수준으로 증가할 것"이라고 전망했다.

　유럽연합이 유럽에 진출하는 해외 기업을 규제하려는 이유는 자명하다. 2020년까지 64% 성장하여 동유럽을 포함해 약 8조 원의 규모로 성장할 것으로 예측되는 유럽의 거대 SVOD 시장에 해외 OTT 기업들이 앞 다퉈 진출해 플랫폼과 콘텐츠를 가져갈 것이기 때문이다.

　유럽연합의 대응은 자국 콘텐츠 구매 비중에 관련된 법률을 준비하는 것이다. 플랫폼 전쟁에서 미국을 이길 수 없다는 것을 잘 알고

유럽연합의
OTT 콘텐츠 쿼터의 핵심

1 OTT의 콘텐츠 가운데 최소 30%는 유럽 영화와 유럽 TV프로그램이어야 한다. 단순히 라이브러리를 채우는 것이 아닌 고객들에게 콘텐츠를 노출할 노력을 해야 한다.

2 방송사는 매출의 최소 30%를 자국 콘텐츠 제작에 투자해야 하고, 그렇게 제작된 콘텐츠를 전체 방송 시간에서 50% 이상 노출해야 한다.

있다는 뜻이다. 따라서 플랫폼 사업은 해외 기업에 내주더라도 콘텐츠 사업만은 지킬 생각인 것이다. 또한 영화와 방송 시장에 대한 해외 기업 규제는 유럽의 콘텐츠 사업을 육성할 기틀을 마련하기 위함이라는 점도 무시할 수 없다.

유럽연합이 새로 마련한 전자상거래 규정은 각료 회의와 유럽의회에서 의결을 거쳐야 법적 효력을 갖는다. 하지만 타국이 자국 시장에 진입하기 전에 산업을 보호하기 위한 규제 방안을 마련하기 시작했다는 점은 두 가지 시사하는 바가 있다. 첫째, 미국 OTT 기업들은 유럽연합의 규제를 회피하지 않을 것이라는 점이다. 저가의 질 낮은 콘텐츠로 전체 편성의 30%를 채우면 규제 요건을 만족시킬 수 있으나 이는 결과적으로 서비스의 질을 떨어뜨리는 일이 된다. 둘째, 유럽연합의 규제는 해외 OTT 기업이 유럽 콘텐츠의 판권을 구입하거나 유럽 현지 오리지널 콘텐츠를 제작하도록 유도할 것이다.

❖ 그림 14-2　서유럽의 SVOD 가입자 전망

(단위: 100만 명)

23.44	38.4
2016년	2020년

유럽은 전체적으로 SVOD 가입자 규모가 지속적으로 성장
할 것으로 보인다. 2020년에 동유럽을 포함한 유럽 전체의
SVOD 가입자는 5,000만 명에 달할 것으로 보이기 때문이다.
자료: SNL Kagan 2017년 1월

이미 넷플릭스는 현지 고객의 입맛에 맞는 콘텐츠를 공급하기 위해
유럽 방송사나 제작사와 오리지널 콘텐츠 제작과 판권 확보에 열을
올리고 있다. 유럽연합 입장에서는 자국 콘텐츠에 해외 투자가 뒤따
르니 분명 이득이다. 따라서 규제가 본격적으로 적용되더라도 넷플
릭스의 유럽 상륙은 문제가 없어 보인다. 실제로 넷플릭스는 유럽
시청자들을 겨냥한 오리지널 콘텐츠를 만들고 있다. 영국 출신의 피
터 모건이 제작을 맡았으며 엘리자베스 2세의 생애를 다룬 〈더 크라
운〉이 좋은 예다. 이 작품은 영국 스태프와 배우들이 열연한 콘텐츠
다. 넷플릭스는 현지 콘텐츠를 구매하는 것뿐만 아니라 EU 오리지
널을 확보하는 데도 심혈을 기울이고 있다.

　유럽연합의 콘텐츠 규제는 특정 국가의 콘텐츠만을 서비스하는
이른바 '특화 OTT'에 문제가 될 소지가 있다. 예컨대 KorTV는 유
럽에 한국, 중국 콘텐츠만 서비스하는 기업인데, 콘텐츠 규제 조건

을 만족시키기 위해서는 서비스 정체성을 포기해야 할 지경이다. 이러한 문제점은 유럽연합도 잘 알고 있기 때문에 매출과 잠재 고객이 적거나 규모가 작은 기업에 한해서는 규제를 적용하지 않는다. 일본 애니메이션의 글로벌 비디오 스트리밍 서비스인 AT&T의 크런치롤 Crunchyroll도 매출 규모가 작기 때문에 규제가 적용되지 않을 것이다.

넷플릭스의
한국 현지화 전망

그럼 한국에 온라인 비디오의 콘텐츠 쿼터는 있을까? 물론 없다.

현재 한국의 영화·비디오에 관한 상영 의무 조항은 375쪽 박스와 같다.

한국은 한때 가장 긴 스크린 쿼터를 시행한 나라였다. 본래 146일 이상이었으나 지금은 1년의 5분의 1 수준인 73일 이상으로 바뀌었다. 이런 조항 자체가 해외 미디어 업체들에게는 불공평해 보였겠지만 한국 영화 산업이 성장하기 위한 밑거름이 된 것은 분명하다. 또한 스크린 쿼터는 영화관뿐 아니라 비디오물, 즉 한국 방송 채널에서도 적용된다. 북미와 중국의 OTT 기업들의 거센 공격이 앞으로 더 확산된다면 시장의 안전장치가 필요해질 수도 있기 때문이다. 그렇다면 먼저 넷플릭스가 한국 콘텐츠 시장에 위협적인지 아닌지를 알아봐야 하는데, 2017년 5월 기준으로 넷플릭스의 한국 콘텐츠는 아직 미미한 수준이다.

넷플릭스는 일본에서 상당히 공격적으로 서비스를 시작한 것으로 유명하다. 2015년 8월 말에 서비스를 시작했을 때 서비스 파트너는 소프트뱅크였으며, 요금도 타국과 다르게 책정했다. 하지만 그때도 볼 만한 콘텐츠가 없다는 질타를 받았다. 그리고 당시에는 방송사와 제휴가 적었기 때문에 현지에서 제작한 최신 콘텐츠가 없어서 가입자 확보에 어려움을 겪었다. 하지만 지금은 어떠한가? 대부분의 일본 방송사와 라이선스를 맺어 콘텐츠를 수급하고 오리지널 콘텐츠를 제작하고 있다. 2018년 하반기까지 넷플릭스는 모두 1,217편의 일본 콘텐츠를 서비스하고 있다. 일본의 넷플릭스 가입자가 몇 명인지 공개되지는 않았지만, 2018년 말까지 110만 명에 달하는 것으로 알려졌다.

일본에 진출한 OTT 기업들은 현지화에 주력했다. 넷플릭스는 물론이고 아마존도 프라임 비디오 서비스를 시작하면서 일본어 더빙과 현지 콘텐츠 수급을 최우선으로 했다. 결국 일본 OTT의 성공 방정식에는 우수한 현지 콘텐츠가 있었던 것이다.

한국 넷플릭스도 봉준호 감독의 〈옥자〉를 시작으로 〈좋아하면 울리는〉, 〈킹덤〉 등의 오리지널 콘텐츠를 준비하고 있다. JTBC가 제휴 계약을 맺고 박해진 주연의 〈맨투맨〉을 전 세계에 동시 공개하며 한국 콘텐츠에도 많은 투자를 하고 있지만 여전히 낮은 비율의 한국 콘텐츠는 가입을 망설이게 하는 주된 요인으로 작용한다.

앞서 유럽연합은 OTT 콘텐츠를 규제하는 법안으로 자신들의 콘텐츠를 지키려 한다고 했다. 넷플릭스의 현지화 전략 역시 당장은 자금을 투자해야 하지만 장기적으로 봤을 때는 이득일 것이다. 그 이유는 세 가지가 있다. 첫째, 질 좋은 콘텐츠를 제작하는 제작사의 연결 고리를 확보할 수 있다. 앞서 말했지만 한국 콘텐츠는 완성도가 높으면서도 제작비는 저렴한 나라다. 따라서 한국 콘텐츠는 넷플릭스의 현지화에 큰 도움이 될 것이다. 둘째, 한국 현지화는 넷플릭스가 일본에서 현지화를 통해 많은 가입자를 확보한 것과 똑같은 효과를 불러올 것이다. 일본의 인구는 한국보다 2.4배 많지만 넷플릭스 가입자는 3배 많다. 넷플릭스가 질 좋은 현지 콘텐츠를 생산할 수 있다면 한국에서도 일본처럼 성공할 수 있을 것이다. 셋째, 훗날 아마존과 중국의 콘텐츠 기업 같은 경쟁자들이 한국 시장에 진입할 때 넷플릭스의 현지화 전략을 참고하지 않을 수 없으며 이는 높은 진입장벽으로 작용할 것이다.

위와 같은 이유로 넷플릭스는 자금을 쓰더라도 현지화 전략이 절대 손해는 아닐 것이다. 일본은 지상파 콘텐츠를 선호하는 시장 환경 때문에 콘텐츠 쿼터가 아예 없지만 넷플릭스는 일본에 공급하는 모든 콘텐츠의 50%를 일본 콘텐츠로 채울 생각을 하고 있다. 결국 한국이든 일본이든 현지화 전략은 주효할 것이라는 전망이다.

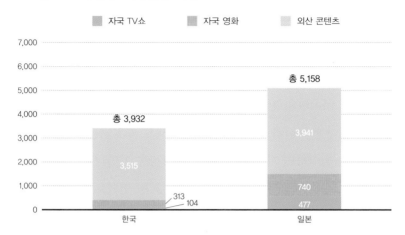

넷플릭스의 자국 콘텐츠 규모에서 한국은 일본에 절대 열세다.
한국은 불과 10.6%지만 일본은 23.6%에 달한다.

❖ 그림 14-6　넷플릭스 오리지널로 전 세계에 공개된 〈심야식당〉

넷플릭스가 일본에서 성공할 수 있었던 비결은 질 좋은
현지 콘텐츠를 제작하는 것이었다.

다시 한국의 콘텐츠 기업의 시점으로 시장을 보자면, 한국이 콘텐츠 시장을 주도해야 한다는 사실을 명심해야 한다. 한국은 그럴 능력이 있고 시장 역시 작지 않다. 해외 콘텐츠 사업자들이 탐내는 아시아 시장 순서는 중국, 일본, 인도, 한국, 태국이다. 한국은 2020년이 되어도 아시아의 탐나는 시장 4순위로 전망되는데 중국, 일본, 인도는 아시아뿐 아니라 전 세계 시장으로 봐도 수위권을 다툴 시장이라는 점을 감안하면 꽤 높은 편이다. 유료방송 가입 가구를 예로 들어보자. 넷플릭스가 점유하고 있는 국가 중 두 번째로 큰 시장은 캐나다지만 한국은 캐나다보다 시장 규모가 더 크다. 영화 시장 규모로 봐도 한국은 미국, 중국, 일본, 영국, 프랑스, 인도에 이어 세계 7위에 올라 있다.

결론적으로 한국은 강력한 룰을 만들어서 기업·콘텐츠·플랫폼을 보호해야 한다. 그래야 콘텐츠 시장의 생존을 담보할 수 있다. 또한 더 나아가 플랫폼 기업들도 경쟁을 할 수 있다. 위에서 말한 강력한 룰이란 'OTT의 콘텐츠 쿼터를 영화 25%, TV시리즈 25%로 제정'하자는 것이다. 그래야 한국 콘텐츠의 비중을 유지할 수 있다. 한국 시장에서 성공하기 위해서 이 정도 수준까지 올라와야 한다. 25%라는 숫자보다 더 중요한 것은 킬러 콘텐츠지만 계량할 수 없는 것이기에 논외로 하고, 한국은 한국 시장에 자신감을 가져야 한다.

OTT는 극장이라고 할 수 있다. 한국에서 극장을 열었는데 한국 영화가 없다고 생각해보자. 평생 할리우드 영화만 보며 살 수는 없지 않은가?

디지털 라이츠 로커의 시대

DRL Digital Rights Locker

한국은 전 세계적으로 무척 독특한 시장이다. 전형적인 TVOD(Transaction Video On Demand, 건당 요금제 주문형 비디오) 국가로서 아시아에서 가장 큰 시장 가운데 하나다. 중국, 일본은 SVOD 시장으로 급속하게 개편되고 있고 다른 국가들도 아직 광고 기반의 AVOD 시장이 대세다. 한편 IPTV 시장이 발달한 것은 프랑스와 흡사하지만 케이블TV의 규모가 작다는 점에서 큰 대조를 보인다. 또한 프랑스는 한국과 달리 무료 위성방송을 많이 시청한다.

한국의 가장 큰 특징은 IPTV와 케이블TV를 이용한 VOD 시청 비중이 세계에서 손꼽히게 높다는 사실이다. 그 외에 영화와 TV 시리즈를 웹이나 앱으로 구매하는 비중이 낮은 것도 눈여겨볼 대목이다. 구글 플레이를 위시한 모바일 플랫폼 사업자, 옥수수를 포함한 통신 사업자, 티빙이나 푹 같은 콘텐츠 사업자가 운영하는 앱이나 웹 등 구매 경로는 무척 다양하지만 구매 빈도는 여전히 낮다. 또한 시장 흐름을 인지한 사업자들은 대여로 분류되는 TVOD 서비스보다 EST(Electronic Sell-Through, 디지털 권리 판매) 같은 콘텐츠 완전 판매 방식으로 고객들을 유도하고 있다는 점도 큰 특징이다.

지금까지 한국 플랫폼·콘텐츠 시장의 특징을 정리해봤다. 이 대목에서 궁금한 게 하나 생긴다. 여러 IPTV 중 한 곳에서 영화를 대여 방식이 아닌 소장 방식으로 구매했을 경우, 다른 기업의 모바일 플랫폼 서비스에서 자신이 구입한 영화의 소유권을 주장할 수 있을까? 답은 당연하게도 "소유권이 없다"는 것이다. 하지만 미국에서는 그렇지 않다. 미국에서는 IPTV에서 영화를 소장 방식으로 구매할 경우 다른 기업의 모바일 플랫폼 서비스에서도 해당 영화의 소유권을 가질 수 있다. 즉, 콘텐츠를 대여가 아닌 소장용으로 구매하면 어떤 OTT 서비스든 상관없이 그 콘텐츠를 즐길 수 있다. 그리고 그 근거는 디지털 라이츠 로커Digital Rights Locker에 있는데 이 개념을 이해하기 위해서는 미국의 플랫폼 시장을 먼저 살펴봐야 한다.

미국은 콘텐츠 시장이 SVOD와 TVOD 시장으로 빠르게 개편되었다. 자연히 영화사의 주된 수입원이었던 DVD와 블루레이 시장은 급격히 쇠락했다. 이런 상황에서 콘텐츠의 소유 권리를 지키려는 영화 제작사들과 EST를 판매하려는 동영상 플랫폼 사업자들이 손을 잡게 되었다. 미국에서 가장 큰 영화사 중에 하나인 디즈니와 미국의 1위 케이블TV 사업자인 컴캐스트의 예를 들어보겠다. 불과 2016년 상반기까지 디즈니 영화는 한국의 모든 IPTV와 케이블TV에서 시청할 수 있었지만 미국 컴캐스트에서는 볼 수 없었다. 한국과 다르게 콘텐츠와 플랫폼은 독점계약이 서로 맞물려 있었고 사업자는 케이블TV과 위성방송에서 모든 콘텐츠를 별도로 구매해야 했기 때문이다. 다시 말해 컴캐스트에서는 디즈니가 보유한 디즈니, 월트 디즈니 애니메이션 스튜디오, 디즈니-픽사, 마블 스튜디오, 루카스 필름, 디즈니 네이처, 터치스톤 픽처스를 볼 수 없었다.

하지만 컴캐스트와 디즈니가 콘텐츠 공급 계약을 맺었고 2016년 6월에는 계약 내용이 공개되었다. 이제 컴캐스트에서 디즈니의 콘텐츠를 즐길 수 있게 되었는데 단순히 대여뿐 아니라 디즈니 무비

똑같은 미디어 플랫폼이라도 구매 조건이 상이한 경우가 많
다. 예컨대 이틀 동안만 시청할 수 있는 TVOD(왼쪽)와 소장
용으로 평생 볼 수 있는 EST가 있다.

◌ 그림 14-8　디지털 라이츠 로커 플랫폼 – 디즈니 무비 애니웨어

애니웨어_{Disney Movies Anywhere}를 이용하면 디지털 권리를 구매한 콘텐츠는 향후 컴캐스트가 아닌 다른 플랫폼에서도 영원히 볼 수 있게 된 것이다.

콘텐츠를 영원히 볼 수 있다니 언뜻 이해가 되지 않을 수도 있다. IPTV와 같은 유료방송 사업자를 바꾸면 당연히 이전 콘텐츠를 다시 구매해야 하는 것 아닌가 하고 생각할지 모르지만, 콘텐츠 사업자들은 많은 이익을 남기는 구매_{EST} 시장을 유지하기 위해 디지털 라이츠 로커라는 플랫폼을 운영하고 있다. 디즈니 무비 애니웨어는 바로 이 디지털 라이츠 로커 가운데 하나다.

앞서 소장용으로 콘텐츠를 구매하면 소유권을 인정받고 어떤 OTT 서비스를 쓰든 그 콘텐츠를 즐길 수 있어야 한다고 말했다. 이는 개인이 구매한 저작권을 인정하기 때문에 가능한 일이다. 디지털 라이츠 로커는 디즈니의 무비 애니웨어 외에도 울트라바이올렛_{Ultraviolet}이 있다. 울트라바이올렛은 소니 픽처스, 워너 브라더스, 유니버설, 파라마운트, 라이온스게이트 같은 영화사들이 주도하는 저작권을 보장하는 플랫폼이다.

굳이 디즈니 무비 애니웨어와 울트라바이올렛을 비교하자면, 역사는 울트라바이올렛이 더 길지만 영향력은 디즈니 무비 애니웨어가 더 크다고 할 수 있다. 왜냐하면 디즈니는 루카스 필름, 픽사, 터치스톤, 마블처럼 단독으로도 커다란 영향력을 지닌 영화사를 보유하고 있기 때문이다.

미국에서 소장용으로 구매한 경우에 한정한 이야기지만, 오프라인이든 온라인이든 디즈니 콘텐츠를 구입하면 디즈니 무비 애니웨

❖ 그림 14-9   울트라바이올렛 플랫폼을 지원하는 동영상 서비스 업체와 콘텐츠 공급
업체들

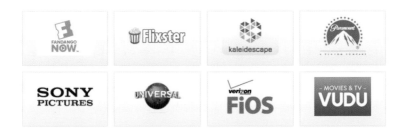

The Biggest Names

The biggest names in entertainment have come together to offer movies and TV shows with UltraViolet. The newest
blockbusters and beloved classics are available to watch anytime you want – a huge variety of entertainment, all at your
fingertips.

자료: https://www.myuv.com/where-to-get

어에 연결할 수 있다. 마치 페이스북 계정을 연결하는 것처럼 디즈
니 무비 애니웨어도 개인의 구매 컬렉션을 관리해주고 언제 어디서
나 스트리밍 혹은 다운로드 받을 수 있다.

한편 컴캐스트에서 소장용 콘텐츠를 구매하든, 월마트에서 블루
레이 디스크로 구매하든, 월마트의 계열사이자 온라인 비디오 스트
리밍 서비스인 부두Vudu에서 구매하든 관계없이 구매한 콘텐츠는 디
즈니 무비스 애니웨어에서 등록할 수 있다. 거듭 말하지만 등록이

가능하다는 것은 개인이 구매한 저작권을 인정해준다는 것이다.

2017년 10월, 무비스 애니웨어(Movies Anywhere.com)라는 또 다른 디지털 라이츠 로커 플랫폼이 등장했다. 20세기폭스, 소니, 유니버셜, 디즈니, 워너가 협력한 모델로서 구글플레이, 아이튠즈, 부두, 아마존에서 구매한 콘텐츠의 권리를 서로 보장해준다.

이 모든 것은 '소유'라는 개념을 고객 입장에서 강화한 것이다. 이러한 소유의 개념은 한국에서도 새로운 것이 아니다. 한국 음악 서비스에서도 이미 무제한 스트리밍이라는 서비스가 안착되어 있지만, 여전히 DRM(Digital Rights Management, 디지털 저작권 권리)이 자유로운 MP3를 구매해서 사용할 수 있다.

소장용 콘텐츠의 모토는 '평생 무제한 감상'이다. 따라서 일단 구입만 하면 정말로 평생 무제한으로 즐길 수 있어야 한다. 하지만 지금 한국의 IPTV는 어떤가? 콘텐츠를 제공하는 방식은 반쪽짜리다. 단언컨대 소장용 서비스는 고객이 아닌 유료방송 사업자를 위한 서비스로 더욱 치우치고 있다. IPTV나 케이블TV를 해지하면 소장용 콘텐츠에 대한 권리도 함께 해지된다. 한국에서 평생 소장용이란, 이용하고 있는 서비스 사업자를 평생 유지할 때나 가능한 것이다.

그럼 한국의 IPTV와 케이블TV가 평생 무제한 감상을 보장하지 않는 이유는 무엇일까? 그것은 바로 리텐션(Retention, 가입 유지)을 위한 전략 때문이다. 한국에서 소장용 구매를 많이 한 사용자는 돈이 아까워서 서비스를 이동하지 않을 것이다. 이는 넷플릭스와 같은 SVOD 시장이 급속히 성장한 현 시대의 흐름을 간과한 정책이다. SVOD의 장점은 일정한 금액을 한 번만 내면 계약 기간 동안에

연장이 필요없으며 소유권을 인정해주는 콘텐츠다. 단,
IPTV나 케이블TV를 해지하면 소장용 콘텐츠에 대한 권리도
해지된다는 점을 명심하자.

는 제공되는 모든 콘텐츠를 즐길 수 있다는 것이다. 한 달에 많은 콘텐츠를 대여해서 보는 고객이라면 현재 한국의 IPTV나 케이블TV보다 SVOD 서비스가 훨씬 저렴할 것이다. 소장용으로 구매했던 콘텐츠가 SVOD 서비스에 없을 리도 없다.

한편 한국 플랫폼 기업들은 소장용 구입의 매력이 점점 떨어지고 있는 상황도 외면하지 말아야 한다. SVOD 서비스가 점점 발전하면서 스트리밍 시청의 가장 큰 허들이었던 데이터 사용을 통해야만 한다는 단점이 오프라인 뷰잉Offline Viewing으로 해결되었기 때문이다.

또한 점점 더 많은 고객들이 유료방송 사업자를 바꿨다가 콘텐츠 소유권을 잃는 경험을 하게 될 경우 콘텐츠의 구매율은 떨어질 수밖에 없을 것이다. 2017년 현재 IPTV의 콘텐츠 구매율은 오르고 있지만 호황도 얼마 남지 않았다. SVOD가 보장하는 콘텐츠 소유의 자유는 조만간 IPTV의 상승세를 확연히 꺾게 될 것이다.

한국의 디지털 라이츠 로커의 시대를 기다린다

이 책에서 '예언'한 것처럼 미국과 중국의 OTT 사업자가 SVOD 콘텐츠를 들고 한국을 위협하는 시대가 오면 필연적으로 TVOD와 EST 시장은 힘을 내지 못할 것이다. 그때를 대비해 한국은 디지털 라이츠 로커를 준비해야 한다. 한국에 디지털 라이츠 로커를 정착시키기 위해서는 많은 합의와 준비가 필요할 것이다.

가장 먼저 해야 할 것은 다른 사업자로부터 소장용 구매 내역을 받는 것을 '비용'이라 생각하지 않는 것이다. 예를 들어 경쟁사의 플랫폼에서 특정 콘텐츠를 구입한 사람이 당신의 플랫폼으로 옮겨 탔다고 해서 그 콘텐츠를 재구매할까? 그렇지 않다. 다른 IPTV나 케이블TV 사업자에게서 콘텐츠를 구매한 사용자는 그 돈이 아까워서라도 다시 구매하지 않을 가능성이 높다. 발상의 전환을 해야 한다. 사업자를 바꿔도 이전에 구입한 콘텐츠의 소유권이 유지된다면 재구매할 돈으로 다른 콘텐츠를 더 구매할 것이다. 또한 구매한 콘텐츠의 소유권을 인정한다는 것은 플랫폼을 바꿔도 구매 내역이 유지된다는 뜻이다. 따라서 새로 유치한 고객의 이전 구매 내역을 알 수 있으니 이 사람이 헤비 유저인지 아닌지 구분할 수 있다. 결론적으로 구매 콘텐츠를 유지할 수 있게 하면 여러 전략적인 이득이 분명히 존재한다. 플랫폼 기업들은 모든 가입자가 되도록 많이 콘텐츠를 구입하기를 기대한다. 하지만 실상은 다르다. 상위 20%의 사용자가 전체 EST 구매의 80%를 소비한다는 '파레토의 법칙'은 건재하고,

✿ 그림 14-11 영화 〈비긴어게인〉 소장용 예시

소장용 콘텐츠는 한 번 구매하면 모든 플랫폼에서 추가금을
지불하지 않아도 볼 수 있어야 한다.

플랫폼 기업의 종사자들은 이 사실을 잘 알고 있다.

향후 플랫폼과 미디어 시장이 유료방송 사업자에게 늘 호의적이
지는 않을 것이다. 고객을 먼저 생각하지 않으면 그나마 지금 가지
고 있는 것마저 잃을지 모른다는 사실을 명심하자. 구매한 콘텐츠의
소유권을 인정하는 이슈는 플랫폼 사업자뿐 아니라 한국에 콘텐츠
를 공급하는 국내·해외 스튜디오CP, Content Provider의 의사결정도 매
우 중요하다. 그들도 '소장'이라는 시장이 지속적으로 성장할 수 있
도록 만들고 싶을 것이다. 개인의 콘텐츠 소유권을 인정하는 미국
처럼 한국도 그 권리를 인정하는 날이 오기를, 그럼으로써 플랫폼과

콘텐츠 기업들이 상생하는 날을 맞이하기를 진심으로 바란다.

플랫폼 전쟁은 이제 시작이다. 아직 승자도 패배자도 없다. 하지만 이 전쟁에서 어떠한 전략도 세우지 못하면 한국이 승자의 편에 서는 것은 요원한 일일 것이다. 국가와 국가, 기업과 기업, 플랫폼과 플랫폼 사이의 전투는 계속될 것이고 동맹과 강습은 해마다 행해질 것이다. 이 거대한 경제전쟁의 향방을 선불리 예단할 수 없고 해서도 안 된다. 동시에 위기를 무조건 기회라고 포장해서도 안 되며 그 반대도 유익하지 않다. 그래서 이 책의 결말을 굳이 넣지 않았다. 독자들이 이 책을 통해서 플랫폼·미디어·콘텐츠 산업에서 유익한 방향성과 인사이트를 얻을 수 있기를 기원한다.